比较哲学翻译与研究丛书
编委会

丛书主编　吴根友　万百安

编　　委　安乐哲　万百安　黄　勇
　　　　　姚新中　刘纪璐　温海明
　　　　　许苏民　陈少明　储昭华
　　　　　吴根友　张世英　李　勇
　　　　　李雪涛　倪培民　信广来

比较哲学翻译与研究丛书

丛书主编简介：

吴根友，现为浙江大学马一浮书院暨哲学学院教授，博士生导师；曾为武汉大学哲学学院教授，博士生导师，哲学学院院长（2012—2020），武汉大学文明对话高等研究院院长。在《中国社会科学》、《哲学研究》、《中国哲学史》、《学术月刊》、《哲学动态》、《亚洲哲学》（Asian philosophy）等国内外重要刊物上发表了重要学术论文200余篇。出版了《中国现代价值观的初生历程：从李贽到戴震》《郑板桥的诗与画》《戴震、乾嘉学术与中国文化》《道家思想及其现代诠释》《在道义论与正义论之间：比较政治哲学诸问题初探》《中国哲学通史·清代卷》《判教与比较：比较哲学探论》等多部著作，主编了"比较哲学翻译与研究丛书""文明对话系列丛书"以及"比较哲学与比较文化论丛"辑刊等。

万百安（Bryan W. Van Norden），国际著名中国哲学学者，现任美国瓦萨学院（Vassar College）詹姆斯·门罗·泰勒哲学讲席教授（James Monroe Taylor Chair in Philosophy）与哲学系主任，兼任武汉大学哲学学院讲席教授、武汉大学比较哲学与文化战略研究中心联合主任；已出版了10余部关于中国哲学与比较哲学的著作，包括《中国古代哲学导论》（Introduction to Classical Chinese Philosophy）、与田史丹合著的《后子学时代中国哲学读本：从汉代到20世纪》（Readings in Later Chinese Philosophy: Han to the 20th Century）、与艾文贺合著的《中国古典哲学读本》（Readings in Classical Chinese Philosophy），以及最近出版的《给每个人的文言文：一本初学者指南》（Classical Chinese for Everyone: A Guide for Absolute Beginners）等。

本书作者简介：

陈嘉明，现任上海交通大学人文学院哲学系主任、讲席教授；中国知识论专业委员会名誉会长、中国现代外国哲学学会常务理事。曾任第24届世界哲学大会知识论分会联合主席；《哲学分析》《清华西方哲学研究》《德国哲学》《现代外国哲学》《上海交通大学学报（哲学社会科学版）》编委；《亚洲哲学杂志》（Asian Journal of Philosophy）编委。曾受聘为"国家社科基金重大项目""国家社科基金成果文库"、教育部"长江学者""思勉原创奖""全国优秀博士学位论文"、美国"富布赖特基金"等项目的评委或评审专家。在哈佛大学、加尔文学院、马堡大学、圣·安德鲁斯大学、阿姆斯特丹大学等高校从事过访问研究或讲学。先后在《中国社会科学》、《哲学研究》、《哲学论坛》（Philosophical Forum）等刊物发表130多篇学术论文。获得过三次教育部优秀科研成果奖，四次省部级（上海市等）哲学社会科学优秀成果一等奖等。是享受国务院颁发的政府特殊津贴专家、国家社科基金重大项目"当代知识论的系列研究"首席专家。

哲学叙事
中国与西方

Philosophical Narratives:
China and the West

陈嘉明 著

中国出版集团 东方出版中心

图书在版编目(CIP)数据

哲学叙事：中国与西方 / 陈嘉明著. -- 上海：东方出版中心, 2025.1. -- (比较哲学翻译与研究).
ISBN 978-7-5473-2550-6

Ⅰ.B1-03

中国国家版本馆 CIP 数据核字第 2024EG9874 号

哲学叙事：中国与西方

著　　者　陈嘉明
丛书策划　刘佩英
责任编辑　肖春茂
装帧设计　钟　颖

出 版 人　陈义望
出版发行　东方出版中心
地　　址　上海市仙霞路 345 号
邮政编码　200336
电　　话　021-62417400
印 刷 者　山东韵杰文化科技有限公司

开　　本　890mm×1240mm　1/32
印　　张　12.5
插　　页　1
字　　数　236 千字
版　　次　2025 年 1 月第 1 版
印　　次　2025 年 1 月第 1 次印刷
定　　价　98.00 元

版权所有　侵权必究
如图书有印装质量问题，请寄回本社出版部调换或拨打021-62597596联系。

比较哲学翻译与研究丛书
总　序

近四百年来，人类社会出现的巨大变化之一就是资本主义生产-生活方式的兴起与发展。一方面，资本主义生产-生活方式的出现，给人类带来了巨大的物质财富、新的科学技术及对自然与人类自身富有广度和深度的认识视野；另一方面也给人类带来了灾难、痛苦与环境破坏，而且使人类陷入长期的焦虑与困惑之中。巨大的物质财富，就其绝对数量而言，可以让全世界70余亿人口过上小康式的生活，但当今全世界的贫困人口仍然有13亿之多，其中赤贫人口有8亿之多。民族、国家之间的冲突、战争不断，文化与文明之间的矛盾冲突也是此起彼伏。造成这诸多极不如人意的社会生活现状的原因，无疑是多元的，但根本性的原因仍然是资本主义主导的生产-生活方式。想要解决这些世界范围内的极不如人意的生活乱象，方法与途径也将是多元的，而从学术、文化层面加强沟通与理解，增进不同文化、文明共同体之间的合作与信任，是其中重要的方法与途径。本套《比较哲学翻译与研究丛书》，本着深远的学术济世宏愿，着眼于极其具体、细小的学术工作，希望能对全球化时代人们的和平、幸福生活，作出一点微薄的贡献。

简要回顾中西哲学与文化比较研究的历史，大约需要从16世纪耶稣会传教士来华的时代算起。一方面，来华传教士将中国的社会、历史文化情况发回欧洲，引起了17世纪以后欧洲对于中国文化的持续兴趣；另一方面，来华传教士带来的欧洲学术、科学、思想文化成果，也引起了中国社会少数有识之士的关注。清代康熙年间的"历法之争"，是中西文化交流过程中的一股逆流，但此股逆流所反映出的外来文化与本土文化之间的关系问题，却是真实而持久的。此一问题，在佛教传入中国的过程中也曾经长期存在过，但当时印度与中华文明都处在农业文明阶段，不涉及文明之间的生死存亡之争的问题。因而在漫长的佛教中国化过程中，逐渐解决了此问题。耶稣会传教士带来的欧洲文化，无论是其中的一神教的思想，还是一些科学的思维方式，对于古老而悠久的中国文化来说，都是一种强有力的挑战。从17世纪初到19世纪中叶，可以被视为中国哲学、文化与欧洲哲学、文化之间比较研究的第一个历史时期。这一时期，由于政治、经济上的自主性，中国哲学与文化也保持着自己的精神主体地位。而在中国大地上进行传教的耶稣会士们，则是主动地让基督教文化向中国哲学、文化靠拢，在中国哲学、文化传统里寻找到有利于他们传教的文化因子，如坚持适应路线的传教领袖利玛窦就努力在中国传统哲学、文化里寻找与上帝相一致的"帝"观念，以证明基督教的上帝与中国儒家传统有内在的一致性。与此同时，欧洲的一些启蒙思想家，如莱布尼茨、沃尔夫、伏尔泰、魁奈等人，则努力从中国哲学与文化里寻找"自然理性"之光，以对抗基督教的"天启之光"，将遥远的中国哲学与文化视为欧洲启蒙文化的同盟军。

1840年鸦片战争以后，特别是第二次鸦片战争、甲午海战等接二连三失败以后，近代中国人在政治上的自主性迅速丧失。伴随而来的是文化上的自信心的丧失。可以说，直到1949年新中国成立以前，中国百年近代史就是一部丧权辱国史，也是一部中华民族不断丧失自己文化自信心，在精神上不断被动和主动地阉割自己的历史。对于哲学、文化的研究，就其主流形态而言，是一段甘当西方甚至日本哲学、文化的小学生的历史。其中也有一些比较研究的成分，但其比较的结果，就其主要的面向说，都是对自己哲学、文化中专制的、落后的内容进行反思与检讨。只有少数被称为"文化保守主义者"的学者，在努力地发掘中国哲学、文化的自身价值。早年的严复在思想上基本属于革新派，他在1895年发表的《论世变之亟》一文，深刻地反省了中国文化在近代以来失败的原因，认为其主要原因就是：在政教方面，中国历代圣贤皆未能以自由立教[①]。

新文化运动之初，还未接受马克思主义的陈独秀，曾发表过一篇有关中西哲学与文化比较的文章，文中虽然泛用"东洋"与"西洋"两词，实际上就是讨论中国哲学、文化与西方哲学、文化。

[①] 严复此文中的一段话很长，其要义是："夫自由一言，真中国历古圣贤之所深畏，而从未尝立以为教者也。"（《严复全集》卷七，福州：福建教育出版社，2014年，第12页。）

陈独秀在该篇文章里一共从三个方面对中国与西方的哲学、文化作了比较,而在整体上都是从否定的角度来评价中国哲学与文化精神的。如第一个方面,"西洋民族以战争为本位,东洋民族以安息为本位"①,其最后的结论是:"西洋民族性,恶侮辱、宁斗死。东洋民族性,恶斗死、宁忍辱。民族而具如斯卑劣无耻之根性,尚有何等颜面,而高谈礼教文明而不羞愧!"第二个方面,"西洋民族以个人为本位,东洋民族以家族为本位",其结论是:"西洋民族,自古迄今,彻头彻尾,个人主义之民族也。""举一切伦理,道德,政治,法律,社会之所向往,国家之所祈求,拥护个人之自由权利与幸福而已。思想言论之自由,谋个性之发展也。"②"东洋民族,自游牧社会,进而为宗法社会,至今无以异焉;自酋长政治,进而为封建政治,至今亦无以异焉。宗法社会,以家族为本位,而个人无权利,一家之人,听命家长。"③而被中国传统儒家视为文明象征的忠孝伦理与道德,在陈独秀看来,是一种半开化民族的"一贯之精神",此精神有四大害处:一是"损坏个人独立自尊之人格";二是"窒碍个人意思之自由";三是"剥夺个人法律上平等之权利";四是"养成依赖性,戕贼个人之生产力"。而整个"东洋民族社会中种种卑劣不法残酷衰微之象,皆以此四者为之因"④。第三个方面,"西洋民族以法治为本位,以实利为本位;东洋民族以感情

---

① 陈独秀:《东西民族根本思想之差异》,《独秀文存》,合肥:安徽人民出版社,1987年,第27页。
② 同上书,第28页。
③ 同上。
④ 同上书,第29页。

为本位,以虚文为本位。"①而东洋民族以感情、虚文为本位的结果是:"多外饰厚情,内恒愤忌。以君子始,以小人终,受之者习为贪惰,自促其生以弱其群耳。"②

上述陈独秀在比较哲学与比较文化的视野里,对中国文化全面的批评与否定,可以视为激愤之词,在学术性上也有很多有待商榷之处,在当时中国处于列强环伺、瓜分豆剖之际,可以激发国人深沉自省、洗心革面、奋发向上。今天,伴随着我们对西方文化的深入了解,我们可以更加客观、理性地看待中西文明的各自优劣之处。同时,对近代以来资本主义以殖民的方式对世界各国文化所造成的巨大破坏,以武力侵略的方式对整个人类所造成的各种骇人听闻的惨剧,也不应该加以掩盖。

近百年的中国历史,在政治上是受屈辱的历史,在经济上是被侵略的历史,在文化上则是新旧斗争、中西斗争最激烈的历史。一些被称为"文化保守主义者"的学者,在面对西方文化的强势冲击时,努力地维护中国传统哲学、文化的自尊。他们所要维护的有些具体内容未必是正确的,但这种"民族精神自卫"的思维方式与情感倾向,从整体上看是可取的。几乎与五四新文化运动同步,20世纪20年代,一批信奉儒家思想的现代新儒家们也成长起来,其中,以梁漱溟的《东西方文化及其哲学》(1921年)一书为标志,在中、西、印哲学与文化的比较方面,开始

---

① 陈独秀:《东西民族根本思想之差异》,《独秀文存》,合肥:安徽人民出版社,1987年,第28页。
② 同上书,第30页。

了系统的、哲学性的思考。梁氏从精神生活、社会生活、物质生活三个方面出发①,对中、西、印三大文化系统的异同、优劣、未来可能的走向进行分析,并对世界文化的发展方向作出预测。他认为,"西方化是以意欲向前要求为其根本精神的",或者说"西方化是由意欲向前要求的精神产生'塞恩斯'与'德谟克拉西'两大异采的文化"②。"中国文化是以意欲自为调和、持中为其根本精神的。""印度文化是以意欲反身向后要求为其根本精神的。"③而经过西方近代文化发展阶段之后的未来世界文化发展方向,则是"中国文化的复兴,有似希腊文化在近世的复兴那样"④。梁氏的具体论断与其结论,当然都有许多值得商榷的地方,但他真正从比较哲学的形而上学角度思考了人类几大哲学、文化系统的异同,并对三大文明系统的走向作出了自己的论断。由梁氏所代表的现代新儒家的比较哲学与比较文化的思想表明,20世纪的文化保守主义恰恰为保留自己民族文化的自信提供了一些有益的思想启迪。而从维护全球文化的多元化,反对现代文化的同质化方面,亦为世界文化的丰富性作出了自己的独特贡献。

在回顾20世纪中西比较哲学与文化研究的过程中,我们不应该忘记中国共产党人在学术与思想上所作出的贡献。作为中国共产党人集体思想结晶的宏文《新民主主义论》,虽然不是专门的比较哲学与比较文化的论著,但其中涉及的中国新文化发展的

---

① 梁漱溟:《东西文化及其哲学》,北京:商务印书馆,1999年,第19页。
② 同上书,第33页。
③ 同上书,第63页。
④ 同上书,第202页。

大问题,特别是面对外来文化时,恰恰为当代中国的比较哲学与文化研究,提供一个基本的思想原则。在该文里,毛泽东说道:"这种新民主主义的文化是民族的。它是反对帝国主义压迫,主张中华民族的尊严和独立的。"①面对外来文化,毛泽东说道:

> 中国应该大量吸收外国的进步文化,作为自己文化食粮的原料,这种工作过去还做得不够。这不但是当前的社会主义文化和新民主主义文化,还有外国的古代文化,例如各资本主义国家启蒙时代的文化,凡属我们今天用得着的东西,都应该吸收②。

毛泽东所代表的中国共产党人,在20世纪40年代就已经站在本民族文化的再造与创新的高度,触及了中西比较哲学、文化研究的根本方向和历史任务的大问题。当今中国学术界、思想界所从事的比较哲学与比较文化研究,也不是为了比较而比较,恰恰是为了中国当代哲学与文化创新而从事中西比较、中外比较,尽可能广泛地吸收世界上各民族创造的一切有价值的文化成果,从而为当代中国的哲学与文化建设事业服务。

实际上,在20世纪比较哲学与文化的领域里,可谓名家辈出,荦荦大者有王国维、胡适、金岳霖、钱锺书、张岱年、侯外庐,以

---

① 毛泽东:《新民主主义论》,《毛泽东选集》第二卷,北京:人民出版社,1951年,第706页。
② 同上书,第706—707页。

及整个现代新儒家群体,他们的比较哲学与比较文化的研究成果,扩大了中国人的思想视野与知识视野,丰富了中国人的精神内涵,增强了中国哲学与文化的自身活力与创新能力。自20世纪80年代以来,伴随着中国社会的改革开放,比较哲学与比较文化研究工作,一方面处在恢复发展阶段,另一方面也表现出一些新的特点。除一些学者个人凭借自己的学术兴趣、语言优势,继续从事比较哲学与文化的研究工作外,如海德格尔与中国哲学,解释学与中国的解释学等研究成果,一些大型的丛书与杂志也在持续出版,在更大的范围内影响着当代中国的学术、思想与文化。最典型的系列丛书有:乐黛云所开创并主持的比较文学研究丛书,刘东主持的《海外汉学研究丛书》,任继愈主编的《国际汉学》系列论文集等。而对于中西哲学比较研究史第一次较为系统的梳理与研究,当以许苏民的皇皇巨著《中西哲学比较研究史》为典型代表。当代中国这些新的比较哲学与比较文化研究形态与具体成果表明,伴随着中国与世界的关系越来越密切,比较哲学与文化的研究也越来越深入、越广泛。但就笔者目前所知的情况来看,比较系统、专门地介绍现代西方比较哲学与文化研究,同时又以此主题展开研究的丛书,目前似乎还未出现。因此,我们希望通过此套丛书一辑、二辑及至多辑的出版,将当代中国的比较哲学与比较文化研究由比较分散的状态,带向一个相对较为集中、专业的方向,进而为推动当代中国哲学与文化的创新,作一点微薄的贡献。

相对于当代中国哲学与文化的创新与发展的主题而言,比较哲学与比较文化的研究只是一种学术助缘与手段。但在全球化的漫长过程中,比较哲学与比较文化研究将是一个需要有众多学人长期进行耕耘的广阔的学术领域。近四百年来西方文化在此领域所取得的成就,从整体上看要超过中国。不可否认,西方现代文化在其发轫期充满着一种对东方及其他非西方文化、文明的傲慢,而在比较哲学与比较文化研究的领域里,有些结论也带有明显的文化偏见与傲慢,像黑格尔、马克斯·韦伯等人对东方哲学、中国哲学的一些贬低性的认识与评论,在西方与国际学术界均产生了相当不好但非常有力的影响,即使是当代中国的有些学人,还深受这些观念的影响。但我们需要全面、系统地了解现代西方学术中比较哲学与比较文明研究的成果,像李约瑟、斯宾格勒、汤因比、雅斯贝尔斯、布罗代尔等人的研究成果,就需要我们系统地研究与翻译,而马克思、恩格斯以及法兰克福学派的一些有关全球化的反思与论述,也是我们从事比较哲学研究者需要加以认真研读的系列作品。

正在全面走向世界,并将为世界文化作出新的、更大贡献的中国,需要有更加开放的胸怀,学习、吸纳西方哲学与文化,同时还应该放宽眼界,学习、吸纳全世界所有民族的优秀思想与文化。我们还应该对中东、非洲、南美洲的思想与文化传统有所研究与了解,未来的比较哲学与文化翻译和研究丛书中,也应该有这些地区、国家的思想、文化研究成果。中国的现代化,中华民族文化的现代化,应当是吸收欧美现代化、现代文化的一切优良成果,摒弃其中的殖民主义、霸权主义、资本主义唯利是图、垄断等一切不好的内容，从人类一体化、人类命运休戚相关的高度，来发展自己民族的现代化，来创新自己民族的现代文化，为造福世界作出中华民族的贡献。

我们希望有更多胸怀天下的学术青年，加入比较哲学与文化的翻译和研究的领域之中，在现在及未来的相当长的一个时间段里，这将是一个有着勃勃生机、充满希望的学术领域；但也是一个充满艰辛劳作的学术领域，因为在这一领域里工作，要比在其他领域付出更多的学术努力，要有良好的外语水平，要阅读大量的文献，甚至还要深入异域文化地区进行实地了解，而不只是做书斋里的学问。通过比较哲学与文化的长期研究，我们也会不断地扩展我们的知识视野与思想视野，丰富我们每个人的内在精神，在精神上真正成为文化上有根的世界公民。这或许是比较哲学与文化研究事业所具有的独特魅力！

是为序！

丛书主编
2019 年 1 月 30 日

自　序

探讨"中西哲学比较"的问题,是以两个预设为前提的。一是中国有哲学,二是这种中国的哲学与西方哲学有所不同,否则的话就无比较可言。就这两个问题的关系而言,后者又是建立在前者的前提之上的;也就是说,只有认可中国有哲学了,才能讨论它与西方哲学有何不同的问题。

那么,怎样判定中国有无哲学呢?这得有一个标准,一个参照系。这就要回到"什么是哲学"的问题本身。要给哲学下一个能普遍接受的定义并不容易,尤其是从内涵方面,因为从哲学史上看,同为哲学宗师,但却有着不同的对于哲学的界定。康德把哲学界定为"人类理性的立法",它包括两类来自理性的知识,即来自纯粹理性的知识与来自经验原则的理性知识。前者属于"纯粹哲学",后者是"经验性哲学"[①]。黑格尔的界说是:"哲学可以一般地规定为对于各个对象的思维考察。"[②]胡塞尔则在他的手

[①] [德]康德:《纯粹理性批判》,王玖兴主译,北京:商务印书馆,2018年,第660页。
[②] [德]黑格尔:《逻辑学》(哲学全书·第一部分),梁志学译,北京:人民出版社,2002年,第32页。

稿中写道:"哲学就是指向绝对认识的意向。"按照这一界说,哲学成了一种知识论意义上的意向性理论,他的现象学则成为"第一哲学",也就是为哲学甚至一切一般科学重新奠基,这也就是他所说的"哲学就其本质而言是关于真正开端、关于起源、关于万物之始的科学"的意思①。而在中国哲学家冯友兰看来,哲学就是对于人生的有系统的反思的思想。

从以上的介绍可见,即使是对于西方的主要哲学家而言,他们对于什么是哲学甚至都还具有不同的理解。因而要从哲学的内涵方面来判定中国是否有哲学,本身并不存在一个统一的标准。

不过如果换个角度,从外延方面,倒是有一个比较通行的认识,即哲学研究的是真善美。以此标准来衡量,显然儒家、墨家、佛家等都不乏有关"善"的学说,尤其是在儒家那里,其基本的内容就是伦理学,这是不言而喻的。至于有关求"真"的学问,即知识论是否存在,是有争议的。这方面的一个表现,是中国哲学有无"真理"的概念。起先有些学者,如美国的陈汉生(Chad Hansen)在1985年的文章《中国语言、中国哲学与"真理"》中提出,"古典中国哲学家根本就没有真理(truth)概念"。葛瑞汉(Angus C. Graham)、郝大维(David Hall)和安乐哲(Roger Ames)以及于连(Fransois Jullien)等西方的汉学家在各自的论著中均发表了类似的看法。中国学者李泽厚在一次访谈中也提及"中国无真理概念"。不过,近年来国外的中国哲学研究者中出现了一些理论

---

① 转引自倪梁康:《胡塞尔现象学概念通释》,北京:生活·读书·新知三联书店,1999年,第358页。

反弹,发表了若干与陈汉生意见不同的商榷文章,2016年更是出版了一本以《中国哲学中的真理理论》为题的专著。

国内学者吴根友曾经撰写了一篇《中国古代思想中的"真理"观念》,该文详细地梳理了中国哲学中有关文献,结论是"中国古代思想中既有'真理'概念,也有关于'真理'的理论"[①]。例如,中国古代汉语中的"实事求是"之说,"是"即"真"。在综合了诸多文献中有关"真理"的论述之后,作者认为,"古代中国的'真理'一词大都具有真谛、真精神、真正的意思诸含义,因而主要指一种宽泛的价值论意义上的'真理',并不是现代认识论中的'真理'"。然而,由于在哲学中,"真理"的含义主要是在形而上学(存在论)或认识论意义上的,真假的问题是就某物是否如是所作出的判断而言的,而非在于价值论意义上。"真""假"的概念含义有如亚里士多德所说的那样,凡以不是为是,是为不是者,这就是假;凡以是为是,以假为假,这就是真。因此,若以此为标准来衡量,那就很难断定古代中国思想中有形而上学或认识论意义上的真理论。知识论意义上的"真"这一概念,在中国传统哲学中只能说是触及而已,并没有真正进入知识论的话语中。进而言之,既然缺乏有关真理的理论,那么要断言古代中国哲学有求"真"的理论(知识论),自然也就缺乏了一个支撑的根本基础。因此,本书的观点是,中国有哲学,但却是一种与西方不同的哲学,它的特殊性表现在以求"善"的、教化的思想为鹄的,而不在于求"真",即并不专门

[①] 吴根友:《中国古代思想中的"真理"观念》,载《哲学动态》,2019年第3期,第69页。

探寻认识上的真假、确证等问题。在主流的中国古代哲学那里，知识只有一种，那就是"德性之知"，即有关道德伦理的知识，用王阳明的话来说是："良知之外，更无知。"这一观念甚至左右了中国后来的科学与文化的发展，因此现代的科学之所以未能在中国发生，即所谓的"李约瑟难题"，也就可以得到观念方面的解释。

国内有些作者在提到声称中国没有哲学的国外哲学家时，往往把黑格尔列入其中。其实这并不正确。准确说来，黑格尔认为中国是有哲学的，但这种哲学是道德哲学；在他看来，中国没有的是"思辨哲学"。他明确写道，在孔子那里有"道德哲学"，也提到孔子的"其他作品是哲学方面的，也是对传统典籍的注释"[①]。不过黑格尔对孔子的这种道德哲学评价并不高。出于他的哲学应当是"思辨的"标准，他声称孔子的道德哲学所讲的只是"一种常识道德"，具体而言是只包含一些善良的、老练的、道德的教训。因而虽然他也称孔子是"中国人的主要的哲学家"，并不完全否认孔子有哲学，但说到底还是贬低孔子哲学的，断言在孔子那里"思辨的哲学是一点也没有的"[②]。这里，黑格尔的"思辨"指的是借助概念（理念）推演的思想方法，它要求哲学必须是在本体论、认识论、逻辑学、方法论上为一体的，在构成上是体系化的，有其必然的开端与结尾。在这个意义上，"思辨"又被黑格尔等同于一种他所创立的从正题向反题与合题进行推演的"辩证"逻辑。就此而言，中国古代确实没有这样的哲学，而是采取一种"观物取象"

[①] ［德］黑格尔：《哲学史讲演录》（第一卷），上海：上海人民出版社，2013年，第117页。
[②] 同上，第117、118、130页。

的类比的方法,并且也不形成体系。

对于黑格尔的上述指责,人们不禁会提出的一个问题是,以"思辨性"来作为哲学的标准是否恰当?显然,以思辨的方式来推演哲学,并不是能被普遍接受的。对于实证主义哲学而言,这样的思想方式是非科学的,没有意义的。胡塞尔同样也对它持一种批评的态度,认为尽管黑格尔坚持他的方法和学说的绝对有效性,"但它的体系仍然缺乏一种理性批判;这种理性批判正是任何试图成为科学的哲学所必不可少的首要条件",因而这种所谓的"绝对有效性"乃是"假冒的",它产生了一些"副作用"[①]。此外,假如承认这个思辨性的标准,那就意味着哲学只有一个标准,从而只能有一种哲学形态,但这显然违背哲学发展的历史事实,从这个角度而言,它也是不能被接受的。

其实,说中国哲学没有思辨哲学,这如同说中国哲学没有分析哲学、现象学一样,只关涉中国有何种哲学形态的问题,而不涉及哲学有无的根本问题,因此并不能由此得出中国没有哲学的结论。哲学可以有不同的形态,说中国没有思辨哲学,这反倒是说中国哲学具有某种与西方哲学、特别是与黑格尔哲学不同的形态,这恰恰构成中国哲学的特殊性。

退一步说,在中国哲学中,如果按照黑格尔的标准,老子哲学其实是很具思辨性的。例如黑格尔所引用过的"道生一,一生二,二生三,三生万物"之类的形而上学命题。南北朝时期玄学中的一

[①] 《胡塞尔选集》(上),倪梁康选编,上海:上海三联书店,1997年,第87页。

些论题,如有无之辨、本末之辨、言意之辨等,也是很具思辨性的,充满形而上学的意味,它们尽管不像黑格尔那样能够构造一个逻辑推演的系统,而多是采用中国哲学传统的注释的方式来给出,但这只能说是一个不足,并无法以之来否定它们是一种哲学。不过黑格尔并没有提到这些哲学,这或许是受当时在翻译与传播上的条件限制吧。在这种有限了解的情况下,黑格尔却得出结论:"中国是停留在抽象里的",孔子的"哲学也是抽象的"①。这种指责主要指的是不能通过范畴来达到对事物的本质的规定,不能达到概念的具体,而这一点在黑格尔看来是哲学的本质特征所在。

归纳起来,黑格尔对中国哲学、尤其是以孔子为代表的儒学的看法是,它们是有道德哲学的,但没有思辨哲学。虽然在老子与《易经》哲学那里有抽象的思想,但这种"抽象"却达不到与具体的结合,得不出逻辑的、必然的秩序,从而也达不到范畴规定的王国。

德里达的中国只有思想、没有哲学的看法,是在与王元化交谈时所说的。由于我们所能见到的只是这么一句孤立的话,没有展开的说明,所以我们只能从一般意义上的思想与哲学的差别来加以理解。按照冯友兰的见解,哲学与思想的差别在于,哲学是反思性的、有系统的表达的思想,有如亚里士多德所说的那样,它是"思想思想"②,是对思想的哲学化。我们可以把它看作是在思想的基础上进一步思想,深入到根本性的思想,即所谓的真善美

---

① [德]黑格尔:《哲学史讲演录》,上海:上海人民出版社,2013年,第一卷,第130页。
② 冯友兰:《中国哲学简史》,1985年,第4—5页。

之类的大问题，也就是哲学的层面。此外，德里达的上述说法，也可以看作是从哲学的论证方式上来说的。本来哲学就是某种思想，把思想与哲学区别开来，可以理解为思想可以是非反思的、非体系的，而哲学则不是如此，也不可如此。但这种看待哲学的方式容易把哲学限制在某种特定的表达方式中。本来在哲学史上哲学就有着多种不同的表达方式。即使就德里达本身的哲学而言，它是从语言的模型中提取出哲学范式的，但这只是做哲学的一种路径而已，并非唯一的路径，因此德里达的这种判断也是偏颇的。

中国哲学的成因及其后来的发展，有着与西方哲学不同的背景。冯友兰曾经试图从地理与经济背景的角度来指明这一点，并以此来说明它与古希腊哲学之所以不同的缘由。在他看来，这种不同的根源一是在于中国是大陆国家，有别于希腊是海洋国家；另一是，与此相关，作为农业国，中国以"农"为本，即以土地和耕作为基础。对于"士"而言，他们通常就是地主，因此他们的命运也系于农业，系于收成的好坏。这影响并决定了他们对世界和生活的看法，影响并产生了中国特殊的家族制度。这种家族制度过去是中国的社会制度，在这种制度中，存在的是五种基本的社会关系：君臣、父子、兄弟、夫妇、朋友。

冯友兰认为，儒家学说大部分是论证这种制度的合理性，或者说是对它作出理论上的说明。但这样的解释似乎还不够。儒家学说的一个重要目的，是为这种制度提供长治久安之策，也就是通过个人在道德伦理上的修养与人格的养成，来达到齐家治国平天下的目的,因此从其性质上说,可以把儒家哲学界定为一种"教化哲学"。这里所谓的"教化",指的是对人的道德伦理上的教化,也就是王阳明所说的"古之教者,教以人伦"①,其核心是如何教人成为"君子",从而使社会成为一个君子的共同体,这样社会就能通过君子们对道德规范的自觉遵守,来安排伦理名分以组织社会,使之成为一个有序的类似大家庭的礼制社会。

儒家的教化思想,可说是得自对朝代兴亡的历史经验的反思,即需要"为政以德"。商汤和文王、武王父子以修德而得天下,反之,夏桀和殷纣则因失德而失天下。儒家既然是"法先王",以周政为楷模,自然是要在理论上为如何修德以治天下提供说明,由此就有了构成儒家核心思想的"三纲领"(明明德、亲民、止于至善)与"八条目"(格物、致知、诚意、正心、修身、齐家、治国、平天下)。在这三纲八目中,"德"是第一纲领,"齐家、治国、平天下"所要得到的从家庭到社会的秩序则是德治的结果。它们又可区分为两个层面,一是"修己",二是"安人"。教化首先是通过"修己"的方式进行的,也就是通过主动的道德修养的方式,使人自觉地追求以"君子""圣贤"为人格楷模,通过内圣来达到外王即社会有序的"礼治"的目的。如果考虑到儒家创始人孔子与孟子当时处于春秋战国时期的"天下无道"的乱世状况下,那么就容易理解为何恢复与建立"尊卑贵贱,不逾次行"的社会秩序问题会是他们的哲学的当务之急。

---

① 〔明〕王阳明:《传习录中·训蒙大意示教读刘伯颂等》,载《王阳明全集》,北京:中央编译出版社,上册,2014年,第83页。

主流儒家的教化思想是建立在"性善论"基础上的,它设定人性本质上为善,因此人有良知,有知善恶之心,从而能够通过修己达到立人,来实行"仁政"等。不过这样的思路等于预设了一个"君子国",这与现实中的"小人国"是相悖的。"天下熙熙,皆为利来;天下攘攘,皆为利往。"我们在现实中的所知所见,恰是这样一幅图景,很令人失望。有如荀子所描绘的那样,由于人性好利,就产生了争夺而无辞让;由于人性有欲望,好声色,就产生了淫乱而致礼义消亡。也正因如此,所以腐败始终是政治的一个顽疾。"性善论"成为儒家的主流,实在是中国哲学的一个不幸。如果以"性恶论"或"小人国"为预设前提,那么从逻辑上必然导出的是需要对之加以防范与约束,这就会引出法治的需要。教化虽能够引导人们向善,但要达到"仁政"或"善政"的目标,除了以民为本之外,制度的设计与建设是更为根本的。

回到前面所提及的中西哲学比较的两个预设上来,一言以蔽之,本书的看法是,中国有哲学,不过这种哲学与西方哲学有着相当的不同。中国的哲学是一种道德教化的哲学,而不是求真的哲学。儒家作为中国传统哲学的主流,它是以建立道德伦理的规范作为自己的关注点。特别是在汉武帝"独尊儒术"之后,儒家成为官方哲学,《论语》与《孟子》等经典成为科举考试的内容,使得儒家经典的教化功能更加凸显出来。

这种教化哲学的一个突出特征,是在道德上只讲义务,如仁义礼智信等,却不讲权利,因而形成了一种单边的义务论,缺乏构成现代社会价值基础的"权利"观念,这是儒家伦理的最致命之处。本书第一章第六节的"中国现代化视角下的儒家义务论伦理"专门论述了这一问题,这里就不展开。不过想提及的一点是,其实如果深究下去,孔子的"忠恕"之道与人的权利、尤其是"自由"的权利之间,实际上蕴含着一种内在的联系。"己所不欲,勿施于人"的"恕"道,意味着他人有着不受别人干涉的"消极自由"的权利,而"己欲立而立人;己欲达而达人"的"推己及物"或"己所欲,亦施于人"的"忠"道,则意味着某人具有要求他人按照自己认为正当的意愿去行动的"积极自由"的权利。不过可惜的是,这样一种自由的权利的思想与这两种自由之间的差别及其可能产生的结果,在儒家那里并未能得到认识。这就像如果儒家对仁者为什么应当"爱人"进行追问的话,就可能涉及"人是什么"的问题,就可能逼出每个人都有其自身的价值与尊严的权利根据。假如能够这样的话,不仅我们哲学的历史将改写,或许我们的伦理、法律、政治与文化也将改写,历史也将改写。

与中国哲学的教化性质相关的另一个突出的特点是上面已提到的,中国传统哲学并没有求真意义上的知识论。冯友兰曾经断言,在中国哲学里"知识论从来没有发展起来"[①]。不过这一论断只是在特定范围内是正确的,也就是说,中国古代哲学中虽然没有"知道如是"(knowing that,即命题知识)的知识论,但却有"知道如何"(knowing how)即有关"德性之知"(道德知识)的知识论。它是一种服务于道德教化的知识论,倡导"格物致知",目

---

① 冯友兰:《中国哲学简史》,第32页。

的是为了"穷理",而这种"理"是道德伦理意义上的。它注重知与行之间的联系,认为不行不足谓之知,因而是一种以"知行合一"为特征的"力行"知识论。比较麻烦的是,这种知识论把"德性之知"看作是唯一的知识,断言"良知之外,更无知"(王阳明),这在客观上就排斥了对自然科学知识的追求。

此外,从比较哲学的角度而言,我们还可找出中国哲学的其他特点。从思维方式上看,遗憾的是儒家创始人以周朝作为理想的社会范型,有如孔子所赞叹的:"周监于二代,郁郁乎文哉!吾从周。"(《论语·八佾》)孔子思想的核心是"仁",仁是通过"克己复礼"得到的,而"礼"的要义是"依祖宗传来的规范而行为"[①]。这显然是一种厚古薄今、缺乏批判性的思维。这种观念对现实造成的影响,有如秦朝的丞相李斯所抨击的那样,"今诸生不师今而学古……语皆道古以害今"[②]。它在理论思维上的影响,是造成一种向后看的思想习惯,不是积极地通过对现有思想与社会的批判,来构建理想的学说与社会模式,而是鼓励并养成了一种非批判的、向后看的思想习惯,讲究道统,以之为判定理论是非的依据,这是很不利于思想创新的。虽然后来荀子看到这样一种思想方式的不妥,提出了"法后王"的思想,认为"舍后王而道上古,譬之是犹舍己之君而事人之君也"[③]。但他的"后王"主要指的是近时的乃至时下的君王,目的是使治乱之道、国家制度能够具有前

[①] 陶希圣:《中国政治思想史》(上),北京:中国大百科全书出版社,2011年,第64页。
[②] 《史记·秦始皇本纪第六》。
[③] 《荀子简注》,《非相篇》,上海:上海人民出版社,1974年,第39页。

后相继的一致性、统一性;此外,从认识的意义上说,是为了能够"以近知远",避免脱离所处的现实而去追求仅仅存在于传说中的东西。虽然这具有重视现实经验的意义,但在思维方式上,不论是"法先王"或"法后王",它们都属于同一种向后看的类型,都是以已经发生过的、存在的事物为范型,把"道"视为某种既有之物,而不是主张向前看的,通过对现有制度的反思乃至批判来构建新型社会的思想方式。

后来儒家的"道统"论,可视为这种思维方式的一个集中表现。孔孟思想成为不可逾越的思想典范。它形成的是一种非批判的思维习惯,这对思想的自由与多元化构成了障碍,为保守思想提供了辩护的武器,使得新思想容易被贴上"异端邪说"的标签而遭到攻击乃至扼杀。这种思维习惯直至当代新儒家的代表人物牟宗三那里仍然有所表现。牟宗三对历史上的儒家思想的评判,仍然以"道统"为标准。例如,阳明心学被视为正统,而朱子的理学则被看作是"旁出"。以这样的标准来判教,显然无益于哲学的发展。本来,哲学思想的创新就意味着对前人思想的超出,自然就不会属于某种"正统"。若以"道统"为标准,不啻为哲学的创新设置了一道藩篱,客观上限制了哲学的发展,这或许是在儒释道之后,中国哲学一直未能有某种全新的哲学流派出现的一个原因吧。

从叙事方式上看,中国传统哲学的一个特点是,不少经典著作是以"语录""注释"甚或"集注"的方式流传下来的,如《论语》《孟子》、朱熹的《四书集注》等。这种叙事方式的一个明显弱点是缺乏论证。在《论语》等上述经典中,我们时常会见到这样的情况。特别是在采取的是问答、而不是对话的方式时,尤其是这样,只是简单的一问一答而已,并没有质疑与反驳,从而也难有论证的发生。深究起来,这与"道统"的观念有内在的联系。由于把四书之类的儒家经典奉为圭臬,因此通过注释的方式来阐发其微言大义,就成为一种理所当然的选择。

本书还论及的一个问题是中国哲学的现代化问题,这也是学界所关注的。冯友兰曾经提出,中国哲学的现代化只能通过运用近现代逻辑学的成就,使原本显得含糊的概念明晰起来。但这只是从方法论或形式的角度着眼的,有点旧瓶装新酒的味道。其实,中国哲学现代化的路径有多种,除了方法论的路径之外,观念的现代化是最首要的。这包括要发现一些前人所没有发现的新现象,提出一些前人所没有提出的新问题。就道德方面而言,安乐死、克隆人、机器人伦理等,都属于这方面的新现象。从自然方面而言,宇宙起源的大爆炸论,生态环境的危机等,也是属于哲学需要思考与回应的新现象。当今"元宇宙"的虚拟世界、人工智能技术等的出现,同样对哲学提出了新的挑战。如果我们的哲学能够面对这些新现象、新问题,给出创造性的解释系统,产生出一批与现代社会相适应的标志性著作,达到与国际同行对话乃至超越的水平,那么它就可以说是现代化的了,因为这样一来,无论是从现象、问题还是有关的思考与成果,都是现代意义上的了。当然,这么说并不等于排除对原有现象或问题作出现代意义的解释的途径。哲学的问题不少是永恒的问题,诸如真善美等。斯特劳森甚至认为人类思维最核心的内容是没有历史的，有些范畴和概念就其最基本的特征而言，是完全没有变化的。如果能够对这类永恒的问题在现代的背景下作出新的解释，也会是中国哲学现代化的一条路径，就像前面对孔子的"忠恕"之道从"自由"的概念角度所进行的解释那样。

以上是笔者在中西哲学比较方面的一些主要想法。承蒙吴根友教授提供机会，使我在这方面的论文得以结集出版。为学不易，学问贵在争鸣，但愿书中的浅陋思考，能够起到一点抛砖引玉的作用。

陈嘉明
2024 年 4 月 19 日
于上海万源城寓所

目 录

总序 /1
自序 /1

第一章 比较视野下的中国哲学

第一节 引言 /3

第二节 仁者为何应当爱人 /6

第三节 自然主义与形而上学：孔子哲学与孟子哲学之不同 /19

第四节 内在论：儒家心学的一种新诠释 /35

第五节 新儒家、心性之学与现代化 /51

第六节 新儒学现象与哲学创新问题 /60

第七节 中国现代化视角下的儒家义务论伦理 /70

第八节 从语言现象学看中国传统哲学现代化问题 /95

第二章 知识的观念与思维方式

第一节　引言 /109
第二节　"象"与中国传统哲学思维方式 /110
第三节　儒家知行学说的特点与问题 /125
第四节　中国哲学"知"的观念与"李约瑟难题" /140
第五节　中国哲学的"力行"知识论 /148
第六节　比较视野下的中西知识论概观 /166
第七节　略论金岳霖《知识论》中的几个问题 /184

第三章 中国哲学的发展问题

第一节　引言 /201
第二节　元哲学问题与中国哲学的发展 /203
第三节　哲学的普遍性与中国哲学的发展 /219
第四节　哲学方法论的问题与反思 /230
第五节　反"科学主义"与中国哲学重建 /241
第六节　朱熹研究在西方 /254
第七节　《道论》的叙事方式及"客观性"问题 /268

第四章 现代性对中国哲学的挑战

第一节 引言 /279

第二节 "现代性"研究的回望与反思 /280

第三节 理性与现代性 /301

第四节 中国现代性研究的解释框架问题 /315

第五节 "理性化"或是"人性化" /323

第六节 人性、人性化与中国的现代性 /334

第七节 现代性对哲学提出了什么样的挑战 /347

第八节 再论现代性对哲学的挑战 /352

第一章　比较视野下的中国哲学

第二章　知识的观念与思维方式

第三章　中国哲学的发展问题

第四章　现代性对中国哲学的挑战

第一节 引　　言

从比较视野的角度看,儒家哲学主要是一种教化哲学。作为教化哲学,其创始者孔子提出了一些教化所要达成的人格标准(君子)与规范(如仁者爱人),不过对于这类规范的根据,也就是为什么需要求仁,仁者为什么需要爱人,孔子并没有给出相应的思考与回答。未能追问这一根据直接关涉并影响到儒家哲学与中国传统文化的一些根本性问题,包括孔子哲学的经验性思维方式、儒家伦理的义务论性质、公私观与权利意识缺位,以及中国法律史上的民法缺失的问题,等等。

虽然在中国哲学史上,人们通常将"孔孟"哲学并称,作为儒家哲学的源泉和最高代表,但实际上,孔子和孟子两人的哲学虽然都是一种"仁"的哲学,但它们在哲学的形态上是不同的。孔子哲学在根本上属于一种自然主义,它只是提出道德规范的原则,而"不语怪力乱神",不谈论超经验的东西。但孟子不同,他要深挖这样的根据,从学理上予以更深入的解释,因此有"恻隐之心"之类的、建立在"心有同然"之类的概念基础上的性善论。这也就是说,孟子提出了道德伦理在人性善方面的形而上学根据,从而使儒家哲学具有了形而上学的形态。这种内在论后来在陆象山尤其是王阳明那里发扬光大,以"心学"的形式达到其学说的高峰。

现代新儒家把心性之学视为"中国文化的神髓",并且继承了心学的传统,主张返本开新。在牟宗三那里,具体表现为"开三统"的主张,即道统之肯定、学统之开出,以及政统之继续。心性之学可说是在制度化的儒家已经死亡之后所留存的比较有生命力的东西,哲学应当持久地致力于呼唤人们的道德良知。但是,就新儒家建立"道德形上学"的思路、构架与论证来说,却有许多不可行之处。之所以这么说,最首要的原因是当今社会在经济、政治与文化等方面,较之传统儒家的时代已经有了根本性的变化。要在这么一个已经根本不同的经济基础与社会形态上重新"开三统",不啻是一种无本之木。其次是新儒家在其理论构架上往往囿于传统儒家或某一流派的思想,尤其是抱着道统的思想,这极大地妨碍了他们对现实问题的思考,以及由此提出相应的概念框架。

现代新儒学的重新开三统的做法,存在的问题是过于依附于传统,甚至讲道统。这产生了一些消极的后果,包括:不能站在普遍的立场上思考;脱离时代,脱离现实,方法论上缺乏新的开拓。这些问题的产生有其深层的原因,其中最主要的是传统儒学存在的社会基础已经改变,而新儒学未能适应这一转变等。这也正是新儒学的话语只是局限于专业的小圈子里,自说自话,不能在社会上传播并产生影响的原因。现代新儒学的上述不足,是我们在哲学的创新上需要克服之处。这其中最为根本的方法在于要面对时代,把握新现象,发现新问题。就创新与传统的关系而言,创新才是最好的传承传统的方式。通过创新才会真正实现创造性的转化,从而使传统得到延续。反之,拘守传统,跟不上社会的发展与需要,则传统反失。

从伦理规范的角度说,儒家传统的一个缺陷,是只讲义务,不讲权利,是一种单边的道德伦理义务论。它实质上是以"善优先于权利"为预设的。由此至少可以引申出如下两个推论:首先,这意味着儒家伦理所采纳的那些"善"的概念是未经道德法则确证的,其正当性未经证明。其次,善优先的结果客观上排斥了"权利"概念,使之在中国历史上被长期漠视。这种状况与中国历史上长期的封建社会制度相适配。儒家的纲常伦理以自己所理解的"善"客观上压制了人的权利。"忠、孝、仁、义"不谓不善,尤其是在特定的古代社会的背景下,但它们确实排斥了权利,是以漠视人的权利为代价的。在儒家伦理中,没有自由、幸福、财产等权利的位置。

从语言现象学(即哲学在概念与话语的使用与流传上所表现出的现象)的角度看,中国传统哲学的概念虽经本土哲学家的继承和使用,以及翻译家的努力,但目前仍在流传的却有限,大部分还是难以延续。之所以出现这样的现象,乃是由于那些不被延续的概念未能较好地刻画事物的性质,所以导致自身生命力的消失,而被更为准确的概念所替换。如"气"被"物质"所代替,"象"为"现象"所代替,等等。因此要实现中国哲学的现代化,无法单纯通过对传统哲学概念的含义加以明确的做法来获得。此外需要指出的是,哲学的思考是从普遍性的角度进行的,然而在新儒学中预设的是中西哲学的相互对立。但实际上,一种面对时代现实的、创新的哲学是不应当以这种方式来思考的。维特根斯坦思考的并不是什么特殊的、英国的语言哲学,同样,金岳霖探讨的也不是什么特殊的、中国的知识论。相反,他们研究的都是普遍性的语言或知识问题。对外来文化的吸收、共存与融合,是社会开放与进步的表现。在现阶段,中国哲学的现代化可能会更多地采取这种方式。

第二节 仁者为何应当爱人

作为一种人文主义,孔子最经典的也是最为人所熟知的话语是"仁者爱人"①。不过,去爱人可以出于不同的动机,比如同情、怜悯乃至施舍。因此这里就有一个为什么应当爱人的问题。遗憾的是,孔子本人以及后来的儒者并没能就此发问,去追寻仁者爱人的根据。在笔者看来,未能追问这一根据关涉并影响到儒家哲学与中国传统文化的一些根本性的问题,包括孔子哲学的思维方式、儒家伦理的义务论性质、公私观与权利意识缺位,以及中国法律史上的民法缺失的问题,等等。

一、孔子的经验性思维方式

这里,我们主要以《论语》为依据来谈论孔子的思维方式与叙事方式,即它是一种经验性的方式。之所以这么说,并不因为它是一种语录性的记述,而是由于它所体现的思考方式,并不追寻事物的根据,包括认识的根据。例如上面提到的"爱人"这样的命

---

① 《论语·颜渊》。

题,孔子并不追问为什么应当爱人,并不给出它的根据。假如追问这一根据的话,就势必涉及"人是什么"的问题,就像康德哲学所提出的那样,而这样一来,就恰恰进入了形而上的思考,进入某种"形而上学"。因为"人是目的"之类的回答,并不是经验性的命题,而是形而上学的。这里的"形而上学"一语,是在康德的意义上使用的,具体说来,是在康德哲学的思考与发问方式上使用的,即探寻"人是什么",以及探寻"纯粹数学如何可能""先天综合判断如何可能"之类问题的意义上使用的。这类探寻方式的特点,在于对已存在事物(人、纯粹数学、先天综合判断等)的可能性的根据进行发问,探寻出它们的根据之所在。

我们可以举出其他的依据来佐证孔子的经验思维方式。《论语》中有"子不语怪、力、乱、神",亦即孔子不谈论诸如鬼怪、神灵之类的东西。在近代欧洲,类似灵魂不朽、神存在之类的话题,正是形而上学的谈论对象。当然,这种意义上的形而上学是非科学的,所以康德等哲学家才对其进行批判,要建立"科学的形而上学"。同理,也正是在这一意义上,孔子不谈怪力乱神的经验论倾向是一种好的、反对非科学的形而上学的倾向。

再者,庄子给出过一个论断:"六合之外,圣人存而不论。"①此句中的"圣人"一词,《论语译注》的作者杨伯峻先生认为无疑指的是孔子,理由在于这句话的下文"春秋经世先王之志,圣人议而不变"②。《春秋》乃孔子这一圣人所作、所议,所以上文的圣人当

---
① 《庄子·齐物论》。
② 杨伯峻:《论语译注》,北京:中华书局,1980年,第9页。

指孔子。此外,庄子的这一论断也与孔子的不语怪力乱神的思想精神相符。

"六合"在古汉语中,泛指"天下或宇宙"。详细辨析起来,"六合之外,圣人存而不论",很有点为思想和知识划界的味道:凡是超出宇宙范围的东西,都是不可谈论的,都应当保持缄默。可以为这种近乎实证精神作印证的,是孔子明白宣示的知识观:"知之为知之,不知为不知,是知也。"①总之,孔子的思考方式是一种经验性的。可经验范围之内的东西是可思想的、可知的,而超出这一范围之外("六合之外")的东西则是不可思想、不可知的。

不过对于本节来说,关心的则是问题的另一方面。我们说孔子的思考方式是经验性的,具有反对非科学的形而上学的倾向。但是,它的不好的一面则在于不追寻事物的根据。从神或"天"那里寻求事物的根据的做法固然不科学,但是这种探求的形而上的思考方式本身则是可取的,因为它是哲学的一种必需的思考方式。只要探寻的方向得当,它就是有益的。上面提到的康德给出的"人是目的"这样的形而上学根据,就是一个有力的例证。

孔子之后,儒家逐渐趋向于形而上学的思考,逐渐淡化其经验性的成分,增加了先验论的色彩。在孟子那里,哲学的思考方式开始有所变化。孟子要回答的一个问题是:为什么说人性是善的,其根据是什么?所以反过来看,这也等于是孟子的发问方式。孟子对此作出了"四端"说的解释,即"仁"的根源,在于"恻隐

---

① 《论语·为政》。

第一章　比较视野下的中国哲学

之心";"义"的根源,在于"羞恶之心";"礼"的根源,在于"辞让之心";智的根源,在于"是非之心"。孟子的"四端"说表现出他具有形而上学的意识,开始追寻人性善的根据。这种形而上学性质的探寻之所以有益,在于它把问题深化了,而不是像孔子那样停留于经验的层面。到了宋明理学那里,这种对"根据"的探寻达到了高峰。朱熹在"理"那里找到了万物之"源",即事物存在的本体论根据。这种根据是先验性的,用他的话来说属于"形而上之道"①。王守仁则秉承了孟子的思想,以"心"作为道德的根据,把"天理"归之为心所本有的"良知"。不过虽然有此分歧,朱熹与王守仁在思考方式上的一个共同点在于,他们都以形而上学的方式探寻事物与道德的根据(先验的"理"或"心")。与当时的西方哲学相比,其对问题思辨的深度可说是毫不逊色。朱熹与王守仁所达到的这类哲学思考,足可构成对"中国没有哲学"论的有力批驳,且证明中国古代哲学具有自己的特殊形态。

不过可惜的是,朱熹与王守仁的这种本体论探寻,并没能走向对"人是什么"的发问。

仁者为什么要爱人的问题仍然没有被提出。一直到清朝末期,西方的有关哲学思想被启蒙思想家传播进来后,这样的问题才为国人所知晓,才逐渐成为一个受关注的话题。

与这一问题的缺失相关,作为中国传统文化核心的儒家哲学,孕育出的是一种义务论的伦理,强调的是人的道德伦理义务,

---

① 《朱子文集》卷五十八,《答黄道夫二书》之第一书。

而缺乏对人的权利的关注。进而,作为一个完整的文化系统,反映在法律文化上的则是中国民法的缺失,反映在政治文化上的是民众的权利的缺失,以及总的社会形态上的专制社会形态。权利的缺失,构成了中国传统文化从观念到现实的一个根本局限,构成了这一文化的一个基本特征。

二、儒家的义务论伦理及其义利观

之所以断言儒家的伦理在性质上是义务论的,这可以从它的核心价值观念上得到印证。

在儒家伦理里,"忠孝仁义"即是它的核心价值观念,它们所规范的都是某种义务。其中,"忠"主要是对君王应当忠诚的义务[①],"孝"是对父母、长辈应当孝顺的义务;"仁"是处世做人的义务、应当去关爱他人的义务;"义"同样也是一种义务,是行为必须符合某种正当的道德规范的义务("义者,宜也")。既然这些核心的伦理价值规范的都是人们的义务,而不是权利,因此可以说儒家的伦理是一种"义务论"的伦理。

或许有人会说,义务往往是与权利相对的,规范了一方的义务,等于同时也规范了另一方的权利,因此不能说在儒家伦理那里权利是缺失的。这一说法似乎听起来有理,但如果加以分析,则不难看出问题。首先,正面地规范权利与隐含地涉及权利毕竟是不一样的。假如是前者的话,那么整个价值观念就会以权利为

---

① "臣事君以忠。"《论语·八佾》

基础,并且在此之上生长起以权利认可与保障为本质内容的文化系统。但中国传统文化恰恰与之相反。其次,"忠、孝"这样的义务所派生的权利,是君王、父母(长辈)对臣民、子女等的权利,这样的权利恰恰是等级制的,是不平等的,它们为宗法制的社会提供了伦理的基础。至于作为现代宪政社会基础的基本权利,如生命、财产与自由的权利,这些恰恰是儒家伦理所缺乏认识的。

围绕着"忠孝仁义"这样的义务论,儒家还形成了一种义利观,把"利"界定为"私利",将追求利益或功利视为"小人"的行为而加以贬斥。这方面孔子的说法最为典型:"君子喻于义,小人喻于利。"[1]孟子的思想也是如此。他把义与利对立起来,并把后者看作是无须具有的东西。("王何必曰利?亦有仁义而已矣。"[2])荀子也主张一种讲"义"而不讲"利"的荣辱观:"先义而后利者荣,先利而后义者辱。"[3]

这种义利观的要害之处在于,"利"被单纯作为一种"私"的东西,而"私"则被看作是某种"恶"而加以排斥,这对中国文化的影响是致命的。本来,追求个人的利益或功利的行为,只要它是正当的,就是合理的;而且这种行为构成社会发展的一种动力。但传统儒家在把"利"等同于"私",并与"公"截然对立起来之后(例如,程颐说:"义与利只是个公与私也。"[4]),"私"成了"恶"的代名

---

[1]《论语·里仁》。
[2]《孟子·梁惠王上》。
[3]《荀子·荣辱》。
[4]《河南程氏遗书》卷十七。

词,成了伦理讨伐的对象。朱熹甚至把有关义利的伦理上升为"儒者第一义"①。

虽然儒家的"利"的概念一般指的是利益、功利,而不是"权利"。但就中国古代哲学而言,最贴近权利概念的,也就是"利"这个概念。"权利"本来也属于人的一种利益,它是人所应得利益的道德上的诉求或法律上的享有。但在传统儒家那里,个人利益既在道德上被贬斥、否定,个人的权利自然也就无从诉求,无从产生相关的观念,进而无从得到保障。相应地,由于缺乏权利的意识和概念,这在政治、法律等领域造成的后果,同样是人的权利状态的缺失。

三、儒家义务论伦理的影响

中国古代法律的一个明显特点,在于它是儒家伦理的法律化的结果,也就是儒家的伦理观念转化成的具体的法律规范。古代法律的"十恶不赦"罪基本上直接与伦理上所谴责的不忠、不孝有关,如"谋反"(试图推翻朝廷)、"谋大逆"(毁坏皇帝的宗庙、陵寝、宫殿的行为)、"恶逆"(打杀祖父母、父母以及姑、舅、叔等长辈和尊亲)、"大不敬"(对君主的人身及尊严有所侵犯的行为)、"不孝"(咒骂、控告以及不赡养自己的祖父母、父母,祖、父辈死后匿不举哀,在丧期内嫁娶作乐)、"不睦"(亲族之间互相侵犯的行为)、"不义"(殴打、杀死地方长官,丈夫死后不举哀并作乐改嫁等),等等。

---

① 朱熹:"义利之说乃儒者第一义。"参见《朱子大全集·与延平李先生书》。

中国古代法律的上述性质,使得它与儒家伦理一样是以"义务"为本位的,而不是以"权利"为本位。这直接造成的一个严重的结果,是"民法"在中国法律史上长期的缺失。中国古代的成文法中只有刑法,基本上没有"民法",或至少说是民、刑法不分,并没有一部单独编撰的形式上的"民法"。在晚清时期,政府有关部门提出的《编撰民法之理由》(草稿)中,对此事实进行了如下的陈述:"夫规定私法上法律关系之法令古来中国亦存在,然多散见于各处,于实际上既为不便,又多系不成文法,终无法确知。"[1]美国著名的汉学家费正清也指出:"中国很少甚至没有发展出民法保护公民;法律大部分是行政性的和刑事的,是民众避之犹恐不及的东西。"[2]

清末开始的法律改革首次系统地引进西方的法律制度,民法是其中的重要内容之一。不过,这一改革最终也没能颁行一部《民法典》,只是产生了一个阶段性的过渡成果——大体上仿照德国与日本民法的《大清民律草案》。但随着清王朝很快被推翻,这部《大清民律草案》也没能付诸实施。

民法作为"私法"在中国古代社会一直未能被制定,应当说与儒家伦理对"私"的贬斥有关。由于"私"被看作是某种"恶",不加分别地成为要被灭除的对象,自然也就谈不上对"私"有的东西进

---

[1] 原载中国第一历史档案馆藏档案《修订法律馆全宗》(五二四一十一一),第七档,《编撰民法之理由》(草稿)。转引自柴荣:《清末中国民法思想形成分析》,载《江海学刊》,2007年第4期,第160页。
[2] 高道蕴等:《美国学者论中国法律传统》,北京:中国政法大学出版社,1994年,第3页。

行保护。早自先秦起即已有"以公灭私"①"废私立公"②之类的命题,致使在法律上没有"主体人"的观念和规定,没有独立性的"私"和"己"的地位。与此相应,由于"私利""私有"没有足够独立的合法地位,因此私人的生活空间被严重挤压,独立的市民社会自治空间从来不曾存在。法律体系成为维护王朝统治的一种手段,独立的私法因而也就无从产生。

有一种辩解认为,中国古代虽无形式上的民法,但有实质性的民法。这种辩解其实是不对的。例如,刑律规定杀人者当诛,表面上看,似乎可以解释为被杀者有生命的权利,而且这种权利得到保护。但实际上,刑律处罚的只是杀人者违背了"不得杀人"的义务。因为,假如刑律保护的是人的生命的权利,那么这一权利就是任何人皆不得侵犯的。但事实上却不是如此,因为至少"君要臣死,臣不得不死",这意味着臣民并没有法定的权利;反之,这种权利是可剥夺的,只是一般人剥夺不了而已。假如是在法治的、权利真正得到认可与保护的社会,那么要剥夺某个人的生命的权利,是要经过法律程序的,是不允许任何人任意剥夺的。因此,不能从刑律上有杀人者偿命之类的规定,来反推出所谓有民法的存在、有权利的存在,等等。

四、哲学的形而上发问的意义

文化是一个系统,其伦理、政治、法律、社会诸因素相互影响,

---

① 《尚书·周官》。
② 《管子·正》。

因此难以说中国历史上权利缺位的根源究竟在哪里。这就像到底是先有鸡、后有蛋,还是先有蛋、后有鸡的问题一样。但法律的条款为什么要这样规定而不那样规定,是有其理念方面的根据的。因此,我们说儒家的义务论伦理影响着中国古代的法律,这是能够成立的。

从伦理学的角度看,缺乏对"人是什么"的问题的发问与思考,造成了对人的权利的认识的不足,至少构成一个认识方面的不足。而缺乏这种发问与思考的原因,则与儒家的祖师孔子的缺乏形而上学的思考方式有关。孔子的哲学是经验性的,它关注于事物"是"什么,而不追问事物的形而上根据。讲仁者爱人,而不追问仁者为什么应当爱人,不追问人是什么,就是一个典型的事例。

"形而上学"一语在现代经过实证主义等思潮的批判,往往被等同于思辨性的、背离科学方法的标志。这种看法实际上是科学主义思潮的一种偏见。在20世纪上半叶,科学主义思潮曾对哲学产生了猛烈的冲击,一时间"哲学的终结"的声音不绝于耳。属于科学主义范畴的逻辑实证主义者自不用说是以清除形而上学为使命,甚至那些不属于这一范畴的哲学家们,包括海德格尔、后期维特根斯坦、罗蒂,等等,也都以不同方式声称哲学的终结。海德格尔晚年以《哲学的终结与思的任务》为题专门撰写了文章,将哲学等同于形而上学[1],并断言"哲学在现时代正在走向终结",取代它的是一种对"存在"的"思"。后期维特根斯坦则断言哲学

---

[1] [德]海德格尔:《哲学即形而上学》,载孙周兴编:《海德格尔选集》(下卷),上海:上海三联书店,1996年,第1242页。

得了"病",表现为语言的混乱,因此需要对它进行治疗。罗蒂也认为"大写"的哲学(即追问"真理""善""合理性"这类规范性观念的本性问题的哲学[①])已经消亡,柏拉图的传统已经非常古老,我们不再需要像柏拉图那样的发问。罗蒂比实证主义走得更远,他甚至指责实证主义还在从事大写的哲学。

作为实证主义哲学思潮的产物,法律实证主义排除法律与正义的关系,将正义的观念以及"自然法"学说贬斥为一种"形而上学",认为它们属于主观的价值判断,无法像自然科学那样确认其内容。在法律实证主义看来,法学只能是"纯粹的法学",是经验性的科学,其客体是现实的法律,而不是正义。法律实证主义的错误在于,它试图将法律与正义割裂开来,但这实际上是不可能的。法律属于文化,而文化本身是价值观念(包括正义)的产物。人类之所以形成这样或那样的文化与法律,是他们追逐或排斥某种价值观念(首先是善、恶的观念)的结果。举一个简单的例子。"亲亲相隐""为亲者讳"在传统儒家伦理中得到认可,这样的行为在法律上也就得到保护,历代王朝的司法实践都规定父子之间可以相互包庇犯罪。但在现代,这样的伦理观念则是有争议的,为亲属隐瞒犯罪的行为在法律上不仅得不到保护,而且行为人还要被追究刑事责任。刑法上的这种变化,实际上是伦理观念变化的结果。对于革命伦理来说,犯罪者属于"罪犯""阶级敌人",甚至包括亲属在内的人都应当与之划清界限,乃至"大义灭亲"。

[①] 参见[美]理查德·罗蒂:《后哲学文化》,黄勇编译,上海:上海译文出版社,1992年,第3页。

假如法学不关心正义问题的话,其结果势必是"恶法亦法","恶法"亦有其合理性。如此,现存的"恶法"如何能够得到改变?就像任何事实实际上都有其需要遵循的规则一样,法律本身也有其需要遵循的最高规则,这就是正义的原则,它们构成法律的出发点,不论这类规则以何种名目和方式(自然法、神法等)出现。

以自然科学的思考方式来取代哲学思考方式的错误在于,自然科学的对象是"物",它们是没有意识、没有理性、没有激情的,从而也没有目的取向、没有价值观念。而人则相反。因此,要理解人的行为,就不能像解释物一样来进行。"主观性"构成人的行为的基本特征。物的运动可以用精确的数学公式来刻画,但人的行为在根本上需要从其目的性和价值性方面来理解。因此,自然科学以数学为其基本工具,而人文社会科学却以哲学为指南。对于"仁者为何应当爱人"的命题,数学并不能给予描述和刻画,它需要的是哲学上的诠释。尤其是人类是需要面对未来的,在这一基本的时间维度上,经验只能告诉我们现在的事实如何,却不能告诉我们将来应当如何。因为对于人类而言,重要的是要改变世界,使将来比现在更美好。这意味着归纳法在这里是无效的;人类行为的特征是有意识的选择,是自由意志的决定。而对于自然科学的事物而言,将来与现在之间是同一事物的重复或无意识的进化。

明白了这些基本点的不同,就不难理解"仁者为何应当爱人"这类发问的意义。人之为人的特点决定了我们需要进行这样的发问,需要有启发我们进行发问的哲学、形而上学。如果缺乏这样的哲学和形而上学,只能表明我们的智慧还不够、认识还不够,还未达到应有的水平。如果说古代的先贤没有上升到这样的层面是由于时代的局限,那么今天如果我们还否认这一发问的意义,特别是在哲学史上曾经出现的发问,那显示的只能是自己的愚昧。

从形而上学的意义上说,权利是一种"目的论"的东西,一种形而上学的设定。认识本来是以客观性为依据的。一个认识如果是客观的,意味着它与外部事实的相符。但在人的行为领域,特别是对于时间上属于未来的事物,例如某种理想的社会,则不存在现成的东西能够让行为去符合。因此在这种状况下,主观的概念、理念,反倒成了行为的根据,成了客观性的标准。以"幸福"问题为例。什么是"幸福"?它实际上取决于人们对幸福的理解。在当今社会,评价某个地方(如城市、地区)的生活是否幸福,是依靠某种"幸福指数"来进行的。在这种情况下,本来是主观的、由人所制定的"幸福指数",反倒成了客观的幸福标准,成了社会所追求的目标。

这样的道理对于法学也是一样的。实证主义把法律看作某种事实。然而这种法律"事实"的存在却是人们主观规范的结果。法律之所以规定某种权利需要保护,是来自人们对这种权利存在的必要性的认识,然后才有可能作出相应的规范。因此,"自然法"之类的法学理念先于法律,它是法律规范的源泉。就像"幸福指数"的指标规定,构成社会幸福的依据一样。在道德哲学的意义上,权利是一种"诉求",一种"应得"。假如仅仅把权利看作在法律上得到规定的东西,那就会造成这样的结果,即法律上没有规定的东西就不成其为权利。如此形成的后果将是,一旦"应当"的问题(公平、正义等)从法学中消失,那么被"恶法"统治的社会、缺乏法治的社会,将永远也无法改变其法律现状。

回到文章开头的问题本身。假如孔子、孟子及后来的儒家能够对仁者为什么应当爱人的问题发问,那么它就可能会涉及"人是什么"的问题,涉及人的权利的问题。假如能够这样的话,不仅我们哲学的历史将改写,或许我们的伦理、法律、政治与文化也将改写,历史也将改写。

第三节 自然主义与形而上学:孔子哲学与孟子哲学之不同

自唐代韩愈(768—824年)在《原道》中提出"孔子传之孟轲,轲之死,不得其传焉。荀与扬也,择焉而不精,语焉而不详",南宋朱熹(1130—1200年)把《孟子》与《论语》《大学》《中庸》合为"四书"之后,"孔孟"并称,他们的哲学也被看作是一脉相承的了。例如,不仅《二程集》中有:"今人看《论》《孟》之书,亦如见孔孟何异?"[①]张载(1020—1077年)也写道:"古之学者便立天理,孔孟而后,其心不传。"[②]客观地说,孔孟在伦理思想上的确有一致性,这集中表现在他们都主张"仁、义、礼、智、信"等伦理道德规范,尤其是以"仁、

---
① 〔宋〕程颢、程颐:《二程集》,北京:中华书局,1983年,第205页。
② 〔宋〕张载:《经学理窟·义理》,《张载集》,北京:中华书局,1978年,第273页。

义"概念为核心。孔子(公元前551—前479年)儒家伦理奠基人的地位,突出体现在他的"修己安人"思想,奠定了后来由《大学》所提出的儒家"八纲目"。这样的思想被孟子(公元前372—前289年)继承和发扬,在"修己"思想上突出了"义"字:"仁,人之安宅也;义,人之正路也。"①"仁,人心也;义,人路也。"②把"仁"作为人的本性("人心"与"安宅"),把"义"作为由这一善的本性所生发出的道德准则与规范("人路")。尤其是在"安人",即治国理念方面,孟子还提出了"仁政""王道"思想。正如程颐(1033—1107年)所言:"孟子有功于圣门,不可胜言。仲尼只说一个'仁'字,孟子开口便说'仁义'。"③这道出了孟子在伦理思想上对孔子的发展。

然而,本节想指出的是,孔孟在伦理思想上的一致性,并不意味着他们在哲学类型上的相同。事实上,两人的思想在哲学层面上是有很大差别的,有些差别甚至是根本性的。而这些差别,又关涉他们的哲学的性质问题。简而言之,孔子哲学属于一种"自然主义哲学",孟子哲学则属于一种"形而上学""先验哲学"。由于这一差别事关重大,因此,不可不辨。

一、孔子的哲学属于一种"自然主义"

孔子在中国思想史上的突出地位,在于他创立了一套以"仁"为核心、以忠孝和"仁、义、礼、智、信"为主要内容的伦理道

---

① 《孟子·离娄上》,北京:中华书局,2016年。
② 《孟子·告子上》。
③ 〔宋〕朱熹:《孟子序说》,《四书章句集注》,北京:中华书局,1983年,第199页。

德范畴,建立了一个后来成为儒家伦理、成为中国传统社会基本道德规范的思想系统。虽然孔子的思想基本上属于伦理学范畴,但他并不关注道德信念的性质与根据问题、道德知识的"确证"(justification)与方法问题,以及道德伦理的本体论问题,这就使孔子的道德哲学具有一种自然主义的色彩。他基本上是从经验甚或常识的角度来考虑道德伦理的问题,而不大涉及形而上的层面。尽管他的一些零星言谈偶尔也涉及与形而上学意义上的"哲学"有关的内容,如"道""性""天"之类的概念,但按照子贡(公元前520—前456年)等弟子的说法,这些内容是孔子所"罕言"的,甚至是他们所"不可得而闻"的东西。

从哲学史上已经出现过的类型看,很难完全将孔子的哲学归入某一类。在不完全的意义上说,孔子哲学比较接近的是自然主义或"常识"(common sense)哲学。它与自然主义相近的地方在于,将知识视为有关事物存在的知识,而拒斥"第一哲学"之类的东西(如"子不语怪力乱神"①)。它与常识哲学相适应的地方则在于,对日常所见的、所习惯的东西并不怀疑,并以它们为基础,而不是依靠某种形而上的理据。不过,这种接近只是在很有限的意义上而言的。因为,从西方哲学的角度说,这两类哲学都与自然科学的思想态度和方法相关,而对处于古代时期的孔子而言,显然是不可能具有的东西。

在这两类哲学类型中,孔子哲学更像是一种"自然主义"哲

---

① 《论语·述而》,北京:中华书局,2016年。

学。所谓"自然主义",指的是把自然世界看作存在着的唯一世界,把它的一切运作都看作自然的事情,并且认为真正的认识方法也是自然的、事实性的,不存在超自然的认识,本体论应当在事实的、"经验的"(a posteriori)基础上产生,因而拒绝"先天性的"(a priori)推论,主张善恶是通过自然的、事实的话语来解释的,反对通过形而上学来理解道德①。孔子的"不语怪力乱神"以及不怎么谈论"天道"与"性"之类的话题,可说是体现了一种朴素的自然主义。之所以说它是"朴素的",因为它不可能像现代的自然主义那样讲究科学的、实验的方法。

说孔子学说更类似"自然主义"哲学,还可从它所谈论的话题得到印证。这些话题通常是有关"人伦日用"间的事物或经验,如家庭与社会的人际关系、婚嫁祭祀等礼仪活动,以及人格修养、建立稳固的社会秩序等问题。它们经过孔子的洞见,形成了一些道德上的规诫(如"己欲立而立人,己欲达而达人"②)、立身处世的箴言(如"人无远虑,必有近忧"③)等。撇开它们在内容方面的差异,如程颐所说的"孔子言语句句是自然"④外,前面提到的"子不语怪力乱神"等,可说是典型地刻画了孔子哲学的特征,尤其是其中的"神"字。用哲学的语言来说,孔子并不考虑超越经验范围的存在,特别是诸如"神"那样的终极性的存在,从而也就不探求道

---

① Donald M. Borchert, Encyclopedia of Philosophy (Thomson Gale Corporation, 2006), Vol. 6, 492 – 495,现代的自然主义概念还包括对科学方法的主张,这显然不适用于孔子的哲学。
② 《论语·雍也》《宪问》《阳货》。
③ 《论语·卫灵公》。
④ 〔宋〕朱熹:《读论语孟子法》,《四书章句集注》,第44页。

德伦理的根据之类的形而上学问题,诸如孟子提出的"人性论"那样的形而上学问题。

孔子也追求"道",但他的"道"是"君子之道",即人格修养的准则,而不是形而上学意义上的"天道"。这可以用子贡的话来佐证:"夫子之文章,可得而闻也。夫子之言性与天道,不可得而闻也。"①这句话告诉人们,孔子并不怎么谈论"天道"之类的东西。

朱熹对孔子有关"道"的语录"志于道"作过如下注释:"志者,心之所之之谓。道,则人伦日用之间所当行者是也。"②这一注释极为贴切。孔子的一些语录,表现的正是如此。例如,"子曰:君子道者三,我无能焉:仁者不忧,知者不惑,勇者不惧。"③再如,"子谓子产:有君子之道四焉:其行己也恭,其事上也敬,其养民也惠,其使民也义'。"④而所谓的"人伦日用之间",展示的正是孔子的自然主义哲学的特征。孔子这一"道"的概念的非形而上学性,还可以用曾子的话来佐证:"曾子曰:夫子之道,忠恕而已矣。"⑤"忠"与"恕",两者都属于伦理上的规范。假如用孔子自己的话来解释,那么前者讲的是"己欲立而立人,己欲达而达人",强调的是"仁"的积极的方面;后者讲的则是"己所不欲,勿施于人",强调的是"仁"的消极的一面,但都与道德经验中的人格与行为有关,而不是形而上的概念。

---

① 《论语·公冶长》。
② 〔宋〕朱熹:《论语集注说》,《四书章句集注》,第94页。
③ 《论语·雍也》《宪问》《阳货》。
④ 《论语·公冶长》。
⑤ 《论语·里仁》。

进一步说来，孔子的"道"有点天下之"至理""信仰"的味道。子曰："朝闻道，夕死可矣。""士志于道，而耻恶衣恶食者，未足与议也。""参乎！吾道一以贯之。"①"道不同，不相为谋。"②这里，如果将"道"置换为某种"至理""信仰"而不会有什么不妥。因此，它同样不是什么形而上学的东西。

子贡"夫子之言性与天道，不可得而闻也"的话同时还告诉人们，孔子也基本不谈论"（人）性"的问题③。"性"字在《论语》中只出现过两次，其中一次是"性相近也，习相远也"④。这句话虽然很简短，但却很重要，因为它显露出孔子具有人性相近的思想。不过，孔子并没有就人性的问题展开讨论，也没有涉及人性是否天生，即是否为形而上的问题。这样的问题在孟子那里却得到特别的关注，并且将人性论提升到形而上学的层面，从而使孟子哲学具有了一种与孔子的自然主义哲学不同的形态——形而上学的形态。

此外，作为一种自然主义哲学，孔子也很少谈及"天命"。《论语·子罕》明白地告诉人们"子罕言利，与命与仁"。"罕言"当然并不是不谈及。《论语》中偶尔也谈及"命"，如，"子曰：不知命，无以为君子也。不知礼，无以立也。不知言，无以知人也。"⑤等等。这里"命"的含义，朱熹在《论语或问》中解释为"命者，天理流

---

① 《论语·里仁》。
② 《论语·卫灵公》。
③ 朱熹在《论语集注》中的注释是："至于性与天道，则夫子罕言之。"
④ 《论语·雍也》《宪问》《阳货》。
⑤ 《论语·尧曰》《为政》。

行、赋于万物之谓也",即将它看作一种"天理"之类的形而上的东西。孔子的"五十而知天命"[①],所指的也是某种"天道本然不可争"之物。它是处于人伦日用之外的东西。所以,即使孔子的"命"概念具有一定的形而上色彩,但毕竟属于"罕言"的东西,它不构成孔子思想的基本内容。特别是联系子贡所说"夫子之言性与天道,不可得而闻也",更是向人们展示了孔子思想的注重现世、不论及形而上学的自然主义特征。

总之,虽然孔子提出了以"仁"为核心的、比较完整的伦理思想系统,但他并不追究这套思想的根据问题,尤其是不从形而上学(如人性、天道之类)的层面上给出这样的根据。因此,如果从类型上进行归纳的话,他的哲学大致属于一种自然主义哲学,而不具有什么形而上学的色彩。

二、孟子的形而上学与先验哲学

从哲学上而言,与孔子相比,孟子思想的突出变化是提升至一种形而上学层面,具体形态是"先验哲学",尽管还没有形成这样一个体系。这里的"先验"一词,主要是指康德(I. Kant,1724—1804年)意义上的、先于经验并且作为使经验得以可能的根据。用中国哲学的语言来说,孟子哲学表现为一种"心学"。这种心学与孔子的自然主义的根本区别在于,"良知"而不是经验或情感成为道德信念与知识的源泉。这样的思想,使得孟子开创了一种道

---

① 《论语·尧曰》《为政》。

德内在主义。它后来经由阳明心学的开发，形成了中国伦理学的一个传统。

孟子的这一先验哲学具体展现为三个方面：① 在人性论上，它使儒家哲学提升到超越经验的形而上学的层面。② 在本体论上，它使"不虑而知"[①]即源于直觉的"良知"成为道德的本源。③ 在认识论上，它表现为"反求诸己"、不假外求的先验哲学形态。

先来看"人性论"。孟子就人性问题有过专门的论述，并提出了对中国文化影响至深的"性善论"。《孟子·滕文公上》记有："孟子道性善，言必称尧舜。"在这方面最著名的是"四端说"："恻隐之心，仁之端也；羞恶之心，义之端也；辞让之心，礼之端也；是非之心，智之端也。人之有是四端也，犹其有四体也。"[②]孟子将"仁、义、礼、智"这四个孔子伦理最基本的行为规范，解释为在人"心"中都有其根源（"端"）。譬如，"仁"是恻隐之心的体现，也就是人心所固有的，等等。这样一来，孔子的"仁、义、礼、智"学说便被提供了一种本体论上的根据，也就是在人"心"中的根据。从而，儒家伦理就不是在一种常识的、经验的层面上，而是在形而上学的、先验的层面上来谈论和论述了。如果说在孔子那里总体上还只是一种伦理学的话，那么，在孟子这里，儒家产生了它的形而上学，其哲学形态发生了转折性变化。

此外，孟子还断言："人皆有不忍人之心。先王有不忍人之心，

[①]《孟子·尽心上》。
[②]《孟子·公孙丑上》。

斯有不忍人之政矣。"①这就把在哲学层面确立的东西进而加以演绎,往下推及政治学层面,建立起他的"仁政"学说。他的另一段论述所展示的也是类似的意思:"人皆有所不忍,达之于其所忍,仁也;人皆有所不为,达之于其所为,义也。"②同样是以"心"为基点进行演绎,以此从人心中推演出"仁义"等道德规范之存在的合理性与有效性。总之,在孟子哲学那里,不论伦理或政治,它们都是以"心"或者说是以"性善"这一先验的基点为根据的,都是由"心"那里演绎出来的。这样的推演是富含逻辑的。本来,人性善与不善,乃是深藏于心,无法显现出来的东西。为此,应当如何加以论证呢?孟子同样展现了他的思想的逻辑性。他采用了"类比"的方法,也就是以人的五官具有相同的爱好、旨趣为前提,由之推出人心亦有"同然"的结论。此外,孟子还以"水"为类比,论证"人性之善也,犹水之就下也。人无有不善,水无有不下"③。由于孟子的这些论证为人们所熟知,这里就不展开。

孟子的性善论得到了程颐的大力推崇:"孟子有大功于世,以其言性善也。"虽然在儒家中也有不同的主张,如荀子(公元前313—前238年)的"性恶论",但由于孔孟之学后来成为"官学",所以孟子与荀子两者的人性论的地位与影响是不可比拟的。由于孟子的性善论的根本性影响,中国文化等于是预设了一个人性善的前提。这不啻假设了一个"君子国"。由于人人是"君子",这

---
① 《孟子·公孙丑上》。
② 《孟子·尽心上》。
③ 《孟子·告子上》《尽心上》。

意味着国家与社会的治理，只需依靠人们通过"诚意正心"与"修身"来开启人性中的善，从而达到治国平天下的目标，而无须对人性之恶进行防范，包括权力与制度上的防范，即建立一个"法治"的社会。

再来看本体论。之所以说孟子哲学具有形而上学的形态，主要是指它所具有的"道德形而上学"形态，有如康德在这方面所探求的道德之根据那样。虽然孟子与康德所探求的这种道德根据不同，前者以"心性"为根据，后者以"理性"或"自由意志"为根据，但这两种道德形而上学却有一个共同点，都是以心灵中的某种东西为依据。

与人性论相关，孟子还提出了他的形而上的"心学"理论。同样，孟子在这方面也找到了一个"基点"，即"心"或"良知"。孟子是中国哲学史上首位集中阐述"心"概念的哲学家。据统计，在《孟子》一书中，"心"字共出现过119次。他对"心"的认识主要包含三个方面：① 在本体论上把"心"（灵）作为世界的本体，宣称"万物皆备于我"①，使"心"成为一切事物的根据，包括认识与道德的根据。② 在知识论上提出"心之官则思"，把"心"看作具有与"耳目之官"不同的思想功能。③ 在伦理思想上将"心"看作道德原则的根据或本源，断言"仁义礼智根于心"，并且这一心灵的活动，作为一种本能的"良知"，它是直觉的，无须通过思虑而得到的（"不虑而知"）。这三方面的哲学规定，即使从现代哲学的角度来

---

① 《孟子·告子上》《尽心上》。

衡量，也足以认定孟子具有一个观念论的哲学框架，并重在给出相应的理据。在这个意义上，孟子的哲学已是一种地道的哲学。

之所以这么说，是因为哲学本来就是要探求事物的根据。在孔子那里，作为一种自然主义哲学，它把道德规范预设为合理的、不必加以推究、更不必加以怀疑的东西。在此前提下，孔子并不去追寻事物的根据。例如，他在面对学生樊迟请教什么是"仁"的时候，给出的回答是"爱人"。但是，为什么仁者需要爱人呢？这方面的根据是什么？孔子并没有追问这样的问题，因而他的哲学也就没有上升到形而上的层面。此外，假如孔子能够进行这样的追问，那么"人是什么"这样的深刻的哲学问题，就会早于西方而在中国出现，并且不排除它可能给儒家的人文主义带来另一种景象，诸如产生"人是目的""人是自由的"之类的观念。当然，历史不可假设，哲学史同样也不可假设。

孔子之所以并不追问事物的根据，这与他的语录式的思维（孔子的思想是以回答学生提问的方式，并通过《论语》的语录方式流传下来的）有关。古希腊柏拉图哲学那样的对话的方式，一般而言，由于对话者之间的质疑、诘难与反驳，"助产婆"在其中所起的作用，因而似乎更有助于对事物根据的追问。

这里可能会被质疑的一个问题是，难道哲学一定要追问事物的根据吗？形而上的根据是否有必要呢？要回答这样的问题，需要从哲学的作用与功能说起。在文化的各种构成要素里，人们一般承认哲学的基础作用。这种基础作用主要是由形而上学、知识论与伦理学担负。形而上学为人们提供了关于世界的基本认识，知识论与伦理学则分别提供了关于求"真"与求"善"的基本观念。这样的学说与观念,是通过哲学上的"说理"与"论证"来给出的。说理必定有一个"为什么"的问题,如前面提到的为什么需要爱人的问题。假如只停留在经验性的层面上,那么就难以进入更深层的"理"的层面,不能进入把握"理据"的真正的哲学思想。形象一点说,人们就只能停留在"形而下"的层面上,而不能进入"形而上"的层面;就不能把握现象中持存恒定的普遍共相,包括无法从内容中分离出"形式"。中国古代哲学史表明,对于受象形化文字局限的中华民族来说,要抽象出单纯的形式、实现这种分离是比较困难的事情①。虽然从历时性的角度看,社会与国家的形成表现为一个延续的过程,表现为一个传统。但从现时性的角度看,这种形成则是规范的结果。而规范是需要依据一定的理念来进行的。之所以采用某种理念而不采用其他理念,虽然是受到多种因素制约的,尤其是利益的因素。但不可否认的是,说理在其中起着一个重要的作用。正是由于某种理念或学说能够说服人,能够使人信服,因此能够在不同的观念与学说中得到选择与接受。甚至在涉及利益方面的问题时,也是需要通过给出理据来说服人的。

与孟子相比,孔子并不寻求道德的根据。但是一种学说要使人信服、让人接受的话,是需要说理的。根据的寻求就是这种说

---

① 形成对照的是,西方的柏拉图哲学抽象出这种"形式"(理念),或者说,从"多"(特殊)中分离出"一"(共相),而以"形式"或"共相"作为事物(内容)的根据。西方哲学之所以被说成是柏拉图哲学的"脚注",所"注"的其实就是这个核心的思想。

理的深层的部分。所以,孟子的先验论对于儒家的伦理学来说,在学理方面是一个重要的提升。这方面的一个具体体现,是它使道德的解释基于"心性"或"良知",为之奠定了其"所以然"的基础。这就产生了中国伦理学中最早的道德内在主义。哲学总是需要理据的,一个民族的理论思维也是需要讲究理据的,因此在这个意义上,孟子的哲学对于中国传统哲学的发展来说是一个提升。

最后看认识论。孟子哲学的"青出于蓝而胜于蓝"之处,在于它讲究论证的逻辑。孟子晚于孔子差不多一百年,这期间,墨子(公元前476—前390年)已经在孟子之前产生了一些逻辑思想。他提出了"类""故"等概念,用以明辨是非,审查异同,并且还运用"类"的概念进行推理。而孟子采用"类比"的方法来论证人性是善的,则显示了逻辑学的一个发展。孟子之后,后期墨家又进一步发展出"墨辩逻辑",这些都是在孔子之后中国哲学学术的一个比较重要的进步。可惜,后来包括"墨辩"在内的逻辑学没有得到发展,这方面的原因也不能全归为所谓的民族的"实用理性"。应当说,科举作为一个古老的制度在其中起着一个重要的导向作用,也就是引导学子一心唯读科举应试所需要的"圣贤书",而罔顾其他。

三、辨明孔子哲学与孟子哲学之不同的学理意义

孔孟之后的儒家哲学的发展,究竟主要是沿着孔子的自然主义哲学,还是孟子的形而上学或先验哲学的道路?辨明这一点,

不仅有助于看清儒家哲学本身的发展轨迹及其哲学形态,而且反过来也可以认清辨明孔、孟哲学之不同的意义。实际上,在儒家思想发展史上,曾有过什么是"正当的"哲学、亦即哲学应当是自然主义哲学还是形而上学的争论,尽管并不使用这样的语言。例如,顾炎武(1613—1682年)就以孔子不怎么谈论性与天道为由,反对宋明理学的空谈心性①。这实际上是以孔子的自然主义哲学为哲学正当性的标准,而反对宋明理学的心性论的形而上学。从后来儒学的发展看,虽然在伦理学上是沿着孔子的框架,但在哲学理路上则主要是沿着孟子的形而上学。对此,徐洪兴在其《思想的转型——理学发生过程研究》一书中详细论述了从中唐到南宋中叶长达五百年左右的"孟子升格运动"②,其中所涉及的内容从侧面反映出中国传统哲学中的哲学正当性的标准问题。

从徐著中可以看到,在唐代中期以前,孟子的地位并没有达到"孔孟"并称的地步。因为,按照儒学的"孔子传之颜、曾,曾子传之子思,子思传之孟子"的说法,孟子不过是在曾子、子思之后的一位儒者。但是到了中唐之后,孟子学说的重要性被不断发现,特别是孔子不怎么谈及、而由孟子所阐发的"心性"学说,被欧阳修(1007—1072年)等人视为对抗、排斥佛道两教的异端邪说

---

① 蔡仁厚在《孔孟荀哲学》中曾经涉及这样的问题,虽然他的用意是指责顾炎武对孔子思想的误解,即"如何能说'性与天道'是孔子之所'不言'?"(《孔孟荀哲学》,台北:学生书局,1984年,第105页。)
② 该提法是由周予同教授首先提出的,并为徐洪兴所接受并运用(徐洪兴:《思想的转型——理学发生过程研究》,上海:上海人民出版社,2016年,第89页)。

第一章　比较视野下的中国哲学

的根本,因此提出要"修"这个"本",以作为"辟佛"的利器,简言之,就是要"修本以胜之"①。徐洪兴通过介绍有关史料后给出的结论是:"从二程、张载、王安石到朱熹、陆九渊,他们无不大谈所谓的心性与功夫。"②并且认为,宋代的这些主要的哲学家们所做的一项重要工作,是"充分提高心的主体地位……从而建立起了以普遍、超越、绝对的道德法则为人性根本标志的道德本体论。这也就是宋代开始出现的新的儒学形态之本质所在"③。这一评价,表明了孟子的形而上学在儒学后来的发展中所起的引领作用;也间接地表明区分孔子与孟子的不同哲学形态的学术意义。

　　上述的"孟子升格运动"在相当的程度上是在确认儒家"道统"的名义下进行的。从某种意义上说,这实际上是在论辩哲学的正当性问题。也就是说,什么样的思想学说能够正当地进入儒学的教义之中,成为儒学思想的正宗。不过遗憾的是,这些新儒学家们并未能从思想的内容中分离出"形式",未能建立一种形式方面的标准,即思想的普遍性、客观性、必然性、合理性等方面的标准,而只能停留在以思想的内容为标准,具体说来就是以某个既有的思想权威为标准。这样造成的结果,实际上是给思想画地为牢,使"道统"实即"守成"为思想的判定标准。这无异于宣告了思想的终结。现实的情况也正是如此,在王阳明(1472—1529年)于孟子心性说的基础上把"心学"推向顶峰之后,儒家再也没

---

① 徐洪兴:《思想的转型——理学发生过程研究》,上海:上海人民出版社,第114页。
② 同上。
③ 同上,第114—115页。

有产生出能够与理学或心学相颉颃的学说了。

对于本节关注的问题而言，不论是程朱理学还是陆王心学，它们所大谈的"天理"或"心性"，都是属于某种形而上学或先验哲学的范畴，而不是自然主义哲学。可见，从哲学的形态上（而不是哲学的思想本身）看，孟子哲学给予后世儒学的影响要甚于孔子。这一点在直接接续孟子心性哲学的陆王心学那里，可以看得很清楚。即使对于程朱理学来说，虽然它们不是以"良知"为根本，但它们以之为本的"天理"，也是属于形而上学的范畴。因此，在哲学的形态上，它们也不同于孔子的哲学。牟宗三把王阳明哲学归为"正宗"，而把朱熹哲学贬为"别子为宗"，实际上也是以孟子的先验的"心学"为标准（"道统"），或者说作为哲学的正当性的标准。他虽然争论的是"道统"与否的问题，但却也间接反映出对"什么是哲学"的理解，反映出对哲学的一个目标是追问事物的根据包括道德的根据的认可。这进一步说，就是承认了形而上学形态的合理性，也等于是间接认可了孟子的先验哲学、而不是孔子的自然主义哲学的形态。

此外，辨明这样的问题，对于长期以来的"中国有无哲学"问题的争论，至少可以给出一个比较有说服力的回答：至少在孔子、孟子那里，即使以西方哲学的标准来看，中国已有两种形态的哲学：自然主义哲学与形而上学哲学，尽管没有使用那样的概念，也未能发展出近现代西方哲学那样的、逻辑性的叙事系统，但究其实质，体现的正是相关的哲学思维类型与内容。因此，本节实际上也对"中国没有哲学"的论断给出了一个有理据的反驳。

第四节　内在论：儒家心学的一种新诠释

《庄子·秋水》里有一段著名的"濠梁之辩"。庄子说："儵鱼出游从容，是鱼之乐也。"惠子说："子非鱼，安知鱼之乐？"庄子说："子非我，安知我不知鱼之乐？"惠子说："我非子，固不知子矣；子固非鱼矣，子之不知鱼之乐，全矣。"关于这段对话，人们有不同的解释，如解释为怀疑论、诡辩论等。不过，从知识论的角度看，我认为可将它解读为提出了认识及其确证的根据与可能性问题。也就是说，它的诘难与论辩的基本思想是，认识是以主体本身为根据的，或者进一步说，是以主体对自身心灵的内在"把握"为根据的。惠子之所以质疑庄子，理由是庄子并非鱼，也就是说，他不是那一"出游从容"者的主体，所以不可能认识儵鱼的心灵状态，不可能知道儵鱼是否处于快乐的状态。同样，庄子用以反驳惠子的，也是相同的理由，即惠子并不是我（庄子），因此不可能知道我是否认识到鱼是否快乐，等等。这段著名的哲学对话实际上明确地提出了认识的根据问题，并且同样明确地将这种根据放置在主体的心灵之上。由于心灵属于一种"内在"的状态，所以这种把握认识根据的方式属于一种"内在论"（internalism）。联系到当代哲学的"他心问题"，即由于他人心灵的不可显现性，我们是否能够认识以及如何认识它的问题，上述濠梁对话就凸显出其理论意义。本节的论题也由此引出，即中国传统哲学中是否存在某种"内在论"。在我看来，儒家心学可诠释为一种内在论①,不论是从本体论还是从知识论②的形态上看,都是如此。此外,这一以西方哲学概念为视角的诠释,自然容易使人联系到"中国有无哲学"的争论,因此这也就附带地成为本节最后所要叙说的一个问题。

一、内在论的根据——心是本体

上节指出,在中国哲学史上,人们通常将"孔孟"哲学并称,作为儒家哲学的源泉和最高代表,但实际上,孔子和孟子两人的哲学虽然在内容上相类,但它们在哲学的形态上是不同的。孔子哲学在根本上属于一种自然主义,对于超经验的东西,孔子是不谈、不涉及的。孔子只是提出道德规范的原则,至于这些道德规范的根据是什么,孔子也是不加考虑的。但孟子则不同,他要深挖这样的根据,从学理上予以更深入的解释。这意味着孟子提出了道德伦理在人性善方面的形而上学根据,从而使儒家哲学具有了形而上学的形态。自然主义与形而上学,是孔子哲学与孟子哲学分别具有的不同形态。

与此相关,哲学在孟子那里表现为内在论,而在孔子那里则不是。这种内在论在儒家哲学中从孟子开始,后来在陆象山尤其是王阳明那里发扬光大,以"心学"的形式达到其学说的高峰。

---

① 这里的"内在论",是借用西方哲学的概念,主要指认识与确证的根据在于心灵的学说,但并不局限于西方哲学这一概念的现有含义。
② "epistemology",亦可翻译为"认识论"。虽然在英语中"知识论"与"认识论"都是这一个词,但在汉语中则各有侧重,因此本文将根据语境的不同而分别使用这两个概念。

孟子哲学以"心"为认识与行为的根据,这是大家所熟悉的。"仁、义、礼、智,非由外铄我也,我固有之也。"①这一命题明确地宣称所有道德基本准则都是来源于"心","心"是它们的源泉与根据,因此,就能够是"尽其心者,知其性也。知其性,则知天矣。存其心,养其性,所以事天也"②。在这段话中,不论是"性"还是"天",对于它们的认识都是不假外求的,都是通过"尽心"就可得到的。据此,孟子的哲学也可归为一种先验论。

孟子提出的"四端说",对于儒家哲学来说具有里程碑式的意义,它使儒学开始具有了形而上学的形态。"恻隐之心,仁之端也;羞恶之心,义之端也;辞让之心,礼之端也;是非之心,智之端也。"③这里的"端",是开端之意,要解释的是仁义礼智来自何处,也就是它们的源泉和根据。由于仁义礼智是儒家所倡导的基本价值,它们都被归为来自心灵本体,因此,孟子的这种内在论是一元的、彻底的。

王阳明的良知哲学是孟子心学的延伸与放大。他论述说:"心之体,性也;性即理也。"④除了同孟子一样把心作为"性之体"之外,稍有不同的是,王阳明更多地谈到"理",并且基于宋明时期的哲学思想背景,也更明确地把"理"的来源归之于心。这从他的这段话中即可看出:"故有孝亲之心,即有孝之理,无孝亲之心,即无孝之理矣。有忠君之心,即有忠之理,无忠君之心,即无忠之理

---

① 《孟子·告子上》《尽心上》《公孙丑上》。
② 同上。
③ 同上。
④ 〔明〕王阳明:《传习录》,卷中,郑州:中州古籍出版社,2008年。

矣。理岂外于吾心邪?"①有孝亲的心,就会有孝亲的理,反之则没有;有忠君的心,就会有忠君的理,反之同样没有。很明显,这与孟子的心学思想一脉相承,都是把忠孝仁义的来源与根据置于"心"这一本体之内。另有不同的是,王阳明还把知与行统一起来,提出"求理于吾心",乃是"圣门知行合一之教"②,极力强调知行合一,并使"行"成为确证"知"的一个手段。

这里涉及的一个问题是,道德原则如何能够"根于心",我们又如何能够认识到它们是"根于心"的?这在西方哲学那里是到了康德才提出的问题。对于康德而言,所谓认识是与现象相关的,或者说,认识的对象只能是可见的现象,而不可能是不显现的、不能诉诸直观的本体。由于"自由意志"这一道德法则的根据(本体)无法见诸现象,因此它只能是"设定"性的,我们只能通过道德法则的存在来推定它的存在。所以康德说,道德法则是自由意志存在的"认识根据"。反之,自由意志是道德法则的"存在根据"③;后来新儒家牟宗三不满意康德的上述解释,他接受熊十力的看法,断言道德的基础不能只是某种设定性的东西,否则道德就会处于孤悬的状态。因此,他试图借助"理智直观"的概念来论证心(自由意志)的实在性,对此我曾提出批评性的意见④。不过,对这类问题的认识属于现代哲学的范畴了,它是知

---

① 〔明〕王阳明:《传习录》,卷中,郑州:中州古籍出版社,2008年。
② 同上。
③ [德]康德:《实践理性批判》,见《康德全集》,第5卷,第5页,李秋零译,北京:中国人民大学出版社,2007年。
④ 陈嘉明:《康德与先验论证问题》,载《厦门大学学报》(哲社版),2010年第4期。

识论深入发展的结果,反映的是实证的哲学思想与非实证的哲学思想的冲突。

二、心有"同然"的预设及其"类"的逻辑

以心为认识的本体,这是内在论的基础,但也只是一个基本的要求,因为内在论的成立,更复杂的问题在于这样的认识主张是否能够以及如何能够成立。具体说来,既然人的心灵都是个体性的,而知识乃是普遍性的,那么,如何能够从个体性的心灵的主张达到一种普遍性的认识结果?这就需要解决认识的确证方面的问题。

(一)以"心有同然"为预设前提

儒学的心性哲学的基本主张是,仁义礼智之类的道德原则是源于心、不假外求的,并且是每个人都内在具有的。但现实的情况是,每个人作为道德主体都是个体的,因此一个需要面对的问题是,如何解释这些道德原则所具有的普遍性?

在这方面,儒家心性哲学采用的是一种预设的方法,也就是预设人心都有其相同的地方("心有同然"),并以此构成论证的逻辑前提。我们先来看《孟子·告子上》中的一段论述:

> 口之于味也,有同耆焉;耳之于声也,有同听焉;目之于色也,有同美焉。至于心,独无所同然乎?心之所同然者何也?谓理也,义也。圣人先得我心之所同然耳。

在这段话中,孟子通过类比的方式,从人的味觉嗜好、听觉欣赏等有共同之处,推演出人心也一样有其共同之处,即在道德伦理的原则、标准方面有所"同然"。并且,孟子强调,这种共同的道德之心并不是圣贤所独有的,而是包括普通百姓在内都具有的("非独贤者有是心也,人皆有之,贤者能勿丧耳"①)。显然,如果这一前提能够成立,那么就可以演绎出这样的逻辑结果:普遍性的道德判断是得以可能的。

孟子这一设定性的前提后来为陆象山、王阳明所延续,他们沿用了相同的思路与概念。兹列举一二。陆象山提到:"此心此理,我固有之,所谓万物皆备于我,昔之圣贤先得我心之所同然者。"②王阳明也说:"此圣人之学所以至易至简,易知易从,学易能而才易成者,正以大端惟在复心体之同然。"③正因为有这样的前提,王阳明就能够否认有"人己之分",从而肯定仁义之类的"精神""志气"是流贯通达,人所共有的④。

(二) 以"类"概念为认识基础

不难看出,上述孟子等心性哲学的"人心同然"的预设,是建立在人作为共同的"类"的基础之上的。具体说来,由于所有的"人"都属于一个共同的类,所以他们才能有饮食上共同的嗜好、

---

① 《孟子·告子上》《离娄下》《离娄下》《公孙丑上》。
② 《陆九渊集》,卷一,《与侄孙濬》。
③ 〔明〕王阳明:《传习录》,卷中。
④ 〔明〕王阳明:"盖其心学纯明,而有以全其万物一体之仁,故其精神流贯,志气通达,而无有乎人己之分,物我之间。"(《传习录》,卷中)

听觉上共同的爱好,以及有着共同的人心、共同的道德准则。孟子这方面的例证很多,如:

> 舜,人也;我亦人也。①
> 何以异于人哉? 尧舜与人同耳。②
> 麒麟之于走兽,凤凰之于飞鸟,太山之于丘垤,河海之于行潦,类也。圣人之于民,亦类也。③

这些所要论证的都是相同的道理,即不论尧舜这样的圣人或普通的黎民百姓,他们都同属于人"类",因此都会具有相同的"心",也就是"心有同然"。

应当指出,"类"概念在中国古代哲学思维中具有基础性的作用,类比推理的逻辑就是基于它而建立起来的。这种"类"的逻辑思维的特点与中国传统文化的特点密切相关。中国传统文化属于一种"象形的""具象思维"的文化,其最直接的表现是象形文字、号脉看舌象的医学、"近取诸身,远取诸物"的哲学认识论。而西方文化则相反,它是一种抽象的、形式化的文化,其语言是拼音文字的,其数学在古希腊时代即已产生了具有公理系统与形式推理的欧几里得几何学,其医学是分析的,等等。

具象的思维因为不注重分离出事物"形式的"方面,所以在归

---

① 《孟子·告子上》《离娄下》《离娄下》《公孙丑上》。
② 同上。
③ 同上。

纳法或演绎法等形式的推理方面都比较欠缺。它的逻辑论证因此主要依靠内容方面的共同性的"类"来作为基础,并由此进行一种类比性的思维和推理。与此相关,"类"概念在中国古代哲学中的作用就凸显出来,它成为中国古代经典逻辑——墨辩逻辑中的"故""理""类"的"三物逻辑"中的一种。

"类"概念在认识中所起的作用,一是用来作为辨别事物的性质、衡量事物的轻重的标准。孟子所说的"指不若人,则知恶之;心不若人,则不知恶,此之谓不知类也"①就是其中的一例。这句话说的是,有人因无名指弯曲伸不直这样的小事,就觉得不如他人而嫌恶,但对于心不如他人这样的大事却不知道嫌恶,这叫作"不知类",也就是对这两种不同性质、不同轻重的事物的类别未能加以区别。

"类"概念在认识中所起的另一种作用,按照荀子的说法是使人能够"以近知远,以一知万,以微知明"②,也就是进行某种推论。这种推论虽然基于"类比"的性质,但被寄予的希望则远远超出单纯类比的范围,希求达到某种普遍性,如"以一知万"等。在孟子那里,它表现为诸如"老吾老,以及人之老,幼吾幼,以及人之幼,天下可运于掌"③之类的推论,这属于由己推人的做法,与上例的道理是一样的,只不过是出于不同的意愿而已。而在之前的孔子那里,"己所不欲,勿施于人"的"恕"道,其实也是这样一种推论的反向应用;也就是说,既然某种行为是自己所不愿做的,因此

---

① 《孟子·告子上》。
② 《荀子·大略》。
③ 《孟子·梁惠王上》。

同样地也不能施加他人身上。

　　由于目标是"以一知万",实际上就是要从个别性的对象达到对普遍性全体的把握,因此,单靠类比的方式来进行,只考虑个别事物之间的同异,而不进一步考虑个别与一般之间的关系,如共相的问题、归纳与演绎等,在知识论与逻辑学上都是不足的,容易在论证上产生一些问题。我们不妨用孟子心性哲学的有关例子来作一分析。孟子哲学的一个基本命题是:"人皆有不忍人之心。……以不忍人之心,行不忍人之政,治天下可运之掌上。"对此他所进行的论证是:

　　今人乍见孺子将入于井,皆有怵惕恻隐之心,非所以内交于孺子之父母也,非所以要誉于乡党朋友也,非恶其声而然也。①

分析起来,这段论证中存在两个问题。首先,断言"今人乍见孺子将入于井,皆有怵惕恻隐之心",其中涉及的"怵惕恻隐之心",属于人的隐秘的、并不显现的内心情感活动。试问,孟子如何能够得知所有的人"皆有"这样的"怵惕恻隐之心"呢?是通过直觉,还是通过推论而来,或是通过问卷调查?问卷调查在当时自然是不可能的;至于是否通过直觉或推论,对此孟子并没有说明。但不论直觉或推论,它们在方法上都是不可靠的。其次,这句话中的"皆有"表明,它是一个普遍性的判断。因此,另一个问题是,孟子是如何得

---

① 《孟子·公孙丑上》。

出这个全称判断的？是通过归纳的方法,在见到很多个别的人遇到孩童将落井时的反应,来得出上述命题的吗？假设有见到的话,那么孟子见到的个例有多少呢？如果完全的归纳做不到,那么如何能够避免休谟式的问题,也就是这样的推论的必然性何在呢？

孟子类似的论证,我们还可再举出一些。如：

> 至于味,天下期于易牙,是天下之口相似也。惟耳亦然,至于声,天下期于师旷,是天下之耳相似也。惟目亦然,至于子都,天下莫不知其姣也,不知子都之姣者无目者也。①

孟子在这里断言天下的口、耳、目如何如何,这在学理上同样面临上述的问题。我在这里指出这些问题,并不是要非议孟子的论证,而是为了表明,在古代哲学那里,由于知识论与逻辑学的背景知识的局限,在命题的确证上就存在一些不足,这也从反面彰显了知识论与逻辑学的重要性。

(三) 对事物的同与异的辨别

认识与推论既以"类"为基础,而类的一个基本特征就是相同或相异,因此对事物的同与异的辨别也就自然成为论证的一个基本方式。这在孟子那里表现得很明显。我们且以孟子的下述对话为例作一番解读。

---

① 《孟子·告子上》。

> 告子曰："生谓之性。"孟子曰："生之谓性也,犹白之谓白与？"曰："然。""白羽之白也犹白雪之白,白雪之白犹白玉之白与？"曰："然。""然则犬之性犹牛之性,牛之性犹人之性与？"①

在这段对话中,孟子对以下三种"类"作了辨识。白羽之"白"与白雪之"白"在"类"上相同,而人之性与牛之性在"类"上不同。联系到前面所引的例子,即通过论述人的口、耳、眼皆有相同的嗜好、喜好等,以引出心有同然的结论,可以看出,孟子的这些论证都是基于对事物的同类或异类的分辨来进行的,以此达到对有关命题的确证。这些论证的逻辑都是一样的,即"凡同类者举相似","类"的同一性逻辑构成命题确证的基础。

在确证方式上,孟子哲学的内在论的基本表现,在于采用的是通过类比手段表现出的"一致主义"的方式(不过只是在有限的意义上),即通过引用一致性的命题(信念)来支持有待论证的命题(信念)。如口之于味、耳之于声、目之于色,都有相同之处,以此为由来确证"心"也有"同然"的结论。换言之,在这里口之于味、耳之于声、目之于色,都是作为理由性的命题(信念),来支持"心有同然"的命题(信念),这些信念之间产生了一种相互支持的确证关系。

三、心灵投射与认识的准则

作为古代心学发展的高峰,王阳明的"致良知"说提出了一种

---

① 《孟子·告子上》。

类似于"意义投射"的认识观念:"吾心之良知,即所谓天理也。致吾心良知之天理于事事物物,则事事物物皆得其理也。"①这里,所谓事物的"理"可理解为事物或行为的一种特殊的意义,它们被解释为不外是由"吾心"所赋予的结果。换句话说,事物本无所谓"理",理乃是主体的"心"所赋予的。具体说来,"发之事父便是孝,发之事君便是忠,发之交友治民便是信与仁"②。也就是说,不论是"孝""忠""信"还是"仁",它们的道德意义("理")都是心所赋予(发动)的结果。事物本来并不具有所谓的"理"(意义),它们都是经由心所赋予的意义才成其为特定的事物,所以说,"意之所在便是物"③。并且,王阳明展开论述,如果意在于事亲,那么事亲便是一物;意在于事君,则事君便是一物;意在于仁民爱物,则仁民爱物便是一物;意在于视听言动,即视听言动便是一物④。反之,如果认为"理"是事物本身所有的,如"孝"的理在亲人身上,那么当亲人不在之后,"孝"的理也就必然随之消失,而这是不可能的。因此,结论只能是"无心外之理,无心外之物"⑤。这就像山中的花一样,你未看它时,"此花与汝心同归于寂",并无所谓存在或意义;你来看此花时,"则此花颜色一时明白起来",它的亮丽呈显,乃是内在心灵投射的结果⑥。

把对事物的认识理解为一种意义的投射,是儒家心学的内在

---

① 〔明〕王阳明:《传习录》,卷中。
② 〔明〕王阳明:《传习录》,卷上。
③ 同上。
④ 同上。
⑤ 同上。
⑥ 〔明〕王阳明:《传习录》,卷下。

论的突出表现,因为它把事物从其存在到意义都归结为内在心灵活动的结果。作为一种认识活动,意义投射说不可避免地涉及认识的有效性问题,即其有效性的判定标准是什么?

从西方哲学的角度说,知识乃是得到确证的真信念;也就是说,知识的构成有三个要素:确证、真和信念。如果把这一知识定义同中国传统哲学中的知识论加以对照,就会发现,由于中国传统哲学涉及的多是道德伦理方面的认识,有关"真"这一概念的论述极为罕见,虽然不是全然没有。然而,对于知识而言,它总有一个"有效性"(包括普遍性、必然性、客观性等)如何的问题。如果不是以真假作为判定的标准,那么中国传统哲学的知识判定标准是什么?

孔子曾经提出凡事物必有其准则的思想——"有物必有则"①,但显然这并不是专门用来指认识的法则。有关认识法则或标准的论述,在中国古代哲学文献中似乎相当少见,这与中国古代哲学并不太专注于知识论问题的状况直接有关。

从王阳明的有关论述看,他对此的解决方式有两方面。其一,以"良知"本身来作为认识的准则。用他的话来说是:"尔那一点良知,是尔自家的准则。尔意念着处,他是便知是,非便知非,更瞒他一些不得。"②这意味着,心自身既是意义产生的源泉,同时也是判定意义(表现为道德的是非)的标准。

其二,以"行"来作为是否"知"的标准。王阳明提出:"知而不

---

① 《孟子·告子上》。
② 〔明〕王阳明:《传习录》,卷下、卷上、卷中。

行,只是未知。"①很显然,这里"行"被用来作为是否"知"的标准。如果不"行",就是"未知"。"行"构成"知"的必要条件。他的另一段表述也是这个意思:"可以知致知之必在行,而不行之不可以为知也。"②其中的"不行之不可以为知也",同样是把"行"作为"知"的必要条件。

王阳明的这两种解决方式,一是属于命题的确证本身,在认识范围之内来解决命题的有效性问题;另一是从知与行的关系方面来解决相关问题。就前者而言,是否有可能达致这样的解决呢?看来可能的途径是通过一致主义的确证方式,用同一系统中的命题(信念的表达)来确证其他的命题,亦即命题之间的相互确证。这一点在孟子的口之于味、耳之于声、目之于色及至心有同然的论证中已有表现。这样的确证方式,对于道德命题来说,尤其显得合适。毕竟价值与事实不同,价值性的判断无法通过真假来验证。至于从知与行的关系方面来解决认识的判定标准问题,这可说是儒家心性哲学的一个显著特点,它集中体现了其学说经世致用的品格。

四、中国有无哲学?

概括地说,儒家心学的内在论是一种以心灵为本体、为认识与道德原则的根源,并通过心有"同然"的预设,以"类"概念构成论证的逻辑前提。它通过一种类比性的辨识和推论,用某种一致

---

① 〔明〕王阳明:《传习录》,卷下、卷上、卷中。
② 同上。

主义的方式,来确证道德原则的普适性。事物的"理"被看作是心灵所赋予的结果,这类似于现代哲学的"意义投射"的解释。此外,"良知"本身以及"行"被用来作为认识的准则,"知行合一"说体现了儒家心性哲学经世致用的特色。

不过,如果深究起来,这种内在论通过类比来得出普遍性命题的方式,在逻辑上还是比较脆弱的。这一论证是直接建立在"类"概念的基础之上的,然而,"人"虽然在物种上同属一类,但在各自的宗教信仰、道德信念、哲学思想等方面,却是多有不同,也就是说,实际上并不存在这么一种所谓共同的人心。因此,以"心有同然"为预设来推论道德原则的普适性,其前提并不与现实情况相符合,因而所得出的理论也不一定具有普遍的解释力。联系到西方哲学后来的发展,罗尔斯提出"公共理性""重叠共识"的概念,哈贝马斯提出"交往理性""共识"的概念,都是基于在多元社会中,人们具有不同的宗教信仰、哲学信念、政治观念等现实状况,而作出的较为现实、合理的概念刻画。

在上文的诠释中,我使用了一些西方哲学的概念,如"内在论""先验论""自然主义"等。这些概念的使用在某种意义上,有助于我们了解儒家心学的哲学形态,同时也使我们能够看到它在思想内容、思考方式等方面与西方哲学的一些相似之处。联系到"中国有无哲学"的长期论争,可以说本文的诠释有助于反驳"中国没有哲学"的论调。虽然这一争论本身涉及的范围很广,不过其中最为根本的问题是"什么是哲学"。说中国"只有思想",而"没有哲学",其含义大概是指这两个方面,一是哲学的表达方式,二是哲学的问题。

就哲学的表达方式而言,中国哲学确实与西方哲学不同。中国哲学往往采用语录的、注解的方式,而西方哲学一般采用的是体系化的方式。不过在我看来,对于"什么是哲学"的界定,不应当主要依据其叙事方式亦即"形式"来进行,而应当根据其思想与教化的"功能"来进行。这道理就像中国尽管没有西方那样的拼音文字,但却有自己的可以行使同西方拼音文字一样功能的象形文字;中国没有西方意义上的医学,却同样有可以行使西方医学一样功能的中医。因此,尽管中国的文字和医学与西方的不同,却没有人能够说中国没有文字和医学。同理,中国虽然没有西方形式上的哲学,却有同样能够行使西方哲学功能的中国哲学。在思想与教化功能的意义上,中国古代并不缺乏西方人所意指的哲学,只是在表现方式上有显著差别。不过对于哲学而言,重要的是其功能,而不是表现形式。西方哲学也有其不同的表现形式,如柏拉图哲学的对话方式,康德哲学的演绎证明方式,维特根斯坦的短论警句方式,但这并不妨碍它们都成为哲学。因此,表现形式的不同,并不能用来作为判断是否为"哲学"的标准。

在所思考的问题方面,除了道德哲学方面的相似性外,还有一个被人们所忽视的方面,即"形而上学"。西方传统的形而上学的对象,是神概念、世界与自我的心灵,而中国古代哲学的"天""地""人"概念,实际上与这三者正好相对应。这意味着,不论中国或西方,它们都不可避免地要面对相同的思考对象,并且作出具有相似功能的思考,即回答"人是什么",解释人与天(神)的关系问题、人在世界上如何安身行事的问题,等等。所以,即使在最富哲学色彩的形而上学方面,中国也不乏西方意义上的哲学。本节之所以做这番"诠释"的工作,恰恰是为了表明,中西哲学虽然有不同的叙事话题、叙事方式,但却不妨碍它们表达了某种程度上相同的思想观念与思考方式。

第五节 新儒家、心性之学与现代化

儒家文化在现代化过程中能够扮演什么样的角色,这一问题的提出与论争,可以说是经历了三个阶段。首先是德国社会学家马克斯·韦伯在对基督教与儒家学说进行了比较以及反思了"资本主义精神"之后,提出这样的观点,即只有基督教的文化是适应于资本主义精神的,能够培植出资本主义生产方式的;而儒家的道德伦理,由于要求人们去适应现世秩序,因而是无法成为产生资本主义的精神力量的。其次是由于日本和东亚"四小龙"在经济上的迅速崛起,以及这一时期港台新儒家为弘扬中华传统文化所作的努力,促使人们重新反思儒家文化在现代化过程中的作用。儒家思想开始被看作促成了上述国家与地区的现代化过程,并且出现了"儒家资本主义"这一新概念,用以概括东亚的现代化模式。再次,是中国大陆这一儒家文化本土的经济腾飞,以及国内学者对寻求重建中华文化的思想资源所进行的探讨,更加推动了儒家与现代化关系的研讨。港台新儒家的著作也由此在大陆引起重视,他们的一些观点得到传播,引发了大陆学者的一些探讨。

在新儒家对传统儒家思想的诠释与阐发中，最受推崇的莫过于儒家的心性学说。这方面最集中、最有代表性的文章，是张君劢、唐君毅、牟宗三和徐复观这四位新儒学的代表人物在1958年元旦发表的、作为表达他们共同思想的一篇宣言:《中国文化与世界——我们对中国学术研究及世界文化前途之共同认识》。在这篇宣言中，他们断言"心性之学，为中国之学术思想之核心"，并称之为"中国文化之神髓"。其根据是:"此心性之学，乃通于人之生活之内与外及人与天之枢纽所在，亦即通贯社会之伦理礼法、内心修养、宗教精神，及形而上学等而一之者。"①具体说来，这一说法包含着如下几层含义：

首先，"由孔孟至宋明儒之心性之学，是人之道德实践的基础"。② 因为人的行为，不论关涉的是家庭、社会或国家，都是成德而成己之事。凡从外面看来，只是顺从社会礼法，或上遵天命，或为天下后世而立德、立功、立言者，只要从内在觉悟中看，都不外是在尽自己的心性。而儒家所致力教导的，正是如何去做人，即首先"诚意正心"，然后"齐家治国平天下"。

其次，"中国传统的心性之学，则以性善论为主流"。③ 它发源于孟子的性善论，认为人有恻隐之心、羞恶之心、辞让之心、是非之心，这四"心"乃是生而固有的，是道德的先天基础，他称之为"四端"。到了宋明儒家那里，这一性善论在本体论的层次上得到

---

① 唐君毅:《中国文化与世界》，见《文化意识与宇宙的探讨》，张祥浩编，北京：中国广播电视出版社，1982年，第342、347页。
② 同上书，第345页。
③ 同上书，第343页。

更深入的阐发。程颐把孟子的本善的"性",称为"极本穷源之性",并把它同后天的"所禀之性"区别开来。朱熹采用了张载把"天地之性"与"气质之性"相区分、以及把前者看作是"本然之性"的说法,断言天地之性纯粹至善,并且用"气质之性"有清浊昏明之不同的说法,来解释人的行为中为什么会有善与恶的区别。与程朱理学把性作为天理、并区分性与情的做法不同,陆王心学把情、性、心、才四者都统一起来,其统一的基础是主观性的"心"。"善"再次恢复起孟子原来为心之"端"的含义,心即是性,也即是理。陆象山用"良心善性"这一概念来统一心与性,并宣称"吾心即宇宙",以心为体来统天,为此新儒家称之为"超越的理想性";王阳明则称"良知"为"心之本体"。在他那里,良知即心,而心即性,心即理。由于心性不二,并且心是纯善的,因此他反对朱熹的"天命之性"与"气质之性"的区分,以及把气质之性看作是有善有恶的说法,把道德归结为以"良知"为体,以"致良知"为用,从而心理合一,知行合一,为"内在的理想性"。由于陆王延续的是孟子的心为善"端"的路子,因而牟宗三把程朱理学称为"别宗",把陆王心学视为"正统"。

最后,心性之学作为中国文化之"神髓",使中国文化在根本上同西方文化区别开来。因为这一心性之学,把人的内心道德生活与外在的社会伦理、法律都贯通起来,使后者皆依据于前者。而西方文化则正相反,在那里心性与伦理、法律等是分离的。他们认为,源于古希腊哲学的一个传统,是不论谈论形而上学、哲学,还是研究科学,都是离开道德实践来寻求某个客观的对象:

源于希伯来的基督教的另一个传统,是在宗教生活中先设定一个上帝;而源于罗马法制伦理的另一个传统,则是把法律、政治、礼制、伦理先设置为由外部来规范人们之行为的。

这样,唐君毅等四位新儒家的结论是,心性之学是中国文化的神髓,"不了解中国心性之学,即不了解中国文化也"①。正因为如此,当代新儒家的本体论除冯友兰哲学以外都继承陆王心学的传统,把人的本心,即仁心作为世界的本体。例如,熊十力反对把外界独立存在的东西当作本体,认为本体是本心,这一本心并不是人的生理、心理意义上的心,而是自己的觉悟,即"秩序众理已毕具,能为一切知识底源泉"的仁心,也就是本真的自己。梁漱溟认为作为人的本心的"我"是宇宙中唯一真实的存在,"我"创造了世界上的一切。牟宗三更把这一"无限智心"的本心,看作是与"自由意志"相同一的道德本体。

不过,虽然这几位新儒家如此推崇心性之学,但毕竟回避不了这样的事实:首先,心性之学培育出的重德行、讲仁义的儒家文化,除其积极方面之外,在中国历史上亦曾经产生过消极的影响,因而在清代就已遭到反对与批判,被斥为崇尚空疏,空谈心性,"鄙夷田事"(《齐民四术·农政》),对实际问题不闻不问的无用之学。这种状况,用牟宗三的话来描述是,自清朝以来,以至于民国以来,提到理学家,一般人就头疼,如同孙悟空听到紧箍咒一样。其次,儒家的"内圣外王"的齐家治国平天下的经世之术,延

---

① 唐君毅:《中国文化与世界》,见《文化意识与宇宙的探讨》,张祥浩编,北京:中国广播电视出版社,1982年,第347页。

续的是封建专制的落后农业社会,并没能产生出西方科学与民主的现代社会。再者,传统心性之学的"尽心知性知天"的说法,在学理上也并未得到合理有效的论证。新儒家要重继道统,上述这几个问题是务必要解决的关键。

当代新儒家复兴儒学的构想基本上有一个共同点,即强调"返本开新",由"内圣"开出现代新"外王"。这方面作出系统的思考,比较有典型意义的是牟宗三的新儒学。牟氏把"返本开新"的新儒家使命具体化为"开三统"的主张。一是"道统之肯定",肯定儒家道德宗教的价值,护住孔孟所开辟的人生宇宙之本源。因为这是"中国文化生命之主流,……是中国文化世界里的'理性世界'"①。二是"学统之开出",由儒家文化转出知性主体,用以容纳希腊的科学传统,开出学术之独立性。三是"政统之继续",由认识政体发展而肯定民主政治为必然。上述儒家道德与现代科学、民主的关系,牟宗三把它概括为由"内圣"而开出"新外王"。"内圣"作为道德理性之本,"新外王"则是科学与民主。他认为,"要求民主政治乃是'新外王'的第一义",民主政治是新外王的形式条件,科学则是"新外王"的材质条件。

民主与科学是实现现代化的两个必要条件,对此世人早已有共识。问题是在具有不同的政治、经济、文化与历史背景的国家中,如何选择自己特殊的实现现代化的道路,采用适合自己国情的现代化战略,这才是真正的理论难题。这种具体的社会发展道

---

① 牟宗三:《中国文化的特质》,见《道德理想主义的重建》,郑家栋编,北京:中国广播电视出版社,1992年,第54页。

路与战略问题，新儒家作为一种哲学，当然不可能回答。新儒家所致力的，主要是"道统之肯定"，在现代社会里重新肯定儒家基本道德价值的意义。但是，假如这种肯定仅仅只是重新肯定传统儒家的心性之学，仅仅只是空洞地赞美它是中国文化之"神髓"，那么这在当今不论观念还是现实都已剧烈变化了的世界上，只会属于"发思古之幽情"而已。因此对于牟宗三来说，要在这么一个根本不同的时代里实现重新肯定道统的使命，就必须以一种更为广阔的、世界性的视角来论述问题。这在他那里表现为与西方的康德哲学对话的方式。他要借用对康德哲学的批评，实现他重建儒家"道德的形而上学"的努力。

这一"道德的形而上学"的基点有两个，一是确认作为本体的"仁心"是道德的自由意志，是一种"无限智心"，某种康德意义上的"智的直觉"。二是确认由这种"无限智心"可以转出知性主体，从而沟通道德与科学。

首先，在确认"仁心"的性质上，牟宗三的新儒学所"新"之处，其中一点在于他吸纳了康德作为道德根据的"自由意志"概念，并加以改造。在康德那里，自由意志是道德法则存在的基础，是道德学说的拱心石，对此牟宗三是认同的。不过他强烈反对康德把自由意志看作是一种"设准"，认为这么一来，自由意志与道德自律就成为"空说"，所有道德也就全无实处，只能悬挂在半空之中，因此他批评这"简直是悖理"。在他看来，康德之所以有这样的说法，原因在于把关于道德理性的解释标准定得太狭、太专一，即把"经验知识的方式"作为唯一的方式来看待道德理性的证明，把经验知识的界限(即现象界范围)误作为实践理性的界限。牟宗三依照中国儒、释、道的由本心引发而至成圣、成佛的心性之说,尤其是孔孟、陆王这一派正宗的儒学,将自由意志归之为"一种心能","本心明觉之活动",进而批评康德否认人可有"智的直觉",以及将这种直觉划归上帝独有的做法。在他看来,是否承认人可有智的直觉,是确认道德的根据在于本心,而非在于上帝的关键。他认为,由于康德不承认人有智的直觉,所以妨碍了他对自由自律的意志的理解,仅仅把它当作是一种"设准",而未能看作是仁心本身的"显现"。按照他的说法,他与康德的区别的主要界限只在承认智的直觉这一点。这种智的知觉是明觉的自我活动之震动。人经由这种震动而返照自己,震醒自己,而使自由自律的意志成为一种自身力量的呈现、朗现。这样,不仅道德是仁心的直接显现,而且外部的世界也由此"生化的原理"而开出。"真心"之外无物自身,一切不外是"放其心"而已。

其次,一旦把外部世界也看作是由本心所开出,则牟氏自然顺理成章地导出"知性之我",从而成就他所谓的打通在康德那里分割开的道德世界与科学世界。在牟氏那里,这一知性自我转出的途径是"道德理性的自我坎陷",即道德良知经过自我限制,自觉地从道德"自由的无限心"的"无执"状态转为作为从事认识活动的"认知心"的"有执"状态,即从与物无对的直觉状态转为主客对列的"知性状态",从而由德行主体转出知性主体。这也即是由"内圣"推出"外王",从内心的道德修养过渡到事功方面的科学与政治经济文化活动。

牟宗三"道德形而上学"的上述框架,典型地反映了当代新儒家重建儒家道德理想主义的思路。他们认定道德本心是人安身立命之地,科学与民主须由此生发而出,现代社会的完善和现代文化的发展也须经由仁心的主宰才能完成。这构成了他们"返本开新"使命的基本取向,即建立以仁心为"体"的道德本体论。

这里,本节想要提出并加以思考的是,新儒家的这种道德本体论在现代社会是否可行,是否有根据,是否符合时代的精神潮流,是否能对社会产生影响,是否能达到他们所认定的目标?为此,我们首先应对现代社会的发展走势有一个比较清晰的了解。

在我看来,社会从古代发展到今天,它的一个基本走势,就是越来越走向俗世化。这里,我用"俗世化"这个概念来表示某种权威的逐步丧失的历史过程。这种权威的失落是多方面的,包括观念意识与政治统治方面。政治统治方面的情况是无须在此赘述的,因为社会从专制走向民主的历史进程已是人所皆知。至于观念意识方面的,就西方而言,我认为它主要表现在两大事件上。首先是近代启蒙运动对宗教权威的挑战,它要用人来取代以"神"为中心。其次是后现代主义对"元叙事"的挑战。所谓"元叙事",在法国后现代主义者利奥塔德那里,指的是用以证明其他叙事合法性的"最高的"(grand)叙事,在他看来,西方自启蒙运动以来,这类叙事主要有"人类的解放"和"精神辩证法"。他认为,这类叙事在历史进程中不可避免地要失去其合法性功能,因为所有的叙事,就其作为千变万化的、有所局限的"语言游戏"的性质而言,都是约定规则的产物。规则产生于人们经由对话与交往所产生的共识,各种对话产生着自己不同的游戏规则,因此不论何种叙事都有自己的听众与相信的标准,因而都不能用以证明其他叙事的合法性①。

西方后现代主义的挑战所提出来的一些问题,如信息化社会对知识概念、真理观的影响,消费社会中的文化现象等,都是值得我们在研究中国社会发展时认真加以思考的。因为社会的发展有共同的规律性,这类规律主要是由经济的增长变化所决定的。一旦我们的生活消费、信息化程度达到西方的水平,那么这些类似的问题与现象就会产生。在我看来,后现代主义比较敏锐地把握到的这些问题,都属于社会"俗世化"的某些方面。这种俗世化的一个直接结果,是"权威意识"的消退,包括道德权威。而道德权威意识消退的结果,必然要求把道德的终极根据引回人心本身,也就是说,道德真正成为自律的,而不是依赖于外在权威的,不论这种权威是神圣超越的上帝,还是某一道德的偶像。

假如关于社会这一发展趋势的判断是正确的,我们就可以得出这样的结论:当代新儒家要求以仁心作为道德本体的努力在总体方向上是正确的。因为随着社会现代化进程的发展,道德将越来越是自律性的,他律的成分将伴随权威意识的衰落而越发减少。在这一意义上,心性之学可说是在制度化的儒家已经死亡之后所留存的比较有生命力的东西。哲学应当持久地致力于呼唤人们的道德良知,在社会里不断增强道德的声音,帮助人们在心

---

① J. Lyotard: The Postmodern Condition: A Report on Knowledge. University of Minnesota Press, 1984.

中建立终极的道德关怀,确立道德自律的意识,塑造自己的道德人格。就此而言,新儒学重建心性之学是符合历史发展趋势的。但是,就新儒家建立"道德形而上学"的思路、构架与论证来说,却有许多不可行之处。我之所以这么说,最首要的原因是当今社会,不论在经济、政治与文化等方面,较之传统儒家的时代已经有了根本性的变化。要在这么一个已经根本不同的经济基础与社会形态上重新"开三统",不啻是一种无本之木。其次是新儒家在其理论构架上往往囿于传统儒家或某一流派的思想,尤其是抱着道统的思想,这极大地妨碍了他们对现实问题的思考,以及由此提升出相应的概念框架。最后,新儒家的论证方法往往是很传统的,缺乏一种科学实证的态度,经常采取"玄学"的做法。例如前面提到的牟宗三的"道德形而上学",他要由本心开出外界存在的做法,完全是非实证的,为此他只能求助于一种非分析的语言,如"自我震动""朗现",自我的"放射之光"等,来证明人心中能够转出"智的直觉"。由于新儒家学说具有这么一些缺陷,因此新儒家思想目前基本上还仅仅局限于狭小的哲学学术圈中,未能进入大众的话语,从而对社会的影响也很有限。因而对新儒家来说,如何才能真正实现他们对传统儒学的"创造性转化",仍是一个艰巨的任务。

第六节　新儒学现象与哲学创新问题

在中国现代学术史上,能够潜心对哲学进行研究,并有系列的著作传世的哲学家中,新儒家是数得上的群体。不过本节目的并不在于指出新儒学的成就,而是在于分析其所代表的哲学研思经验所存在的问题。之所以称其为"新儒学现象",也是指它代表了一种执守于传统的哲学研思经验。

"现代新儒学"的研思所存在的问题,在笔者看来,根本上是过于依附于传统,局限于传统,甚至讲道统,坐而论道,在经典里求学问。牟宗三津津乐道儒学的道统,曾写下《道之本统与孔子对于本统之再建》一文,"以明尧舜三代道之本统之何所是",目的在于达到"道之本统"的"再建"①。徐复观也说:"不谈文化则已,一谈便应该谈'统'。"②在具体操作上,熊十力提出:"承先圣之业而演之。"冯友兰虽然有所不同,要借助现代的逻辑分析技术来使中国哲学现代化,但这一技术的应用,在他看来也只能用于传统哲学。他明确认为:"新的现代化的中国哲学,只能是用近代逻辑学的成就(注意:冯氏说"只能"),分析中国传统哲学中的概念,使那些似乎是含混不清的概念明确起来。"③冯氏这一思想很具代表性,很能说明新儒家乃至相当一部分哲学研究者的思想,即他们对中国哲学的现代化路向的看法是受传统的理念与框架所限制的,而不是把哲学思考的对象放在事物本身,从时代的角度进行思考。

这种思路与做法造成的后果是不能从根本上超越传统,致使哲学保持着往昔的形态与内容,变成与社会越来越隔绝的东西,

---

① 郑家栋编:《道德理想主义的重建——牟宗三新儒学论著辑要》,北京:中国广播电视出版社,1992年,第179页。
② 黄克剑等编:《徐复观集》,北京:群言出版社,1993年,第541页。
③ 冯友兰:《中国现代哲学史》,广州:广东人民出版社,1999年,第200页。

并最终丧失其生命力,成为少数人书斋内的"古玩"。新儒家的论著所展现的,大体上是这样的命运。

具体说来,新儒家以执守传统的观念为指引,产生了如下消极的后果:

其一,局限于"特殊",而不能站在"普遍"的立场上思考。这里的"特殊"与"普遍"之分,既指哲学的对象,同时也指思考问题的角度。首先,与历史、社会的个案研究对象不同,哲学研究的对象是普遍的事物,如实在、意识、语言、概念(范畴)等。这类对象的规定性,不论对于中国还是西方都是普遍的、一致的,不会因为国别、民族、人种的不同而有差别。其次,哲学的思考是从普遍性的角度进行的。就西方哲学而言,当维特根斯坦思考语言问题时,他无须考虑到英国哲学的传统或西方哲学的传统,并不需要认为自己是在秉承、发扬一种传统。他只是从"普遍性"的角度出发,就语言的性质作出自己的思考与解释。同理,当伽达默尔论述解释学的思想时,他所谈论的"传统""视野"等概念,都是普遍性的概念,并不局限于哪一个国家或民族的传统、视野。中国的哲学要现代化,要走向世界,同样要在类似的普遍的立场上思考、把握事物的普遍意义。

前面曾述及,冯友兰提出中国哲学的现代化,"只能是用近代逻辑学的成就,分析中国传统哲学中的概念"。不是不能这样做,而是并非"只能"这样做。使这一路向变成"唯一"的做法,在认识上是一种错误,在现实上是一种困境。

其二,脱离时代,脱离现实,问题陈旧。哲学本应是时代思想的精华,是面对事物本身的反思的产物。即使是像黑格尔这样的被视为"思辨"的哲学家,他也明确认为"哲学研究的对象就是现实性"①。胡塞尔的现象学的格言"面向事物本身",更是典型地代表了哲学发展的时代潮流。

然而新儒家受儒家的道统观念的束缚,局限于"特殊"的立场,执守于传统的性、理、心、命之学,其结果是,似乎中国只能有一种"内圣外王"的哲学,似乎哲学的对象只有心体、性体,而不能在宇宙论、人生论之外,还有语言哲学、心灵哲学、知识论等新天地。

熊十力自述其治学之路,先是从六经入手,继而趋向佛法一路,再而悟于《易经》。晚年所著的《明心篇》,自序其中的"三大义",也就是"三大原理":一是宇宙实体具有复杂性,二是体用不二,三是心物不可分割。这样的结果,虽然有自己的感悟,但命题却不能不说是老旧的,于哲学并不能增加什么新认识。

多数新儒学的著作,则是属于"坐而论道"之类,流于一般表面的议论,不是扎实地研究一些问题。如张君劢的《立国之道》《明日之中国文化》,唐君毅的《中国文化之精神价值》《人文精神之重建》,方东美的《中国人的人生观》,等等。虽然这样的论题不能说没有必要,但假如总是停留于这种比较空虚的层面上,学术自然无法往纵深推进。

牟宗三哲学的一个主要思想,是阐发"内圣开出新外王"。不过就现实而言,如今不论是理论还是现实所面临的问题,已经不

---

① [德]黑格尔:《小逻辑》,北京:商务印书馆,1980年,第45页。

是能否开出外王,如何开出外王,而是对民主理论本身、民主制度建设的经验本身进行反思、检讨的问题。在这样的背景下,谈论由内圣开出新外王的问题,未免落后于时代。

其三,方法论上缺乏新的开拓,从根本上依然是"我注六经,六经注我",顶多是增强了一些概念的"分析",如前面提到的冯友兰的说法就是这样。尤其不足的是,缺乏一种科学的方法论的意识,对"可说"与"不可说"的、经验与先验的区别缺乏明确的意识。"心性"之类属于非经验的领域,如何加以论证是一个需要仔细考虑的问题。假如它们属于"先验的论证",那么这种论证本身是否就是有效的?在这方面,新儒家的考虑明显不足,在相关的论证上也就欠妥当。以牟宗三为例,他把"性"界定为"实体性"[1],但我们不知他据以确定某物是实体性的标准是什么。按理,这样的标准应当是经验上可验证的,但牟宗三似乎并没有给出相应的标准。

再如,他有关"智的直觉"的论证,在学理上的依据不足。他时常用一些含混的、似是而非的概念来进行论说、证明。例如,他说"智是德性生命的莹澈与朗照"[2],把它看作是"本心仁体自身之明觉活动"[3],用"自知自证"的"逆觉体证"来证明它的存在,但所谓"逆觉体证"的东西是否存在,本来就是需要证明的。用未经证明的东西来证明"本心仁体"这类有待证明的东西,其结果自然

---

[1] 郑家栋编:《道德理想主义的重建——牟宗三新儒学论著辑要》,北京:中国广播电视台出版社,第203页。
[2] 同上,第204页。
[3] 牟宗三:《智的直觉与中国哲学》,北京:中国社会科学出版社,2008年,第171页。

还是未经证明的。还有,他提出的通过"良知"的"自我坎陷"来开出科学和民主,更是显出一种神秘化的色彩,而不像是一种学理上的论证。

我们分析了新儒学所存在的问题。进一步说,这些问题的产生有其深层的原因。

首先,这与现代新儒学产生的背景有直接的关系。现代新儒学是在中国一个特定的历史阶段产生的,即中国处于历史上一个贫弱的阶段,当时经济落后、民生凋敝、屡遭帝国主义侵略,国家危亡,继而又发生内战。民族的不幸导致传统文化遭到普遍怀疑,甚至发出了"打倒孔家店"的呐喊。在此背景下,新儒家怀着强烈的民族与文化的危机意识,自觉担当拯救与复兴传统哲学的沉重使命,力图通过阐发儒家的义理,来弘扬传统文化的价值与精神。这样的使命感自然使新儒家具有强烈的价值取向,并且相应地限制了他们的视野。

其次,传统儒学存在的社会基础已经改变,而新儒学未能适应这一转变。有些学者曾经给出一个判断,即20世纪以来中国传统的社会结构解体了,儒学已不再支配着社会的日常生活。从家庭到学校,儒家教育都没有寄身之处。这些学者指出,一部分知识分子关于现代儒学的"论说",即使十分精微高妙,又如何能够传布到一般人的身上呢?笔者赞同这样的分析,并认为新儒学已丧失其社会存在的基础。在笔者看来,最为要害的地方在于,现代社会追求的核心是个人权利(自由权、财产权等),而以往儒家在对社会支配的主要方式——礼教上,恰恰最缺乏这样的思想,因此它与现代意识在根本点上构成冲突,难以相容。例如,儒家的礼教在家庭关系上的要求是不能"别籍离财",即子女与父母不能分家产,并且不能离开父母单独居住。但如今"空巢"老人比比皆是,经济上也多是父母与成家的子女各自独立,至少在城市里是如此。

上面提到,新儒学对国学、对传统的弘扬有其特殊的历史背景,即中国在近现代历史上的贫弱、所遭受的侵略,使得一些知识分子把对传统文化的颂扬与爱国等同起来。这样的认识有时会把人的思想弄得很狭隘。实际上,创新是传统的最好的延续。哲学的进步、文化的进步在于向前看,在于开拓新视野,解答新问题,增长新知识,而不是相反。越是执着于传统,反倒会妨碍创新。

再次,中国近现代史的一个特殊现象,是社会往何处去的问题与如何对待传统的问题纠结在一起,与是否以"中学"为体的问题纠结在一起。这对新儒家造成的影响,是使得传统问题成了他们的一个"情结",似乎哲学的思考就等于对传统哲学的思考,哲学的现代化就等于传统哲学(包括儒、道、释)的现代化。

随着中国在经济上的崛起,相应也带来了文化复兴的要求,这也向哲学提出了新的课题,即如何创新,如何提升中国哲学的水平?以上对新儒学现象的反思,目的也在于汲取一些哲学研究上的经验,从而有助于提供一些中国哲学建设的思路。

中国的哲学建设,从西学研究的角度看,经过引进、介绍的阶段,目前对西方的大多数理论,如分析哲学、现象学、解释学等,都已形成一定数量的专家队伍,并在各个领域已有不同数量的研究著作出版,由此可说引进的阶段已经结束,需要适时地转向反思与创新的阶段。

这里分析的当代新儒学的不足,也正是我们在哲学的创新上需要克服之处。

(1) 摆脱传统的、习惯的思维方式的束缚,上升到普遍的、世界的立场上思考。这里所说的"传统的、习惯的思维方式",包括"坐而论道"的学院派方式、预设中西哲学对立的狭隘方式,等等。哲学的问题一般来说并不具有地域的性质,譬如语言的问题,语词的"意义"是否在于其使用,或是在于其指称某个对象,这并不因为它是汉语、英语或俄语而有所不同。范畴是否经验综合的必要条件,这也不因德国、英国或中国的国家差别而有不同。人是否具有自由意志等道德哲学问题也是如此。因此,对于哲学研究而言,不应过多地强调传统的差别、文化的差别。这些差别的影响,主要是在道德哲学、价值哲学方面的,而哲学的范围远比这大得多。

(2) 重视方法论的思考,鼓励采用不同的方法来研究问题。西方哲学的方法论有值得学习的地方。如维特根斯坦的"不要想,而要看"①,胡塞尔现象学的"面向事物本身",引导人们从学院式的哲学思考方法,走向面对事物的现象,发现问题,把握本质。20世纪以来,一方面,是以经验论为基础的分析哲学使英美

---

① [奥] 维特根斯坦:《哲学研究》,北京:生活·读书·新知三联书店,1992年,§66。

哲学寻求谈论"可说"的命题;另一方面,是面向事物本身的要求,使欧洲大陆哲学改变了思辨的传统,转向了对存在、身体、伦理现象等可见现象的关注。不论是英美的分析哲学还是欧洲大陆的现象学,某种可经验的知觉的"给予(者)"(the given)成了哲学思考的共同基础。

中国哲学的创新,在现阶段很需要借鉴现象学的"悬搁"的概念。虽然胡塞尔用这一概念的主要目的是要把与"哲学意识"相对的"自然意识"搁置起来,不过其中的对"历史的观念"的悬搁,实际上也就是把传统搁置起来,存而不论。对中国走向现代化而言,传统的影响是弊大于利,而不是相反。中国的现代化的成就,主要并不是传统文化作用的结果。当代中国的崛起,是结合中国的实际学习世界的现代化观念与经验的结果,其中主要有三条,即市场经济的体制与运作、民主与法治的建设、人的权利的逐步认可。虽然传统文化中确有一些有价值的因素,但迄今为止人们所阐发的,不外是天人合一的和谐理念、重视教育与家庭和睦的观念、重视人格修养的道德观念等,这些对于中国的现代化来说,毕竟不是决定性的因素。

(3) 善于学习中、西哲学史上的思维经验。在如何吸收、融合不同的哲学思想方面,中、西哲学都有值得借鉴的经验。程朱理学对外来的佛学,以及作为"他者"的道学的融合,是通过吸纳、重新诠解它们的概念,形成新的、统一的哲学系统来实现的。西方哲学也有类似的方式,例如康德通过吸收经验论与唯理论,来创立起自己的先验论。不过区别在于,西方哲学更多地通过新领域的开辟或方法上的创新,来达到哲学创新的结果。如胡塞尔通过现象学方法,来建立他的不同于康德的先验哲学,海德格尔则通过开辟有关人的生存状况的"存在论"领域,来建立自己的现象学的存在论。

(4) 树立多元、多样性的哲学观念。哲学与经验科学、数学的不同在于,它的问题并没有一个唯一的"解"。对概念的功能与对语言(如语词的意义问题)的解释如此,对价值概念的解释(如"正义"概念)也如此,因此并不存在某种唯一的哲学。哲学的多元性在于,对不同的现象领域(如语言、生存、心灵等)的解释,可以产生不同领域的哲学,并且对相同领域的现象的解释,也可以产生不同的哲学。这样的说法似乎与哲学具有"普遍性"的说法相矛盾。不过,哲学解释的普遍性在于,虽然对于同一现象可以有不同的解释,但每一种解释却都有其普遍性,只是这种普遍性关涉的方面不同而已。例如,语词意义的"使用说"与"指称论",两者都有其解释的效力,只是它们所关涉的方面不同,前者与"语境"相关,而后者与"对象"相关。例如"砖"这一语词,作为名词它的意义在于指称相关的物体;而在建筑工地上,当某位正在砌墙的师傅向小工喊"砖"时,它所传达的意义则是"把砖递给我"。再如,在对人的本质是"理性"或是"非理性"的解释上也是如此,人本身是一种复杂的存在,加上每个人又有其特殊性,因此他在某些方面、某些情况下是理性的,但在另一些方面、另一些情况下则是非理性的。

上述各个方面中,最为根本的在于面对时代,把握现象,发现问题。哲学的创新不能停留于口号。假如我们多关注一些"存在"问题、"语言"问题、"心灵"问题等,甚至开拓一些西方哲学尚未研究的领域,而不是停留在呼唤创新的口号上,那么中国哲学的现代化就有了希望。

就创新与传统的关系而言,创新才是最好的传承传统的方式。创新在这方面的意义,在于它会形成新的传统,因此这使得传统得到延续。反之,拘守传统,跟不上社会的发展与需要,则传统反失。

第七节　中国现代化视角下的儒家义务论伦理

国家的现代化是以形成某种现代性为指向的,而不单纯是经济上的增长与技术上的进步。这意味着现代化的过程需要且实际上是以某些现代性的观念为引导,或者说是以它们作为追求的目标。而构成这些现代性观念的深层的,无疑是哲学与伦理的观念,这就无怪乎在中国现代化的发端时期,缺乏一些现代观念要素(如自由、民主、权利等)的传统伦理构成了现代化的思想障碍。传统伦理与现代化欲求间的冲突,在"中学为体,西学为用"的争论下展开,其实质是要"以中国之伦常名教为原本,辅以诸国富强之术"[1]。其中关涉的核心问题是,传统儒家伦理是否能够在中国现代化过程中提供文化的支持作用。随着中国现代化进程的

---

[1] 冯桂芬:《校邠庐抗议·采西学议》,《续修四库全书》编纂委员会编:《续修四库全书·子部·儒家类》,上海:上海古籍出版社,1996年,第541页。

推进,相关争论也不断变换着主题与内容。在当代,学者们关注的一个焦点,是在现代社会中儒家伦理能否被作为中国现代化的思想资源之一。中国共产党人在探索中国现代化道路时,更是将如何正确对待传统文化和现实文化视为必须把握好的重大课题。毛泽东明确提出"古为今用"的原则;习近平也提出"要坚持古为今用、以古鉴今,坚持有鉴别的对待、有扬弃的继承……努力实现传统文化的创造性转化、创新性发展"的时代任务。本节就儒家伦理的基本性质进行反思,由此论证对于中国现代化进程以及现代性社会的构建而言,需从儒家伦理当中转化出以"权利"为本位的伦理观。

一、有关儒家伦理反思的两种思路

对儒家伦理进行反思,是近百年来中国思想界、学术界的重要论题之一。随着对传统文化反思的取向不断发生变化,从"五四"时期的单纯以批判传统文化、吁求西方思想,逐步转向思考如何在批判反思传统文化的同时,将其作为中国现代性文化建构的思想资源之一。尤其是当前中国崛起,国力强盛,民族自信心得到增强,更是如此。本节并不打算对已有的儒家文化反思进行全面的描述与概括,而仅就近几十年来两种有代表性的思路加以点评,以期引出有关问题。

第一种是现当代新儒家的思路,其代表人物是牟宗三。这一思路以继承和发扬儒学为己任,依照传统儒学的"内圣外王"之道,把"心性之学"即个体的心性修养,看作是儒学的根本,视为现代中国文化复兴的重要思想资源。例如,牟宗三提出要"返本开新",从儒学的"本",也就是"内圣"的修炼中,通过"圣贤功夫",成就理想道德人格,从而开出"新外王",即西方意义上的科学与民主。近期杜维明的一个讲演,思路也大致相同。他的"文化复兴梦的期许",提到的"第一层面"就是"个人的修身哲学",然后由此推及人与社会之间的健康互动,人类和自然的持久和谐等①。

不过这种从"内圣"开出"新外王"的构想,从其产生的影响来看,只停留于有限的哲学圈子之内,不免使人感到是在书斋里演绎学问、自说自话。在科学的观念与活动已经在中国落地生根的情况下,谈论其从儒家的"内圣"中开出,未免让人觉得是一种"马后炮"。科学引进中国,是出于民族生存与发展的现实需要,而科学思潮高涨的时候(如"五四"时期),正是儒家思想受到广泛社会批判的时候。此外,就培育民众的科学意识,使之在中国得到发展而言,其既是教育,同时也是现实功利选择的结果。一个简单的现实是,如果在学校选择学习自然科学学科有利于毕业后找到工作,学生们自然就会挑选这样的专业,接受科学的思想和教育。这与心性的修炼或者儒家毫无关系。

此外,要从儒家的"内圣"中转化出民主的论断错在两个方面。首先,民主观念与意识在中国的输入与普及,是五四新文化运动的结果,而后者的目标之一,是要破除传统儒家的消极影响。

---

① 杜维明:《什么是精神人文主义》,载《南方周末》,2014年12月25日,C20版。

可见,民主观念输入中国,是在不借助儒家思想的情况下进行的。其次,民主主要是一种制度,而制度的建立,依靠政治行为,而不是从"内圣"中开出。当然,先要有民主的观念,才会去建立民主的制度。但是,如上所言,民主观念的引入,是在排斥儒家的情况下进行的。

第二种是李泽厚的思路。李泽厚亦思考了如何利用儒家的合理思想资源,来协助建设当代中国社会道德的问题。他秉持这样的信念:"中国传统的特殊性经过转化性的创造可以具有普遍性和普世的理想性"①,这其中"转化性创造"是关键,目的是使以儒家为主干的"宗教性道德",在现代生活的社会性道德中发挥其所能起的作用。总体思路,"就是以孔老夫子来消化康德、马克思和黑格尔"②。这具体表现为以"天、地、国、亲、师"的信仰和传统的"仁义"感情,作为一种"范导理念"③,对今日和今后的中国人的行为规范起一种"引导、示范"的作用,"来协助建立起当今迫切需要的中国的现代社会性道德"。④

李泽厚思路的关键,是现代社会性道德(公德)需要与宗教性道德(私德)相结合,并借助于后者的献身精神与情感来推动前者实现,其中要点是"情"与"理"的结合。道德原则是一些抽象的理性原则,如何将它们"润滑"、发动起来,李泽厚设想借助"情感"的"软化"作用。例如,他认为"亲子情(父慈子孝)不仅具有巩固社

---

① 李泽厚:《哲学纲要》,北京:北京大学出版社,2011年,第99页。
② 同上书,第2页。
③ 同上书,第38页。
④ 同上书,第36—37页。

会结构(由家及国)的作用,而且在文化心理上也培育了人情至上的特征",因此它就可以在现代社会性道德中起某种"润滑、引导作用"。①

不过,李泽厚的上述构想虽有"亮点",抓住了道德伦理问题的一个关键,即道德行为的动力问题,但对于实现儒家伦理的"转化性创造"而言,却未涉及其根本。首先,李泽厚所开的这一"药方"显得有些空疏,大而无当,是套到哪里都能适用的空话。它诊治的并非病根所在。儒家伦理的根本问题,除了它具有一些与现代社会不相适的价值规范(如"三纲")外,要害在于它从性质上说,是一种单边的"义务论"伦理。它只顾要求个体遵守某些道德义务,却极为忽视个体应当具有的权利。这种性质的道德伦理在中国历史上造成了一系列严重的后果,不仅包括道德本身,而且政治、法律、社会等诸多领域均被波及。其次,虽然李泽厚反对"善优先于权利"②,然而对于他所希望的用"天、地、国、亲、师"来"协助建立起当今迫切需要的中国的现代社会性道德","重构……新的'礼仪之邦'"③而言,道德又意味着只是义务,而并无对权利的认可。这样,李泽厚就使自己所要提倡的伦理,又重回到"善优先"的旧轨道上来。

---

① 李泽厚:《哲学纲要》,第35页。
② 李泽厚的主要观点是,由于对于"善"可以有各种不同的认识,因此如果"善优先于权利",就有可能在堂皇冠冕的"善"的伪装下,从事对权利的压迫或侵害。参见他的《权利优先于善,和谐高于正义》等谈话。(中国青年网 http://wenhua.youth.cn/xwjj/xw/201406/t20140616_5370761_1.htm)
③ 李泽厚:《哲学纲要》,第37页。

二、儒家伦理是一种单边的"义务论"

本节所说的"儒家伦理",指的是以孔子、孟子为代表的经典儒家的主流伦理学说,其基本道德规范,如忠、孝、仁、义等,显然都是一些道德上的义务,而不是权利。"忠"是臣民对于君王的义务,"孝"是子女对于长辈的义务,等等。因此从本质上说,儒家所推行的伦理,是一种以道德"义务"为本位的伦理,我们可以把它称为"义务论"的伦理。这里所说的"义务论",是与"权利论"相对的一个概念,指的是单方面强调道德的义务,而忽视道德的权利,如"生命"与"自由"等。

之所以说儒家这一义务论是"单边"的,主要根据如下。

首先,儒家伦理片面地强调义务。义务与权利本来是对等的、不可分离的。我有尊重他者的尊严的义务,反之也有被尊重的权利。儒家伦理的单边义务论的性质,尤其在作为伦常的"三纲"中表现得特别明显。在这一纲常中,地位在下者无疑只有对在上者的义务,而无权利可言。假如说"权利"存在的话,那也只是在有限的意义上为特定的人群即地位在上者特别是君王所有。不过那也只能说是某种"特权",而不是我们现在所理解的公民意义上的"权利"。其次,传统中国社会的"家—国"结构(从"家"到"国"的不同层级上的"家长制")、文化价值取向以及法律的价值取向等,抑制了人们的权利意识。这使得整个中国的传统文化系统成为义务导向的规则系统,而不是权利导向的系统。再次,儒家虽然有博爱仁义的思想,如《论语》的"泛爱众而亲仁",但博爱仁义不等于权利，反倒在根本上是一种义务；虽然有天下为公、天下大同的思想，但"公"与"大同"也并不等于权利，而"私"（个人利益）如果在道德上被剥夺了正当性，则权利的意识也就等于被封杀。最后，这一切的根源在于，传统中国社会是一种以"君君、臣臣、父父、子子"为特征的身份社会，而不是契约社会。身份社会的基础乃是等级制。而等级制是依靠义务论而不是权利论来维持的。这一点可从韩愈的如下论述得到印证："君者，出令者也；臣者，行君之令而致之民者也；民者，出粟米麻丝，作器皿，通货财，以事其上者也。君不出令，则失其所以为君；臣不行君之令而致之民，民不出粟米麻丝，作器皿，通货财，以事其上，则诛。"①这段话所强调的是，臣民只有服从君王命令的义务，并且如有违背将受到惩罚。

与此相关的是，中国古代的法律系统实际上只能说是"刑律"，而不是"法（律）"②，因为"法"维护的是人的权利，而刑律惩罚的是对义务的违背。此外，古代中国的"刑不上大夫，礼不下庶人"的礼制（治），属于差别性的行为规范，而"法律面前人人平等"的法制（治），则属于统一性行为规范。③ 既然是差别性的行为规范，其伦理基础只能以义务论为基础，而无法以权利论为基础。因为权利之所以为权利，意味着它是平等的。

---

① 〔唐〕韩愈：《原道》，郭预衡主编：《唐宋八大家文集·韩愈文》，北京：人民日报出版社，1997年，第9—10页。
② 参见易中天：《帝国的终结：中国古代政治制度批判》，上海：复旦大学出版社，2007年，第111页。
③ 参见刘建军：《中国古代政治制度十六讲》，上海：上海人民出版社，2009年，第55页。

需要说明的是,本文所说的这种义务论,并不是在与"德性论"相对的意义上使用的;相反,儒家的义务论是一种基于德性的伦理,它关注的主要是"德"以及作为其基础的"善"。它是以道德主体的德性培育与人格修养为目的,而形成的一种德性的义务论规范。在伦理学上,"义务论"的基本内涵是规范人们道德上的责任,它们表现为某些"应为"。儒家的义务论规范人们的道德责任,这本身并没有错,但由于既缺乏权利的意识(古代汉语中甚至没有个体权益意义上的"权利"的概念),又缺乏"权利"的内容,因此,它成了单边的义务论。尽管在正常的意义上,道德伦理往往表现为义务的方式,但儒家的义务论却与权利无涉,完全缺乏诸如"自由""生命"与"财产"等权利意识,因此它是单边的义务论。尤其是到了汉代以后,通过董仲舒的"三纲五常"的改造,设定了"阳尊阴卑"的地位,"君为臣纲,父为子纲,夫为妻纲";并且仁义礼智信的"五常",也沦为了服从封建统治关系的原则。处于地位中"阴"极的一方,由此更是只能负有义务,而无权利可言。儒家伦理于是被封建统治者所利用,成为一种封建社会的意识形态,从而使这种义务论不仅对道德,而且还对政治、法律和社会都造成了相当不幸的影响。

如与康德的伦理学对比,那么儒家义务论的这种单面性就能看得更清楚。康德的伦理学虽然也讲德性和义务,并且它把道德行为的本质看作是"自律"的,但康德的"道德形而上学"却由两部分构成,其中第一部分是"权利论",第二部分才是"德性论"。在"权利论"部分给出的"普遍的权利法则",即"外在地要这样行动,使你的意志的自由行使,能够与所有其他人的自由并存"中①,个人行为的义务不仅以自己意志的"自由"为前提,而且还需要以能够同所有他人的"自由"并存为条件。这意味着义务以"权利"为前提。为此康德特别予以说明,这条权利法则虽然赋予我们一种道德的责任,但并不是要限制我们的自由。此外,在康德的"德性论的至上原则"("你要按照一个目的准则行动,拥有这些目的的人对任何人而言都可以是一个普遍法则")及其所作的说明"使一般而言的人成为自己的目的,这本身就是人的义务"中②,康德指出道德的义务是有前提的,即以人为目的。而这一点恰恰是儒家义务论所欠缺的。康德的论述表明,道德的义务论不应当是片面的,而应当以"权利"的存在为前提,特别是以"以人为目的"和"自由"的权利为前提。

儒家伦理之所以是义务论的,与其创始人孔子所处的时代背景直接相关。春秋乃是乱世,因此孔子追求的目标是建立起一种稳定的秩序。他试图通过倡立"忠""孝"之类的伦理价值观念,来巩固"君君、臣臣、父父、子子"这样的社会等级秩序。后来的儒家依此发展出一套"修齐治平"的自我道德修炼的心性哲学。这样的伦理观主导了中国文化达两千多年之久。在前现代的社会里,它之所以能够被皇朝所"独尊",看重的也正是它维护既有的统治秩序这一特点。不过这种等级制的封建秩序,与以自由和民主为

---

① [德]康德:《道德形而上学》,李秋零主编:《康德著作全集》第6卷,北京:中国人民大学出版社,2007年,第239页。
② 同上书,第408页。

基础的现代社会,却是不相容的。现代社会固然也需要社会秩序的稳定,需要有责任、义务性的伦理,但问题在于这样的伦理需要以什么为前提?显然,这样的前提应当是对权利的肯定与维护,这样的伦理才是公平正义的伦理。这可说是现代与前现代伦理观的基本区别。

分析起来,儒家的义务论伦理存在如下的问题。

其一,它以性善论为前提,特别是以孟子为代表的心性论,假定人性是善的,人具有"良知良能",因此人会自觉地"诚意正心",修炼自己,达到道德上的自我完善。性善论在逻辑上导出的结果是,人在道德上是自觉的,是能够"克己复礼"的。这实际上是预设了一个"君子国",亦即在道德领域里人人都是"君子",而不是"小人"。由此,国家的治理上就只需要礼治,而不需要法治。而且,既然人人都是君子,因此对权力的使用也不需要防范。

其二,这种伦理学很少考虑到如何将道德信念转化为道德行为的动力问题。即使有为善的意愿,我们究竟是否同样具有为善的动力呢?古希腊的亚里士多德用"欲望"来回答这个问题,近代英国的休谟也是如此。在传统儒家中,朱熹比较罕见地考虑了这个问题。他采用的是一种理想主义的方式,认为通过"养气"可以使人勇决地将道德之"理"加以实行。[①] 这意味着儒家的伦理观将人假定为高尚的"君子",他们会自觉地修炼自己,革除欲望,践

---

① 参见陈嘉明:《儒家知行学说的特点与问题》,载《学术月刊》,2013年第7期。

履善行。这样的设定显然是违背现实的。

其三,它不恰当地将"国"与"家"进行类比,并把"国"当成是一个大"家"。这一理解上的错误是致命的,它是导致儒家无法产生"契约论"思想,以及相应地缺乏"权利"观念的根本原因。因为,"家"首先是一个血缘的、亲情的单元,其次它是一个同一的经济体,因而一般说来在利益上没有根本的冲突。父母自觉地把抚养子女作为自己的天职,而子女也在不同程度上认同尽孝心的义务。虽然也不排除一些例外的情况,但一般而言,这里无须存在什么"契约",真正统治着这个领域的是基于血缘与良知的人伦关系。但"国"与"家"不同。在"国"之内,人与人之间充满了各种利益上的冲突,假如不建立起各种规范性的乃至强制性的契约关系,那么类似霍布斯所说的"人对人是豺狼"的状况将会成为常态,每个人都可能成为被伤害的对象。在权利得不到保障的状态下,人将丧失自我。没有自主性,也就没有主体,这无异于奴隶。

其四,它涉及的多是"私德"。梁启超最早提出,中国人的道德意识虽然发达很早,但却是"偏于私德,而公德殆阙如"。[1] 他指出,君臣、父子、兄弟、夫妇、朋友,都是"一私人对于一私人之事"[2],因此,与之相关的道德是私德。而对于"人人相善其群者"的"公德",在儒家那里则是缺失的。这里所说的"私德"与"公德",如今我们可以大致把它们区分为:前者指有关私人领域的道德规范,

---

[1] 梁启超:《新民说》,沈阳:辽宁人民出版社,1994年,第16页。
[2] 同上书,第17页。

第一章 比较视野下的中国哲学

它通常与个体的信念或信仰相关;后者指有关公共领域的道德法则,它是社会行为的普遍法则。就儒家的核心伦理"三纲五常"而言,父子、夫妇之间的关系,属于私人关系,与之相关联的是个体的道德信念(如"孝",等等),这是确切无疑的。至于君臣之间的关系,它也只是国家伦理的一部分而已,并没有穷尽国家伦理的范围;此外,就现代意义上的"公德"而言,儒家伦理尤其缺乏公平、人权之类的规范,因此如果按照梁启超的划分,儒家伦理涉及的君臣之间的伦理关系,也属于"一私人对于一私人之事",同样应归入"私德"的范畴。

如果进一步从学理上进行分析,传统儒家的义务论伦理还涉及道德哲学上争论的一个基本问题,即善与权利何者更为根本?换言之,到底应该是"善优先于权利",还是"权利优先于善"?

这里需要先说明的是,right 一词在西文里,例如在英文和德文里,除了"权利"的意思之外,还有"正当""法"等意思。"法哲学"在英文里是"the philosophy of right";黑格尔的《法哲学原理》一书,德文名字是 *Grundlinien der Philosophie des Rechts*。有权利的、正当的东西就等于法。法律保护的是人的权利,亦即保护正当的东西。德文 recht 一词,可说是最典型地表达了 right 的语义。

就"善"和"权利(正当性)"何者更为根本的问题而言,乍一听,似乎"善"更根本,因为不论"权利"还是"正当",也都是一种"善"(good,好)。但细加思考的话,则会发现其实不然。因为什么是"善",依据不同的理解而变化;处于不同的社会、文化背景下的人,对它有着不同的理解。因此,某种东西,包括道德价值是否为"善",是需要经过审视的,也就是考量它的"正当性"如何。例如,康德就通过设定某种先验的道德法则,来作为是否为善的标准。特别对于儒家伦理来说,维持"君君、臣臣"的封建等级制度的"忠"是否一种"善",其正当性如何,同样需要审视。进一步深究下去,如果维护这种等级制度的伦理被认为是一种善,那么统治者享有无上的权柄,反之普通臣民没有任何的权利,能够被统治者任意地生杀予夺,则被当作是正当的。事实上,古代许多对个体权利的侵犯乃至剥夺,都是在国家、民族的名义("善")下进行的。假如从这样的视角来考量问题,显然"正当性(权利)"应当优先于善。因为在今天,谁都知道生命、财产与自由是每个人生而具有的、不可剥夺的权利。

明白了上述道理,我们就能了解儒家这种义务论的伦理学,实质上是以"善优先于权利"为预设的,属于"善优先"立场的伦理学。由此至少可以引申出如下两个推论:首先,这意味着儒家伦理所采纳的那些"善"的概念是未经道德法则确证的,其正当性未经证明。其次,善优先的结果客观上排斥了"权利"概念,使之在中国历史上被长期漠视。这种状况与中国历史上长期的封建社会制度相适配。儒家的纲常伦理以自己所理解的"善"客观上压制了人的权利。"忠、孝、仁、义"不谓不善,尤其是在特定的古代社会的背景下,但它们确实排斥了权利,是以漠视人的权利为代价的。在儒家伦理中,没有自由、幸福、财产等权利的位置。因此,儒家的纲常伦理的历史事实表明,"善优先"的导向潜藏着对权利的压制或排斥的可能。

儒家义务论伦理走到极端的状况，便是"五四"时期鲁迅等先进思想家所批判的"吃人的礼教"。它是与"中国传统社会的'权力—依附'型社会结构"相适应的，为封建专制社会的等级秩序提供了合法性的辩护，而与现代性的"权利本位"型的价值系统不相容。它在中国封建专制社会所造成的影响，是对人的权利的漠视。

三、儒家义务论伦理缺失"权利"的观念

作为一种义务论，儒家伦理最致命之处是缺乏构成现代社会价值基础的"权利"观念，如生命、自由、财产等。而且不仅是儒家，甚至在中国历史上，在引进西方的概念之前，汉语里不存在作为个体权益意义上的"权利"概念，而这意味着我们的古代文化中根本不存在这种意义上的"权利"意识。

古代的"权利"一词主要有如下三个意思。其一，指"权势与货财"。如《荀子·君道》的"接之以声色、权利、忿怒、患险而观其能无离守也"。《后汉书·董卓传》："稍争权利，更相杀害。"其二，指有钱有势的人。《旧唐书·崔从传》："从少以贞晦恭让自处，不交权利，忠厚方严，正人多所推仰。"其三，谓权衡利害。《商君书·算地》："夫民之情，朴则生劳而易力，穷则生知而权利。易力则轻死而乐用，权利则畏法而易苦。"在汉语中，只是到现代之后，"权利"一词才具有"公民依法应享有的权力和利益"的含义。这是引进西方概念的结果。

张岱年也曾经说到,中国古代典籍中没有与权利概念意义完全相同的名词。不过在他看来,中国古代典籍中却"有一个词既表示权利,又表示义务,这个词就是'分'"。① 他所举的例子是《礼记·大同》中的"男有分,女有归",并引用郑玄的注:"分犹职也。"张岱年同时还引用了《庄子·秋水》中的"夫物量无穷,时无止,分无常"作为另一个例证。不过从这两个例子中,笔者看不出有什么权利与义务相统一的意思。此外,从一些权威的汉语词典里,也不见有类似的解释。再者,即使有类似的解释的话,由于这样的用法实属罕见,并不流行,属于"死"的语言,因此也没有什么学说上的意义。

以上是从语言用法方面来揭明"权利"概念的阙如。对此还可从儒家伦理思想的具体概念方面来探讨。一般认为,生命、财产与自由属于人的基本权利。对于"生命",儒家虽然也有尊重生命、珍爱生命的思想,孟子甚至有"善战者服上刑"的说法(《孟子·离娄上》),不将"善战者"看作英雄,而是当作罪犯,以此表达了对残害生命的战争的反对。应当说,孟子对生命尊重的态度主要间接表现在"仁者爱人""仁民爱物"之类的思想上,罕有直接肯定生命价值的论断,尤其没有把生命看作一种不可剥夺的权利。在当今对儒家生命观的解释中,时而会遇到一些人为"拔高"的做法,如通常被解读为孔子重视生命的代表性语录"未知生,焉知死"(《论语·先进》),这句话与其

---

① 张岱年:《中国古典哲学概念范畴要论》,北京:中国社会科学出版社,1987年,第214页。

说表现了孔子对生命的重视,莫若说是表达了他的肯定经验研究的态度,就像他"不语怪力乱神"这些玄乎的、超经验的东西一样。

"自由"作为一种"权利"的思想是儒家完全缺乏的。近代中国启蒙思想家严复曾指出,中国与西方的一切差别的根本,在于西方有自由,而中国无自由。"自由"之类的权利从来没有为古代的圣贤所提出。"夫自由一言,真中国历古圣贤之所深畏,而从未尝立以为教者。"①由此派生出中西方的种种差别("由是群异丛然而生"),包括中国重"三纲",而西方重"平等";中国"亲亲",而西方"尚贤";中国"以孝治天下",而西方"以公治天下",等等。②这里顺便要说明的是,由于"自由"一词有不同方面的含义,除了作为"权利"的自由外,还有道德的、意志上的自由。即使孔子的"为仁由己"(《论语·颜渊》)而不是"由人"的说法,称得上有点"自由意志"或"道德自由"的意思,但这种"自由"也只是断定主体行为的自主性("我欲仁,斯仁至矣。"《论语·述而》),而仍然与"权利"无涉。

"财产"作为拥有者的一种权利,不可侵犯、不可剥夺,这也是权利思想的一个重要组成部分。但对于儒家而言,他们在义利观上采取的是"何必曰利"的立场,从一种泛道德主义的立场来看待私利,进而把"义"与"利"对立起来。如程颐所界说的,"义与利只

---

① 王栻主编:《严复集》第 1 册,北京:中华书局,1986 年,第 2 页。
② 同上书,第 3—4 页。

是个公与私也"。① 在这种泛道德主义的背景下，可以想象，在总体上既缺乏权利概念，又缺乏生命观念的背景下，儒家是不大可能去考虑财产的权利问题的。

儒家伦理中是否存在"权利"概念的问题，近期成为海外儒学研究的一个焦点。这方面存在着对立的意见。否认儒家伦理中存在权利思想的学者，如美国学者罗思文（Henry Rosemont），认为中国伦理学不仅缺乏权利的概念，也缺乏基于权利的道德的概念簇。这是由于儒家伦理学与诸如角色、关系、公共承诺等概念紧密相连，因而没有为权利概念在其体系中留下空间。另一方面，为儒家存在"权利"观念进行辩护的学者中，韩国的李承焕认为，儒家的"仁、义"等概念不仅是美德，而且还是权利与责任。他反对那种断定儒学中没有权利观念的观点，认为这是将关于权利的词汇与关于权利的观念混同起来。他辩驳说，尽管儒家学说中并不存在一个关于权利的专门词汇，但对权利可以作出有效理解。他反诘道："倘若儒学中没有权利的观念，那么，有关财产的典章制度以及承诺与契约的实践又如何实现？"②不过在笔者看来，李承焕的这一反驳并不能成立。因为他所作出的这种推论，其逻辑等于说，我有了财产交易的行为，就意味着我具有关于财产权利的理论观念；或者更通俗地说，我有着吃饭的行为，因此我就具有关于饮食的理论一样。这显然是不对的。具有某种行为

---

① 《河南程氏遗书》卷17，《二程集》第1册，北京：商务印书馆，1981年，第176页。
② 李承焕：《儒家基于美德的道德中存在权利观念吗？》，梁涛等译，载《现代哲学》，2013年第3期。

并不等于具有某种相应的理论。理论是一种自觉,体现在具体的概念及其表述之中。①

权利概念的缺失,在中国历史上产生了灾难性的影响,留下了悲剧性的后果。就与权利观念密切相关的领域——法律而言,权利的缺失造成的一个最直接的后果是,在中国古代法律文献中甚至没有"民法"一词。成文法中只有刑法,而没有"民法",或至少说是民、刑法不分,有关钱、债、田、土、户、婚等法律规范,都收在各个朝代的律、例之中,并没有一部单独编撰的形式的"民法"。而民法是规定主体所享有的权利的法律,是用以调整社会生活中财产关系和人身关系的法律规范。后来一直到清朝末年至中华民国时期,才曾制订"民律"草案,后经修订,于1929—1930年分编陆续公布时改称"民法"。新中国成立之后,历经了数次周折,直至2014年才重新决定并开始组织编撰《民法典》,而这比起古代《罗马民法大全》来,在时间上足足相差了15个世纪之久。之所以如此,不能不说与缺乏权利的观念直接有关。

中国历史上经历了长达两千多年的专制社会。专制社会的一个特征,就是只有少数人有权利,或者说有特权,而绝大多数人没有权利,人身自由没有保障。有了生命、自由与财产的权利,人才真正成其为"人",才能从自在的存在转变为自为的存在。福柯

---

① 此外还有一种折中的观点,如美国学者田史丹的主张。一方面他认为:"那些主张儒家与权利思想不相容的人们更接近事实真相",另一方面,他将儒家的"权利"解读为一种"备用权利""备用机制",即仅当"儒家和谐社会关系及相应美德中出现危机、过失"时起着补救作用的。而这实际上已经间接地承认了儒家不存在一般意义上的"权利"观念。(参见田史丹:《作为"备用机制"的儒家权利》,梁涛等译,载《学术月刊》,2013年第11期)

曾以"人死了"的命题来刻画西方启蒙之后依然不自由的人的状态。借用这一命题,我们可以说,权利无保障的人,不用说是"自为的"存在,甚至连"自在的"存在也谈不上。他空有躯壳,而不能自主,其"自我"已是名存实亡。

四、"权利论"伦理对于中国现代化的重要性

由于儒家只讲义务、不讲权利,这意味着现代性所需要的"生命、财产、自由"等基本价值恰恰为儒家所欠缺。本来,义务与权利是对等的。就像马克思所说的那样:"没有无义务的权利,也没有无权利的义务。"基于这样的认识,马克思还主张:"一个人有责任不仅为自己本人,而且为每一个履行自己义务的人要求人权和公民权。"①与此相关,启蒙的进步思想家们所批判的社会不平等、不正义的一个基本方面,正是在于普通民众只有义务,而无对等的权利。因此现代社会需要实现的一个根本改变,就是要实现义务与权利的对等与同一。黑格尔把这种同一称为"人类人身的自由原则"。②

西方社会之所以能够进入现代社会,其中的一个关键之处就是从观念与现实层面上都奠定了权利保障的基础,由此建立起现代社会的典章制度。西方启蒙运动的最重要工作,就在于对人的

---

① 《马克思恩格斯全集》第 21 卷,北京:人民出版社,2003 年,第 17 页。不过,马克思与此前的启蒙思想家们(包括黑格尔)的根本不同之处在于,他认为要争取平等的权利与义务,其前提是要"消灭任何阶级统治"(《马克思恩格斯全集》,第 21 卷,第 16 页)。
② [德] 黑格尔:《法哲学原理》,范扬等译,北京:商务印书馆,1961 年,第 262 页。

第一章　比较视野下的中国哲学

权利意识的启蒙。而后通过1776年的美国《独立宣言》和1789年的法国《人权与公民权宣言》，确立起了"个人权利不可侵犯"原则，从而建立起现代的政治、经济与社会的秩序。

中国的现代化运动的发生是由外因所驱动的。这既包括西方列强的坚船利炮所带来的震动，同时也包括对西方文化的认识的结果。对现代意义上的、作为公民依法应享有的权力和利益的"权利"概念及其作用的认识，在我国经历了一个引进与接受的过程，对此一些学者已经进行了专门的研究。

根据这些研究结果，"权利"这一概念最早见于1864年出版的《万国公法》一书中，"rights"被表达为"权利""私权""自然之权"等不同的词汇[1]。按照康有为自己的说法，他是在中国"首创言民权者"[2]。这种"民权"包括"自由民权"[3]"人有自主之权""天地生人，本来平等"[4]"人人有议政之权"[5]等自由、平等的权利。并且他强调国民应该具有民权意识，即自觉到自身所享有的权利，而且这种权利不能因为少数人的干涉而随便变易。显然，康有为的民权观在当时是具有先进性的。

不难想见，在"权利"观的引进与认识过程中，伴随着尖锐的思想对立与冲突。反对者（如张之洞）一方面赞同国家必须有自主之

---

[1] 参见韩大元：《基本权利概念在中国的起源与演变》，载《中国法学》，2009年第6期。
[2] 汤志钧编：《康有为政论集》上册，北京：中华书局，1981年，第476页。
[3] 同上书，第478页。
[4] 康有为：《实理公法全书》，刘梦溪编：《中国现代学术经典·康有为卷》，石家庄：河北教育出版社，1996年，第6、15页。
[5] 康有为：《公民自治篇》，王忍之编：《辛亥革命前十年间时论选集》第1卷上，北京：生活·读书·新知三联书店，1963年，第173页。

权，但同时却坚决反对"人人有自主之权"。他们认为后者是对西方思想的误解，会导致"子不从父、弟不尊师、妇不从夫、贱不服贵，弱肉强食不尽"的后果，从而将使人类社会秩序完全解体。赞成者（如何启和胡礼垣等）则站在改革派立场上全面批驳张之洞的观点。1899年他们在合作的《劝学篇书后》论述了"人人有权，其国必兴；人人无权，其国必废"的道理，认为国家的主权同民权相互依存。①

"权利"观念被官方所接受，见于1908年晚清颁布的《钦定宪法大纲》，其中开始有"臣民权利"的内容。该大纲附录部分的名称就叫作"臣民权利义务"。它共有九条，前六条是关于基本权利方面的，其内容已包含着一些"基本权利"的内容。权利观念在中国出现的一个大的变化在于，辛亥革命前，知识分子大多以国家的自主性为前提来推出个人必须自主。而在《新青年》杂志的讨论中，个人自主的权利则被看成是国家权利的基础，国家的自主性被看作是必须建立在个人自主性之上。

对于"权利"这么一个社会进步的根本的保障要素，由于各种原因，包括民族救亡等急务的冲击，使得其意义与价值并不是时常能够得到充分认识。"五四"时期的标志性的口号，是"科学"与"民主"。但这两个口号实际上并未抓住社会问题的最深层方面。科学与民主都只是服务于社会进步的手段，而"人"才是社会的根本。而对于人而言，"权利"是其立身之本。也就是说，人之"本"体现在他的生命、自由与财产等权利中。一旦这些权利被剥夺，

---

① 参见金观涛、刘青峰：《近代中国"权利"观念的意义演变》，载《"中央"研究院近代史研究所集刊》（台湾），1999年12月第32期，第229页。

人也就不复为人了。

改革开放的成功经验,从正面提供了权利对于现代化进程的重要性的典型例证。邓小平领导的经济改革的成功,关键在于一开始就抓住了民众的利益诉求。就农村的改革而言,表现在以"家庭承包制"的方式,允许了农民拥有土地经营权和剩余索取权。对企业的改革而言,起先是从简政放权开始,而后推进到建立"产权明晰"的现代企业制度。在国家的经济治理方面,国家保护企业以法人财产权依法自主经营、自负盈亏;完善激励创新的产权制度、知识产权保护制度等,这些举措的实质,从伦理的层面上看就是"权利"意识的自觉。中国的经济改革的过程,从某种意义上说,是一个"权利"回归的过程,也就是一个从个人到社会组织的权利关系逐步明晰、确立,各种利益主体逐步形成,并且其权利越来越受到法律保护,从而使经济具有内在竞争活力的过程。我们所呼唤的市场经济体制的法治化,其核心目的也正是为了保护市场主体的各种权利,从而能够建立起合理的、正常的市场秩序。对于政府而言,这也正是其基本职责所在。

正是由于"权利"对于现代社会的重要性,因此本节将"权利论"伦理的欠缺,视为儒家伦理的根本缺陷所在。中国进入现代性社会需要建立一系列相应的政治、经济与法律等方面的规范,伦理规范构成了这些规范的基础。而对于伦理规范而言,由于"权利优先于善"的合理性,因而有关"权利"的伦理,构成伦理规范的出发点。以"人是目的"的权利观为价值前提,我们就有了善恶的判定标准:凡是以人为目的的、有利于人的生存与幸福的东西,就是善的,反之则是恶的。

此外,权利论伦理对于中国现代化建设的重要性,还在于权利论是一种"公德"论。而公德论恰恰是儒家伦理所欠缺的。前面说到,梁启超区分了私德与公德,并且批评儒家在公德论上的缺失。私德并非不善,而是不足。因此从现代性的角度反思儒家文化,就必定要重视公德伦理的建设,特别是其中的重视权利的公德伦理。

对于什么是"公德",至今仍是一个有争议的概念。按照日本哲学家福泽谕吉的看法,"与外界接触而表现于社交行为的,如廉耻、公平、正直、勇敢等叫作公德"。① 但是这一界定有点失之过宽,因为诸如与朋友交往也属于一种与外界接触的社交行为,然而它显然不能算作是"公德"。因此有的则借助"公共领域"与"私人领域"的区别,来界定"公德"与"私德"。凡是与集体、社会、国家等公共领域的利益有关的德性,被看作是"公德";反之,与亲属、朋友、同事等私人领域有关的德性,则被视为"私德"。

相比起来,培育社会公德显得要比私德困难得多。因为私德大体是建立在个人之间的亲情或友情之上的,它有着血缘、亲缘或地缘等方面的基础。这方面最明显的是"孝悌"。一般而言,子女天然地对父母具有感恩之心,"孝"是正常情况下源于亲情的一种道德表现。而公德则实实在在需要通过教化来培养出公共关怀的精神。具体说来,我们应当通过倡导、弘扬以人为本、公平正义这类公德,来培养对权利、正义的尊重乃至敬畏之心,彻底改变

---

① [日]福泽谕吉:《文明论概略》,北京编译社译,北京:商务印书馆,2007年,第73页。

历史上长期的漠视人的权利的状况,使"人是最高目的"的理念真正成为一种普遍的大众(社会)伦理,而不只是停留于一般的观念层面的认识;使这样的伦理化成风俗,成为行为的准则和习惯。凡是侵犯他人权利的,行事不符合公义的,都将被视为不道德的、是某种程度上的"恶"。由此使公德真正成为一种社会所默认的"应当",就像私德(诸如"孝")所被普遍接受的那样。

以上的论证,从现代化的角度阐明了"权利论"伦理在社会伦理构建中的重要性。这里所谓的"权利论",指的是以权利为本位的伦理观。它与传统儒家的义务论伦理针锋相对。之所以需要转变儒家以"义务论"为本位伦理,根本的原因是它与现代社会不相配。现代社会以"权利"为本位来构建,人们所承担的义务以相应的权利为基础。这既是一种无形的社会契约的关系,同时也由法治社会来保障。中国社会长期以来的状况是,不是权利太多,而是义务太多;不是义务太少,而是权利太少。如此造成的结果是,社会不仅难以和谐,而且将深陷于动荡和灾难。对此,中国人民有着惨痛的历史教训。

当然,提倡以权利为本位的伦理观,并不是要否定道德义务。彰显权利论,使之达到与义务论的平衡,这只是根据我国的历史教训与现实需要所引出的一个结论。道德行为离不开对义务的承担,只是对于中国的现代化建设而言,当务之急是需要形成权利的意识观念与相应的保障体系,也就是我们常说的"法治"。儒家义务论伦理的悲剧在于,它使中国人在历史上从观念到现实方面都成为屈从于不均等义务的人,成为单边丧失权利的人,成为生命与财产无保障的、没有自由的人。

中国社会当今观念上的一个巨大进步，是认识到必须以人为本、以人为目的。与此相应，我们的道德伦理应当引导人们尊重权利，维护权利，追求幸福。与此相关，维护人的权利就成为一种义务。这样的伦理学的建构是现代社会的需要，是一种历史的必然。伦理学由此也就是一种权利本位的伦理学。因此，当今我们传统文化的重建、更新，首先需要有一种正当的伦理学，即建立在维护个人权利基础上的、以追求幸福和公正为目的的，而不是只讲究责任的义务论的伦理学。

通过以上的批判性反思，本节强调的是儒家伦理要在中国的现代化进程中发挥积极的作用，需要弥补其缺陷，发展出一种权利论，以求在义务与权利之间取得一种平衡。因此作为一种纠偏的措施，特别是由于"矫枉必须过正"，如将儒家作为有助于中国的现代化的文化资源之一，对其的更新与转化就应当更新其道德哲学，以其"仁者爱人"的人文精神为基础，从中转化出以"权利"为本位的伦理；亦即以尊重人的权利为前提，并从道德权利方面为法定权利提供伦理基础。之所以说是"更新""转化"，其可能性在于，以孔子、孟子为代表的传统儒家本已具有"天地之性人为贵"的人本主义思想，只是囿于时代的局限，未能进而对仁者为何需要爱人的根据进行发问，未能深入到人之所以为人的权利论层面。因此，通过批判性的反思，我们可以在吸纳儒家原有的人本主义思想，原有的仁、义等德性思想中的合理要素的基础上，将其更新、转化为具有现代伦理价值、与现代化的需要相适合的并能够为现代化的构建服务的学说。从伦理学的角度说,就是把传统儒家伦理从关注如何正确地行动,提升到关注什么是应当追求的目的,什么是应当欲求的"善"(人是目的)。前者涉及的是责任,后者则与权利相关。权利的伦理,构成法治的道德基础。以人为本,保障人的基本权利,实现法治,这些都是现代性的诉求,是现代性区别于前现代性的标志。

第八节　从语言现象学看中国传统哲学现代化问题

冯友兰曾有一个论断:"新的现代化的中国哲学,只能使用近代逻辑学的成就,分析中国传统哲学中的概念,使那些似乎是含混不清的概念明确起来。"[①]冯氏的这句话说得很绝对,"只能"意味着唯一性。因此这句话意味着中国哲学的现代化之路只有一条。也就是说,中国传统哲学的现代化,只能通过对其含混的语言的澄清来达到,并且这种澄清须得借助于现代的逻辑工具,实际上也就是西方哲学的分析方法来达到。冯氏的上述说法,显然是受了西方分析哲学的影响。

冯氏的上述论断直接产生了这么一个问题:走这条通过澄清传统哲学的概念来使中国哲学实现现代化的道路,能够行得通吗?对这一论断的回答可以从多种角度进行,例如哲学与时代的

---

① 冯友兰:《中国现代哲学史》,广州:广东人民出版社,1999年,第200页。

关系,哲学对象的可变换性等。不过本节试图仅从一种"语言现象学"的视角出发来思考这一问题,并由此提出一种否定的回答。这里所谓的"语言现象学",指的是从哲学概念的流传、使用状况来分析某种哲学的现状。具体地说,是从中国传统哲学概念在现今的流行、使用情况,来论述中国传统哲学的现状。由于中国传统哲学概念如今继续被使用的不多,因此本节引出这样的结论——冯氏的上述想法并不可行。中国哲学的现代化,至少不能仅仅取决于对传统概念的澄清这一路向来进行。

一种语言的存在或消亡,直接反映着这种语言的生命力状况;同理,一种哲学语言的存在或消亡,也直接反映着这种哲学的生命力如何。假如一种语言没有什么人使用,这至少表明它在当前没有活力,乃至已经丧失了生命力。这或许是由于它的使用者与使用范围在减少,或许由于这种语言本身存在缺陷,或许还有其他原因。例如,一些少数民族语言,如鄂伦春语、满语等的逐渐消失。

从语言的使用、流行情况等现象来论究某种语言,这可以视为一种"语言现象学"。语言是思想的反映。某些语词、话语的流行与否的现象,可以作为一个检验标准,从中看出其所承载的思想的兴与衰,看出其在现时代的影响状况。例如,对于鲁迅、茅盾、巴金等名家的作品,假如我们问问自己和他人,我们能记得哪些主人公的名字、其中提到的地名、场景等?从大多数人能够回答出的阿Q、祥林嫂、孔乙己、咸亨酒店等,我们就可看出鲁迅作品在我们心中留下了比较深的印象,这表明它们有较大的影响力。

对于哲学的语言和概念也是如此。属于不同国度、不同历史时期与文化背景的哲学话语,哪些如今能够在中国流传,为人们所使用,本身就表明它们具有某种客观性。康德曾经把普遍性与客观性看作是一对可以互相交换的概念,普遍的也就是客观的。在不严格的意义上,这里我们也可以说,某种哲学话语的流传表明它具有"客观性",也就是它把握了客观对象(包括存在、语言等现象),从而被使用者所接受,具有生命力。假如我们以此为标准来看待某种哲学在先进社会的影响力,则似乎可以减少主观褒贬的任意性,而求得对事情的恰当评价。

通过现象来把握对象的研究方法,已有不少先例。直接使用过"语言现象学"概念的是奥斯汀,他把它看作是一种哲学方法。不过这主要指的是对语言的使用、包括对特定术语的使用进行研究。此外,众所周知,黑格尔的《精神现象学》力图通过对"意识""自我意识""理性"等精神现象的生成与变化,来把握人类精神的历史发展。胡塞尔的现象学将"纯粹意识"现象作为哲学的研究对象,来解答认识如何可能的问题,以达到使哲学成为严格的科学的目的,并因而使"面向事情本身"成为现象学运动的宗旨。海德格尔秉承这样的信念,通过"烦""畏""怕"等生存现象来研究人的存在状况,从而别开生面,开创了哲学的一个新领域。维特根斯坦则把语言中的稳固的深层结构,看作是语言的"原始现象",需要通过"描述"的方式来加以把握。哲学被他归结为进行某种"纯粹的描述"。[①]

[①] [奥]维特根斯坦:《哲学研究》,汤潮等译,北京:生活·读书·新知三联书店,1992年,第18页。

按照这种现象学的思想方式,让我们尝试将它用于对哲学的语言现象学的研究。也就是,依据某种哲学话语、概念的流行与否,来判断这种哲学的现有影响力及其生命力的状况。

我们先来看中国传统哲学目前仍在流行的语言(概念)。不难看出,其主要是道德方面的,如善、礼、义、智、仁、诚、勇,等等。一些存在论(形而上学)的概念,如阴阳、太极、气,等等,它们流传在文化的其他领域,如中医、体育,等等,但在哲学里已罕见使用。在认识论的语言里,如果说在金岳霖那一代的哲学家那里还使用一些传统哲学的概念,如道、势、能、所,等等,到了今天,这些概念基本上已不复存在,人们使用的是诸如主体、客体、感性、理性之类的外来语。与此相似,有关逻辑的传统概念也基本消失殆尽,如辞(判断)、说(论证)、故(理由)、侔(相当于直接推论)、援(类似于类比推论),等等。

从当今流行的哲学用语来看,最为流行的当是马克思主义哲学的概念与话语,如辩证法、矛盾、现象、本质、对立统一、否定之否定,等等。它们流行之广的一个标志是进入非哲学的领域,成为一般民众的口头禅。这一情况是与马克思主义中国化相适应的。上述概念与话语作为通用的语言,通过学校的教育与各种媒体,为民众所耳闻目染,进入意识的深处,成为社会大众普遍的思维模式。

目前在国内流行的其他西方哲学的概念主要有:真理、主体、客体、存在、意识、感性、知性、理性、普遍、特殊、现象、本质、解构、价值、权利、自由,等等。比较起来,这些概念反倒成了我们经常使用的、熟悉的概念。

如果转而回顾哲学话语在现代中国的演变现象，那么遗憾的是，中国传统哲学与外来哲学的语汇，呈现出一个此消彼长的状况。基于外来哲学的语汇在逐渐增多，而中国传统哲学语汇的使用在不断减少。这有点类似于汽车、火车、飞机、电话、电视等商品与技术的引进，自然取代了牛车、马车等传统的东西一样。我们列举两个典型的例子来说明。

一是严复的西学翻译。早先对西方哲学的翻译，译者们还是试图选择本土的概念来翻译西方概念的。严复就是一个典型。在《穆勒名学》中，他用"名学"来翻译"逻辑学"，用"内籀"与"外籀"分别翻译"归纳"与"演绎"，用"连珠法"来翻译三段论。不过结果是，严复所用的译名后来几乎很少有被接受并继续使用的。

以这种方式确定译名的情况，到了1949年新中国成立以后有了根本性的改变，哲学译名基本上"西化"了，特别是马克思主义著作，以及德国古典哲学著作的翻译（如贺麟译的《小逻辑》、杨一之译的《逻辑学》）。在这些经典译著中基本上已不再采用中国传统哲学概念作为译名了。这些译本对我们哲学概念的使用的影响不可估量，它们在很大程度上改变了中国的哲学语言。随着这些概念的流行，中国的哲学可说是换了一套语汇系统。

二是在冯友兰、金岳霖的著作中，也曾使用了一些中国传统哲学的概念，如冯友兰在他的《新理学》《新原道》等哲学著作里，使用了"太极""理""气""两仪""四象"等中国传统哲学概念；金岳霖在其《论道》《知识论》中，使用了"道""式""能""所""无极""太极""正觉"等传统哲学概念。然而遗憾的是,这些本土的概念在本土终究未能流行。为何如此,这是值得探讨的。在笔者看来,其中的原因,应当说首先是传统哲学概念用语本身的问题,也就是它们是否能够恰当地刻画、命名、表示所指称的对象,以及它们是否能成为社会上所通行的语汇?例如,用"气"这个概念来表示物质,本身就难以准确地表达对象,因此它有点像西方的"以太"那样,成为过时的概念。此外,类似"内籀""外籀"这样的语词则十分生僻,难以为大众所接受。

不无惋惜的是,在我们日常的哲学用语中,中国传统哲学的用语已经所剩有限了,如上面所例示的那样。不管我们的主观意愿如何,这毕竟是一个现实。中国的一些哲学家们,尤其是新儒家们曾试图挽狂澜于既倒,继承道统,复兴传统儒家哲学。他们对于儒家思想在现代的诠释与传承、对于中国儒家文化的弘扬作出了自己的努力。然而从语言现象学的角度,我们不无遗憾地看到,新儒家们所使用的语言、所讲述的话语,迄今未能在社会上流传,而只是局限于专业的小圈子里。为什么会有这样的结果?在我看来,新儒学最大的问题在于价值倾向太强烈,致使不能超越"特殊"而进入"普遍"的视角与思维。这里的"特殊"与"普遍"之分,既指哲学的对象,同时也指思考问题的角度。首先,与历史、社会的个案研究对象不同,哲学研究的对象是普遍的事物,如实在、意识、语言、概念(范畴)等。这类对象的规定性,不论对于中国还是西方都是普遍的、一致的,不会因为国别、民族、人种的不同而有差别。其次,哲学的思考是从普遍性的角度进行的。在新儒家的哲学中，预设的前提是中西哲学的相互对立，出发点是传统的儒家哲学，目的是以弘扬中国传统哲学为己任。但实际上，一种面对时代现实的、创新的哲学是不应当以这种方式来思考问题的，或者说，这种思考方式不应当成为哲学的根本。试想，当维特根斯坦在解释语言问题，提出"语言游戏""家族相似性"等概念时，他是否把自己摆在英国哲学或西方哲学的位置上，认为自己是在继承、发扬什么西方哲学的"道统"，是在进行什么"继往圣，开未来"之类的事业吗？不是，他是一种完全不同的思维方式，眼光注视的是某个问题域（语言），考虑的是对问题如何作出恰当的解释。这样的思考使得他在对语言的理解与思想的表述（概念）上都是前无古人的。但人们又不能不把它归为西方哲学，因为它是西方人所写，是用西方文字所写，是来自西方人的思想。然而它却是典型的普遍性思维——语词的意义是什么？语言游戏是什么？语言是什么？这些问题的提问与回答都是普遍的，不论对于英语、德语还是汉语，都是普遍适用的。这就是普遍性的哲学。

说到这里，也使我们容易理解西方哲学家的一种思维方式，就是要求排除一切先有之见，然后进入自己的哲学思考。这在笛卡儿那里表现为先进行"普遍的怀疑"，在胡塞尔那里表现为对自然意识先进行"悬置"，等等。这恰与新儒家的思维方式构成一个强烈的对比。新儒家由于局限于传统哲学的视角，不能以一种纯粹哲学的眼光来理解与解释事物，因此他们的哲学基本上停留在传统的框架里。哲学的话题仍然还是"心性""内圣外王"之类的东西，而不能有新的开拓，其哲学在某种程度上成为他们心底的

"古玩"。此外,从方法论上说,新儒家在这方面也欠考虑,例如牟宗三就没有"可说"与"不可说"的区别的意识,而以一种非科学的、模糊的语言,对诸如"心性""智的直觉"之类的非实证概念作出论证,例如他说"智是德性生命的莹澈与朗照"①,把它看作是"本心仁体自身之明觉活动"。② 对"智的直觉"的证明采用的是一种隐喻的方式,把它比喻为一种自我活动所放射的"光"。他写道,"智的直觉不过是本心仁体底诚明之自照照他(自觉觉他)之活动"③,"智的直觉者即是此明觉觉情之自我活动所放射光。……本质的关键仍在本心之明觉觉情,此即吾所谓'逆觉体证'。这逆觉其实就是它的自我震动之惊醒其自己"。④ 牟氏用自我的"所放射光""自我震动""逆觉体证"之类的非分析的语言,来证明智的直觉的存在,给人的感觉是使哲学重又成为"玄学"。还有,他提出的通过"良知"的"自我坎陷"来开出科学和民主的尝试,也属于同样类型的毛病。这类论证涉及的是有关经验与先验的区别,以及先验论证的性质与方法问题。牟宗三反对康德有关理智直观与自由意志的论证,但他似乎对经验论证与先验论证的区别并没有什么考虑。⑤

前面我们列举了中国现有的哲学语言中,中国传统哲学、马

---

① 郑家栋编:《牟宗三新儒学论著辑要——道德理想主义的重建》,北京:中国广播电视出版社,1992年,第204页。
② 牟宗三:《智的直觉与中国哲学》,北京:中国社会科学出版社,2008年,第171页。
③ 郑家栋编:《牟宗三新儒学论著辑要——道德理想主义的重建》,北京:中国广播电视出版社,1992年,第374页。
④ 同上书,第457页。
⑤ 有关"先验论证"的问题,近期已引起国内学者的注意。赵汀阳、倪梁康、徐向东、钱杰等先后发表了有关文章,对此进行过讨论。

克思主义哲学以及西方哲学的一些概念用语的情况,虽然在其中它们各自所占的分量不一样。这一多种话语系统概念并存的局面,反映了当今中国学术界、思想界的状况,即不再是某种话语专断天下。这些话语的去留,表明了中国文化对外来文化的吸纳,同时也体现出某种程度上的多元文化的共存、融合的局面。对外来文化的吸收、共存与融合,是社会开放的表现,是社会的进步,也是历史的趋势。对外来哲学文化加以融合的一个表现,是在对它们的概念的使用上,加进了自己的理解,增添了新的含义。这也像在引进了汽车、火车、飞机、电话、电视等产品的生产与技术之后,我们并不只是不断照搬,而是能够对之加以改进、提高乃至创新一样。在现阶段,中国哲学的现代化可能更多地采取了这种方式。

在这样的文化融合(包括哲学观念与用语的融合)的过程中,中国哲学的话语与概念发生变化,乃至一些被外来语所取代,虽然说并不奇怪,但分析一下其中的原因,毕竟还是有益的。为什么中国传统哲学的概念和话语,虽经本土哲学家的继承和使用,以及翻译家的努力,但大部分还是难以延续,这样的哲学语言现象说明了什么问题?

首先,从概念本身来说,一些不被继续使用的概念,乃是由于它们未能刻画、表现事物的性质,所以导致自身生命力的消失。语词、概念的作用本来是用来描述事物的现象,刻画事物的本质、特征的。假如某些概念不能做到这一点,自然就会被淘汰,不再被采用,或者被更准确的概念所代替。如"气"被"物质"所代替,

"象"为"现象"所代替,等等。

其次,一些传统哲学概念之所以被替换,在很大程度上与文言文转变为白话文有关。白话文的推广与使用形成的长期趋势,是使文字更加口语化,更加接近日常的用语,这在表达方式上改变了中国语言的面貌。随着文言文的白话化,传统哲学的语言自然也发生了变化。中国古代哲学的概念,因是文言文,所以基本上都是用单字表达,如"体""义""象"等。现在用白话文表示,则分别为"本体""正义"(或"公义")、"象征"(或"现象")。此外,一些使用文言文的翻译,由于在用词上过于生僻,如严复的"内籀"与"外籀"等,因此被浅近平易的白话文译名如演绎、归纳等所取代,这也是水到渠成的事情。

再次,与国家意识形态有关。福柯的"话语-权力"说有助于解释上述的现象。与作为国家意识形态的马克思主义哲学相比,儒学自然退出主流的话语圈,加上近现代史上儒学与中国的落后、衰败联系在一起,遭受到广泛而持久的怀疑和批判,这也直接导致儒家话语在社会上的认同度的衰减。

最后,或许还有一个特殊的原因,即中国部分知识分子"文人相轻"的陋习。中国一些学者有个很不好的习惯是大体不屑于阅读同仁的论著,更遑论加以探讨了,似乎这样就抬举了对方。这种状况造成的结果,抽象地说是思想无法交流,具体的损害则是中国的哲学圈子恐怕很难形成自己的话语系统,因为当我们之中有人使用本土的语言的时候,如果没有人愿意谈论,自然也无人会去接续,这样的语言肯定"活"不起来,其结果必定是"无疾而终"。我在美国麻省理工学院听"知识论"课时,见到的情况正好相反。授课的教授有一次在课上分发的讨论资料,其中竟有来听课的一位年轻教师的文章。此外,美国的哲学年会上,会以某位学者新出的专著为会议的研讨对象。联想到美国哲学界新思想、新观念迭出,不能不说与这种风气和做法可能有直接关系。

本节初略地列举了一些哲学语言现象,并在此基础上作了简要的分析。从分析中可以看出,由于中国传统哲学的概念目前仍在流传的已经有限,因此想要通过对这些概念的含义加以明确的做法来使中国哲学现代化的尝试,显然是逆潮流的,是不可行的。从西方哲学的历史发展状况来看,其发展主要是通过新领域的开拓与新方法的运用而实现的。例如,知识论、语言哲学、存在哲学等领域的开拓,逻辑分析、日常语言分析、现象学等方法的运用,等等。

最后,需要补充说明的是,要准确地列举出哲学语言现象在中国的变化有一定的难度,尤其是中国的语言词典难以提供这方面的帮助。它们大都缺少一项重要的内容,即词语的"语源"明,包括词语来自何处(在英语词典中表现为来自拉丁语、希腊语等),何时开始出现,其间有什么语义上的变化。《词源》虽然有关于某一词语的出处,但这仅限于本土的古词。至于外来语方面(如"哲学""逻辑""概念"等),则无此类介绍。这方面的缺陷给我们语言现象学的研究造成了一定的困难。例如,我们难以知道西方哲学的概念是如何引入中国的,以及相应地,中国哲学的概念是如何演变的。与此相比,《牛津英语大词典》(*Oxford English*

Dictionary)的优点自现。它有详细的某一语词的词源方面的介绍,包括来自何方(如拉丁语、法语、德语),在古代、中世纪又是如何用法;有哪些经典的用例及相关年份。不过,虽然这方面的研究不易,但笔者相信这一语言现象学的思路是正确的、有益的,循此加以深入探讨定能有所收获。

第一章　比较视野下的中国哲学

第二章　**知识的观念与思维方式**

第三章　中国哲学的发展问题

第四章　现代性对中国哲学的挑战

第一节 引　　言

哲学是探寻真善美的学问,因此求真的知识论是哲学的支柱学科之一。不过与西方哲学不同的是,传统的主流儒家哲学持有的是一种"德性之知"的知识观念,也就是只把道德伦理方面的知识看作是唯一的知识,认为除此之外再无其他知识。感性方面的"闻见之知"被贬低为"小人之知",而自然科学知识恰恰大多是来自经验观察的,因此儒家的这种知识观念实际上排除了科学认识。它与只考"四书五经"的科举制的结合,实际上妨碍了现代科学在中国的产生,这也可以看作是对所谓的"李约瑟难题"的一种回答。

不过,并非如冯友兰所言,"知识论在中国从来没有发展起来",而只是未曾产生出"知道如是"(knowing that)的知识论;反之,传统儒家哲学中发展出了另一种类型的、"知道如何"(knowing how)的知识论。这种知识论强调知识与行动的联系,如朱熹所说的,"知行常相续,如目无足不行,足无目不见",即"知行合一",因此笔者名之为"力行的知识论"。知与行是如何达到"合一"的呢?按照王阳明给出的解答是,"知之真切笃实处即是行。行之明觉精察处即是知"。这种力行的知识论与英国学者赖尔所论述的"知道如何"的知识论相比,既有相同之处,同时又具有自己的特点。相同之处主要在于,它们都与"日常生活"中人们的能力与行动有关,都属于实践知识论的范畴,都主张规则的规范作用;不同之处在于,赖尔的"知道如何"是以"行"蕴"知",而儒家的"力行"知识论则是以知为行的理由、根据,等等。中国传统知识论与西方知识论的差别,首先源于中西知识论在"致知"观念上的差别,其根本之处在于各自所追求的目的不同。中国知识论的目标主要是求"善",西方知识论是求"真"。

在现代,随着西学东渐,西方知识论进入了中国学者的视野,从而促成了知识观念上的根本性变化,金岳霖的专著《知识论》的诞生,便是这种变化的一个产物。它以通常意义上的知识为默认对象,对知识论所涉及的问题进行了广泛的思考,对一些概念提出了自己的独到解释,诸如认为想象的基本作用在于"能够把两件事体中间的空隔填满起来",从而得到对它们之间关系的理解等。迄今为止,汉语学界尚未见能与这部著作匹敌者,因而它在我国知识论的发展史上具有里程碑式的意义。不过,这并不意味着其中的见解都是能被接受的。笔者针对他的知识论的目标是"通"而非"真";知识论以"正觉"为出发点;"所与"能够是独立的外物;"代表说"(表象说)用不着或"说不通";对于普遍命题我们是"无象可想"的等观点进行了质疑,目的是通过讨论来开掘他所留下的思想资源,继续他在知识论中说出中国话语的努力。

第二节　"象"与中国传统哲学思维方式

正如一切事物有其开端一样,中国传统哲学的思维方式也有其源头。这一源头我认为是《周易》中的"象"这一观念。"象"作

第二章 知识的观念与思维方式

为中国传统哲学思维方式的始胚,长期制约着这一思维方式的发展形态。胡适在其《先秦名学史》中,亦曾认为"儒家是以象或'意象'的学说为中心的"。[①]

我之所以作出上述判断,根据在于,首先,中国传统的哲学史从其理论思维方面说,自汉代以后在相当程度上受到易学发展史的制约。这是因为自汉武帝之后,由于独尊儒术,定儒学为正统官方哲学,哲学的发展便在"经学"的框子里进行。而《周易》为群经之首,对其义理的阐发,便成为中国传统理论哲学的基本发展形式。

其次,易学哲学的发展史,是以对依象还是离象来解经的论争为主线的。单从《易传》开始,便存在着取象说和取义说的对立。汉代之后,更逐渐发展为象数学派与义理学派的对立。这两大学派的论争一直延续到宋代。宋代重要的理学家,如邵雍属象数学派,程颐则属义理学派。而朱熹虽调和两派的观点,但偏重于取义说。宋代理学是中国古代哲学思维发展的一个高峰时期,哲学几近于由表象思维中分离出一个独立的范畴系统。但朱子亦不能免于《易》象的影响。这我们在后面还会详细论及。

再次,孔子是儒学的始祖。在清代之前,除唐代欧阳修曾怀疑《系辞》为孔子所作外,一般认为《易传》为孔子所撰。由于孔子学说的权威性。因而"取象"的思维方式深具影响力。胡适曾说"意象"在孔子的逻辑中被认为最重要,并把它看作是孔子的名的

[①] 胡适:《先秦名学史》,上海:学林出版社,1983年,第39页。

学说的基础。

最后,还应当说中国古代哲学的表象思维方式与汉字的象形文字化有关。汉字的功能在古代是被视为象形、指事、会意、形声的。语言作为思维的外壳,与思维的关系最为密切。象形文字与西方拼音文字相比,显然后者具有较抽象的特征。象形文字的产生过程同样也是"观物取象"的产物,如"日""月",等等。因而似乎可以说,汉字的象形化与中国古代思维的表象性是互为因果的。①

由于这些方面的影响,对物象、意象在哲学思维中的作用的不同认识,就成了制约中国古代哲学思维的一个重要因素。

由"象"的观念决定的思维方式,简单说来就是"观物取象":"天垂象,……圣人象之。"(《周易·系辞上》,第十一章)

"古者庖牺氏之王天下,仰则观象于天,俯则观法于地,观鸟兽之文与地之宜,近取诸身,远取诸物,于是始作八卦,以通神明之德,以类万物之情。"(《周易·系辞下》,第二章)

"圣人有以见天下之赜,而拟诸其形容,象其物宜,是故谓之象。"(《周易·系辞上》,第六章)

上述引文足以给出"象"概念的一般规定。其一,"象"是自然之物的物象、形象、现象,包括人的男女两性之别,以及头、腹、足之象("诸身"),和天、地、雷、风、木、火、鸡、狗、豕、羊等("诸物");其二,"象"是借助于与这些物象进行比拟("拟诸其形容,象其物宜")、类比而产生的精神性的意象、表象与观念。

---

① 有些外国学者也谈到汉字对中国古代思维的影响,如日本学者 Hajime NaKamura。参见他的《东方人的思维方式》,Greenwood press,1960 年,第二篇第三章。

由上述"象"的内涵所决定的思维方式,是一种类比性的表象思维。这里的"表象思维",指的是意象与观念相杂合,未能分离出纯粹思想范畴的素朴性思维。它由于未能区分开思维的内容与形式,未能具有关于"共相"的明确意识,因而所使用的符号、概念仍然包含着浓厚的感性色彩,不是使用一种分析的语言。此外,这种表象思维所使用的方法是类比的,而不是归纳或演绎的。在《易传》里,诸如乾、坤等卦分别与一些事物比附起来,如"乾"被解释为"健",为天、为君、为父、为玉、为金、为寒、为冰等;"坤"被解释为"顺",为地、为母、为布、为釜、为吝啬、为均等。

这种类比性的思维,其目的如同抽象的逻辑思维一样,为的是把握事物的"类"与"道"和"理"。"方以类聚,物以群分"(《系辞传》),它把事物看作属于某种类别的。"近取诸身,远取诸物",为的是"以类万物之情"。《周易》循此把事物大致地分门别类,以各个卦作为一种思维公式,认为如此一来,它已"能弥纶天地之道",以"天道""地道"到"人道",无不"广大悉备","百物不废"(《系辞下》)。它并且认为,犁头的发明是取法于益,因为益卦的卦象是木在雷上,表示动、增加或成长的意思;百姓为了商贸而日中为市的制度,是取法于噬嗑卦,因为其卦象是火在雷上,表示摩擦的意思。此外,诸如舟楫的发明,房屋宫室的建造等,也都被看作是得之于诸卦象的启示。

因此,"象"的作用在《易传》中被赋予把握事物之"类",并由此达到对事物的原理、法则的认识之功能。本来在成熟的理论思维中,这种功能应由概念、范畴来担当。《易传》的上述说法却把它归之于"象",这在很大程度上影响了中国古代哲学特定的思考方式,这就是赋予表象在思维中的主导性功能。思维的取向不是致力于由逻辑上把握事物的共相,并抽取出普遍性的概念,进行纯粹的概念思考,而是使它沉浸于表象。这种表象思维的根本缺陷在于表象与思想的混杂,从而阻碍了思维去抽取纯粹的概念、范畴,妨碍了逻辑的发展。

中国古代的哲学思维之所以采取这种形态,根本之处在于缺乏有关形式与内容相区分的意识。在先秦哲学中与思维的形式与内容有关的概念是"名"与"实",其中较具代表性的论述有:

"以名举实。"(《墨经·小取》,这里的"举"是模拟的意思。)

"名者,圣人之所以纪万物也。"(《管子·心术上》)

"……制名以指实。"(《荀子·正名》)

可以看出,先秦哲学家的"名实"之辨,是要把概念(语词)同有形的外部事物区分开来,确定概念具有指称、表示事物的功能。但在这方面,先秦概念论的一个根本缺陷,是要把概念的逻辑研究同政治、法律的考虑交杂在一起。它们这方面的思路,可以孔子的"正名"逻辑为典型代表。孔子讲:"名不正则言不顺,言不顺则事不成,事不成则礼乐不兴,礼乐不兴,则刑罚不中,刑罚不中,则民无所措手足。"(《论语·子路》)这里"正名"被看作是恢复与建立社会秩序的头等重要之事,不论典章制度还是刑罚,都需要依赖于名分、章法的制定,以此作为政治统治与社会治理的根据。荀子作为儒家,接受孔子这一思想,认为制名的目的是"上以明贵贱,下以辨同异",自不待言。而其他学派也持相同的观念,则可

第二章　知识的观念与思维方式

见这是当时概念论共有的一种基本取向。如管子亦有"名正则治,名倚则乱"(《管子·枢言》)的说法。《尹文子》也认为名的作用在于"别彼此而检虚实者也。自古至今,莫不用此而得,用彼而失。失者由名分混,得者由名分察"。假如将贤与不肖、善与恶的名分相混淆,就达不到定名分的目的。法家韩非提出"循名实而定是非,因参验而审言辞"(《韩非子·奸劫弑臣》)的名实观,则是从法术的角度阐发他的概念论。

把概念论同政治、伦理等问题交杂在一起,而不是放置在语言分析的范围内,从逻辑的立场去加以探讨,其结果只能是停留于概念(名)与对象(形)的简单区分这一阶段,而无法进入思维对概念的进一步反思,无法进入概念作为思维形式的纯粹逻辑性质的探究①。尽管《墨辩》、荀子曾经讨论了概念的种类问题,诸如个别概念("私名")与普遍概念("达名")的区分,但由于缺乏关于思维的形式与内容之别的观念,而"形式"的分离恰恰是对纯粹思想进行研究的先决条件,因而概念论的其他基本问题,诸如理性自我的性质、范畴的功能、感性世界与理性世界的分离、"真"观念的性质等问题,都无法得到发现与探讨,这就严重地阻碍了中国古代理论思维与逻辑的发展,使得古代的哲学沿着表象思维的思路延伸下去。

---

① 与先秦哲学相比,作为西方哲学源泉的古希腊哲学,其突出之处正在于分离出思维形式。黑格尔曾就此写道:"使思维形式从质料中解脱出来,提出这些共相本身,并且使其成为考察的对象,像柏拉图,尤其像以后亚里士多德所作的那样,这首先应被认为是一种了不起的进步,这是认识共相的开端。"《逻辑学》(上册),北京:商务印书馆,1981年,第10页。

下面我们来看看这种表象思维的具体表现。

先看老子。老子哲学的核心范畴是"道"。成中英曾把老子这种道的意象归纳为五个方面。一是把水当作道的意象。"上善若水。水善利万物而不争。处众人之所恶，故几于道。"由于水是柔的、形式上可变的，具备包容性，因而在老子那里代表一个善、美和谦卑的巨大力量。二是把赤子当作道的意象。"合德之厚，比于赤子。"赤子和水一样，都是柔弱而不争的。他是创造的种子、新奇的肇端、和谐的模式。三是把母亲当作道的意象。"有物混成，先天地生。寂兮寥兮，独立不改，周行而不殆，可以为天下母。"母亲是有之始，是生命的仓储和源流。由道生一，一生二，二生三，三生万物，就像母亲生养、抚育孩子一样。四是把阴性当作道的意象。"知其雄，守其雌，为天下豁。"阴性在意象上同水、母亲一样，也是柔、静、可变、温雅的，因此能胜过刚强，征服和同化阳性，是事物的创造力量。五是以"朴"作为道的意象。"知其荣，守其辱，为天下谷，为天下谷，常德乃足，复归于朴。"值得注意的是，老子的道与《易经》的"易"一样，都具有"变易""简易"的含义。"朴"就是简易性、质朴性。尚朴、尚简，也就是"无为而无不为"，天下始终能得其自然秩序而"自定"。

老子的"道"义理深蕴，寓意隽永。然而在哲学思维上，它却是典型地表现了表象思维的特征。老子与儒家属于不同的哲学流派，但在哲学思维的特征上却是殊途同归，这表明了表象思维方式在中国古代哲学中的普遍性。道是"无名"的，它在老子看来是无法用概念来加以规定的，也就是说，思想范畴被当作是不可

第二章　知识的观念与思维方式

分析的,是依靠诸种外物的意象来加以表征的,因而它被比拟于水、母、赤子等。这种类比为想象留下了空间,把哲理性的探讨寓于美文学的笔调之中。但哲学要成为科学,需要有概念上的明晰的界定。比拟与意象并不是纯正的哲学。只有借助于概念的分析才能进入纯粹范畴的王国。

再看孔子。前面曾提到胡适认为"意象"在孔子的逻辑中"最重要",它为孔子的名的学说提供了基础。这里需说明的是,胡适的这种说法是以《易经》大部分为孔子所作为前提的。虽然《易传》的作者问题至今仍是一个悬案,但由于不排除孔子为作者的可能性,所以胡适有关孔子逻辑的"意象"问题的说法,不妨作为一种值得注意的研究结果在此加以讨论。胡适这方面的论断主要有两个。一是认为"孔子关于'意象'的概念近似于亚里士多德的'形式'概念,'意象'是事物和制度的'形式因'"[①],这种"形式因"不仅是动力因,而且也是目的因。因为在《易传》中有着这么一些有关《易经》的卦象的解释,如前面说过的犁头的发明取法于益卦的卦象等。因此胡适认为,按照孔子的看法,器物、制度的制造、发明依赖于意象,文明的历史就是把意象或完美的上天理想变为人类器物、风俗和制度的一系列连续不断的尝试。二是认为由于名被看作是意象的最好的符号,所以孔子的正名意味着使名的意义按照它们所体现的原有意象而意指它们应该意指的东西。当名的意义和它们的原来的意象一致时,名才是"正"的。

---

① 胡适:《先秦名学史》,第38页。

胡适在这里强调了"意象"在孔子哲学思维中的根本作用。即使《易传》的有关篇章将来被确认为并非孔子所作,但他指出"意象"在《易传》中这种根本性作用,对于理解古代哲学思维也是极有意义的。不过,他把"意象"比之于亚里士多德的"形式因",却不能说是恰当的,因为亚里士多德的"形式"概念乃基于事物的质料与形式的区分,并且"形式"概念具有这么三种重要的规定性,首先它是一事物的"原始本体"①,其次它是该事物的"怎是",也就是"原因"或"目的"②,再次它是该事物的"定义",也即本质③。这里最重要的是关于形式作为事物的"怎是"的观念,也就是把形式作为事物的根据。在亚里士多德看来,这一形式的根据乃是在于事物本身(为"本体"),并且他以"定义"这一用语表示了形式作为事物本质的观点。亚里士多德的"形式因"概念与《易传》中的"意象"之不同,正是在这里。胡适将意象比之于亚氏的形式因,他所着眼的实际上是意象的根据作用("意象为我们的器物、制度的创造、发明所依赖"),但可惜的是,作为根据的意象在易传中并不具有本体、"怎是"、形式的含义,它们仅仅是一些经由对卦象进行解释而产生的一些表象性的"模式"。不论是木在雷上表示动(益卦),还是火和雷表示摩擦(噬嗑卦)等,总之它们只是一些形象或观念,并非来自对事物的本质抽象而来的

---

① "形式的命意,我指每一事物的怎是与其原始本体。"[古希腊]亚里士多德:《形而上学》,北京:商务印书馆,1981年,第136页。
② "……原因,即形式,由于形式,故物质得以成为某些确定的事物;而这就是事物的本体。"同上书,第159页。"询问即求其怎是,有些事物或一房屋或一床铺,其怎是为目的,有些则为原动者;原动者也是一个原因。"同上书,第158页。
③ "定义是属于形而具有普遍性。"同上书,第145页。

概念,因而无法进入对事物的"共相"的把握。自汉武帝之后,儒学成为正统官方哲学。《周易》作为群经之首,并且古代学者一般确信《易传》为孔子所作,因而以"象"为核心的哲学思维方式更具影响力。这种表象思维长期制约着中国古代哲学的思维方式,使摆脱这种思维方式的宰制在中国传统哲学里成为一个艰难的、长久的过程。

汉代之后,易学逐渐发展为两大对立的学派,一是取八卦所象征的物象来解释《易经》中的卦爻象和卦爻辞的象数学派,另一是取八卦和六十四卦卦名的含义来解释卦爻象和卦爻辞的义理学派。前者的取象是重物象,后者则是重义理。以思维方式的角度看,象数派是执着于表象思维,而义理派则倾向于概念、原理的思考。在汉朝,象数派作为官方易学占据了主导地位,其代表人物为孟喜和京房。孟、京易学认为卦爻象与天地万物之象是一致的,因而六十四卦和三百八十四卦以及阴阳的总策数,可以规定万物的情状。"故易所以断天下之理,定之以人伦而明王道。"①到了东汉的虞翻,取象说更为登峰造极,八卦所象征的物象越演越多,所取之象竟达三百多种,如乾卦的物象就有王、神、人、贤人、君子、善人、武人、行人、喜、福、禄、积善、圭箸等六十种之多。"观物取象"的思路至此已蜕变为十分粗俗的模式。

力图摆脱这种表象思维的努力,首先当数魏晋时期王弼的"见意忘象"说。王弼以老子之学解易,排斥汉易的象数之学,注

---

① 转引自朱伯崑:《易学哲学史》,北京:北京大学出版社,1986年,第144页。

重义理的阐发,创建玄学派的易学。王弼之所以能扭转易学研究的方向,在于他较正确地理解了哲学反思的特有方式,这就是通过逻辑的推演去把握存在的最高原理。"物无妄然,必由其理。"(《周易略例·明象》)把事物视为受普遍性的法则所制约,有其存在的根据,这是王弼的义理说的前提。而这些不同的理又有一个最为根本性的法则根据,这就是作为"一""元"的"道"。("涉之乎无物而不由,则称之曰道。")因而哲学思维就是要"寻而后既其义,推而后尽其理",以通过推理把握义理为其宗旨。

王弼哲学思维的方法论原则,集中体现在他关于意、象、言三者关系的著名论述上。虽然从表面上看来,这是直接有关《易经》的解释原则,但实际上它揭示的却是哲学思维的方法论原则。"夫象者,出意者也。言者,名象者也。"在这三者关系中,"意"是根本性的,它是有关事物的义理。"象生于意",卦意(义)是第一性的,卦象不过是根据卦义而取的。"是故触类可为其象,含义可为其征。""类"概念在这里具有极其重要的作用。正因为王弼认识到"类"是一种普遍性的东西,并且这种普遍性的东西表现为"理",所以他才能主张:"义苟在健,何必马乎?类苟在顺,何必牛乎?"也就是说,"健"作为普遍性的"类",并不必局限于马这种物象。凡是符合于"健"的含义、规定的("合义"),都可作为它的象征("征")。这里,王弼上述论述的突出之处,在于他已经意识到共相是超出特殊事物之上的东西,因此对于共相的把握,并不依赖于与特殊事物相比附。他的这一认识,已经接近于打开纯粹思想领域的大门。至于"言"(指卦爻辞,进一步可引申为语言、文字),在他看来则是用以表达"象"的。因此在这三者关系中,作为对"类"的规定的义、理,是最根本的,是哲学思维的目的所在。至于象与言,则不过是用以达到此目的的手段。("言者,象之蹄也;象者,意之筌也。")因此当目的已经达到时,手段就失去其意义,尽可弃之无妨。("故言者所以明象,得象而忘言;象者所以存意,得意而忘象。")这里应当指出的是,王弼关于意与言关系的论述,主要是针对《周易》的解释而言的。他强调的是通过对普遍性的"类"的把握而上升到对事物的内在原理的领悟,而不是为卦爻辞所拘束。这对于转变汉易比附性的烦琐的思维取向有着积极的意义。不过他关于言与意关系的说法,属于矫枉过正,低估了语言在思维中的重要性。因为任何义理的阐发都离不开语言,尤其是在哲学中,它们凝结为范畴的形式。未能充分地从语言的角度考察概念与思维,正是中国古代哲学的一个薄弱之处。

王弼等玄学派的易学是易学史上的一个重要阶段,它们把《周易》经传纳入玄学领域,注重义理的阐发,这对宋明易学和宋明理学的形成造成了很大影响。宋代是中国古代哲学思维的一个重要转折时期,理学家们寻求建立自己的宇宙生成论体系,而不满足于零散的注解。宋代理学的体系化与易学研究有着直接的关系,它们可说是分别沿着象数派与义理派的两种不同思路来建立自己的宇宙模式。周敦颐与邵雍继承了道家的解易传统,分别提出"太极图"与"八卦次序图",试求以图式化的方式来推演出宇宙生成的体系。"图式"成了象的另一种新的表现形态。图式化表明了哲学思维欲从整体的统一法则上把握世界的努力,然而这却有悖于哲学思维的本性,因为哲学是以范畴来把握对象的。

另一种体系化的努力则来自程颐与朱熹。程颐解易的方法与王弼探求义理的方法大体相同。王弼受老庄影响,以道摄物,而程颐则致力于建立一个以"理"为中心的理学体系。探求义理的共同思路,使他们都把"象"视为事物最高法则(道或理)的表现,不同的是,王弼是从言、象、意的角度论究这种关系,而程颐则直接从理、象、数之间的关系进行。他认为,"有理而后有象,有象而后有数"(《答张闳中书》)。之所以需要象,是由于理是"无形"的,精微不可见,因而要借助有形显见的象("显著者象也")来显现其含义。他把理与象界定为"体"与"用"的关系,认为两者"体用一源,显微无间"(《易传序》)。理寓于象,象包含理。例如乾卦之义是变化,它以龙为象,因为"龙之为象,灵变不测,故以象乾道变化"。程颐以体用来解释理与象的关系,把理规定为"体",这就把易学研究、从而也是把哲学思维导引向对事物法则的把握。不过,他把理与象界定为体用关系,这是将它们作为事物的法则与其象征、表征之间的关系,而不是如西方哲学那样的本体与现象的关系。

朱熹在解易上的思路与程颐大体相仿,着眼于把握它的义理,并把它解释为一个本体论、道德哲学的体系。在卦象问题上,他指出了《周易》中取象的不恰当与妨碍之处,例如"乾为马,而乾之卦却专说龙。如此之类,皆不通。"因此他的结论是,"《易》之象理会不得"。欲通过其中的象来理解《易》,还"不如卦德上命字较亲切。如《蒙》'险而上',《复》'刚动而顺行',皆亲切"。这实际上

第二章 知识的观念与思维方式

是认为语言在表达义理方面要比通过象的比拟来得直接、贴切。但在另一方面,他也指出象在理解中有其特殊作用。"惟其'言不尽意',故立象以尽之。学者于言上会得者浅,于象上会得者深。"(《朱子语录》,第1640页)也就是说,形象化的象征有助于加深对道理的理解。他举例说,"如'风雷',《益》,则迁善当如风之速,改过当如雷之诀"(《语录》,第1643页)。这就还象以其本来面目,把它作为一种比喻、象征的手段,以为思维理解的辅助手段。再者,朱熹提出"稽实定虚"说,以理为实,以事为虚,把理看作是已定的东西,而事则是有待产生之物。"若《易》只是个空底物事。未有是事,预先说是理,故包括得尽许多道理。看人做甚事,皆撞著他。"(《朱子语类》,第六十六卷)对《易》的这种理解,也正是朱熹自己哲学思维方式的表达。他提出的"理一分殊"的命题,是在中国传统哲学区分形而上与形而下界的基础上,从"理"作为事物之"本",即在根据的角度上,继续朝着分离出一个精神性的超验界而努力。他并且吸纳前人的成果,把作为根据的理区分为三类,即"在天曰命,在人曰性,在物为理",把人的根据放置在自身的人性之内,这比起汉代董仲舒那种"天人相类"的比附性思维,从天有阴阳之分来确定人的地位有尊卑来,显然是一步大的跨越。这一"天命之性"的理,朱熹以儒家的仁、义、礼、智来定位,这样,道德的形而上学之根据就被指认为存之于心之本体之中。"仁、义、礼、智根于心。"近代德国哲学家康德从理性之中寻求道德的根据,其思路与朱熹相仿。不过,康德的实践理性是一种自由意志,而朱熹以及整个中国古代道德哲学缺乏的正是这种自由意志的意识。西方哲学由意志自由而推演至人为自己立法，包括道德与法律社会方面；中国古代哲学缺乏这种意识，因而心作为道德的根据，只能导致归返本心，去"正心诚意"，修行自己。

朱熹理学的理论思维在中国古代达到了很高的水平，但它仍未能完全脱离表象思维的影响。它的"理"作为事物的最高法则，已达到较高的抽象，可是朱熹仍然将它与自然的天相比附。"元者生物之始，天地之德莫先于此，故于时为春，于人则为仁，而众善之长也。亨者生物之通，物至于此，莫不嘉美，故于时为夏，于人则为礼，而众美之会也。……"（《周易本义·乾卦》）作为道德范畴的仁、义、礼、智，仍与四时的春夏秋冬相比附。"观物取象"的类比思维方式对中国古代哲学思维的影响，于此又提供了一个例证。

以上我们从"象"入手，分析了类比性的表象思维对中国古代哲学的影响。这种影响归结起来，根本之处表现在两个方面。首先，"观物取象"的类比使思维的根据在于外在的物象上，它最经常地是至上的"天"，或是某种自然现象，如风、雷、水、火之类，或是人为地构造某种八卦图式，而不能使思维的根据回到逻辑，从而回到逻辑的运用者即理性自身，回到"我思"的自我意识，正如在道德哲学中不能将道德的根据置于自由意志，在法律哲学中不能缺乏主体权利一样。自我意识、自由意志、主体权利这三者虽然分属的领域不同，但却同出一源，这就是在中国古代哲学中缺乏自我的主体意识，从而也就缺乏作为外部世界批判尺度的理性概念。而对于西方社会来说，从中世纪向近代社会转变在思想意识方面的标志,正是理性的自我启蒙。其次,表象思维由于观念与意象相交杂,因而难以分离出一个纯粹的形式领域,一个超验的理性世界,从而也无从产生关于哲学逻辑的思考,包括范畴的属性与功能、由范畴推演出对象的系列规定等,也无从产生对"真"概念本身的反思,以借此引发哲学思维的深入。特别是表象思维在本质上对概念分析方法的排斥性,更为中国传统哲学留下了一种在概念规定上缺乏明晰性的印迹。

第三节 儒家知行学说的特点与问题

为人们所熟悉的传统儒家的"知行"观,从学理上说,隐藏着一些值得深入分析的概念问题,包括知识概念本身的性质、客观知识与道德知识的区别、它们与信念的关系、作为实践理性的"心"的概念,以及知与行的动机与助力等问题。本节拟在这些方面作一些初步的探讨,希望能够使这些概念得到某种程度的辨析,并指明儒家知行学说的特点以及一些不足的方面。

一、"知"之概念的双义性

在大多数儒家那里,"知"之概念主要指的是对忠孝仁义之类的价值概念的追求。这类道德践履性质的"学问、慎思、明辨、力行"的主流"知行"概念,属于"道德知识论"的范畴。其具体表现为,陆九渊把"格物"解读为"减担",即减少物质欲望,也就是孟子的"养心莫善于寡欲"之类的寡欲。因此,他的"格物"论显然是一种道德伦理的修养论。在王阳明那里,这种道德知识论表现得最为典型。他的"致良知"概念完全指的是对道德修养、道德原则的认识,也就是诸如"去人欲""破心中贼"之类的道德伦理体认和修炼,通过它们来达到"存天理""致良知"的最终目的。对于王阳明而言,"良知"乃是唯一的真知。因此他断言:"良知之外,更无知,致知之外,更无学。"①这就完全把"致知"限制在道德认识的范围内,使之成为一种道德知识论。王阳明的这种"致良知"说,排除了对外部事物的认识。"天下事物,如名物度数、草木鸟兽之类,不胜其烦。圣人须是本体明了,亦何缘能尽知得。但不必知的,圣人自不消求知,若所当知的,圣人自能。"②在这段话中,外部世界的"名物度数,草木鸟兽"之类的事物,被归入"不必知"的范围。

不过在一些儒家那里,例如二程和朱熹,"知"之概念则被赋予一种广泛的意义。它主要是指道德伦理之知,但同时,这种需要探察的"理"也包括对外部现象的事理进行探究的含义,因而具有双义性。如二程的"物物皆有其理。如火之所以热,水之所以寒,至于君臣父子间皆是理"③,这里所提到的"理",重点自然在于"君臣父子"之间的道德伦理,属于道德知识的范畴;但其中还提及的"火"与"水"之理,则属于有关外部事物的认识的范畴。在朱熹那里也同样如此。他的理学所要把握的"理",无疑是仁义礼智之类的儒家伦理,但与此同时,他还主张"格物"是要"格凡天下

---

① 〔明〕王阳明:《与马子莘》,见《王阳明全集》(第一册),北京:线装书局,2012年,第314页。
② 〔明〕王阳明:《传习录下》,同上书,第175页。
③ 《河南程氏遗书》卷十九,见《二程集》(第一册),北京:中华书局,1981年,第247页。

之物"。所谓"物",他的界说是,"天道流行,造化化育,凡有声色貌象而盈于天地之间者,皆物也"。① 显然,这里的"物"指的是显现为"声色貌象"的现象世界的事物。

由上可见,在传统儒家那里,"知"的概念具有双重含义。其主流的方面是与儒家作为一种道德哲学相一致的道德之"知"的概念,另一方面,它又兼有关于外部事物的"知识"概念的含义。然而,这两类"知识"概念不论是在对象、性质或是结果上,都是不同的。以外部事物为对象的"知识",属于科学认知的范畴,其性质是事实性的,其结果是通过理论理性来把握客观的真理;而以道德伦理为对象的"知识",则属于道德实践的范畴,其性质是观念性的,其结果是通过实践理性来形成某种主观上的道德"信念"。在这一意义上,道德知识实际上乃是一种"信念"。

二、道德之知乃是一种"信念"

上述分析表明,在儒家的知行学说中,"知"的概念具有双义性。其道德意义上的"知(识)"概念,实际上是指"信念"。因为这种道德之知的对象,是仁义礼智信之类的"理",即道德意识或原则。众所周知,这类规范原则属于道德伦理的范畴。它们与能够被经验验证的客观知识概念不同:一是在于作为主观性的道德概念,它们是实践理性建构的产物,只具有价值意义上的理由,而不具有经验事实的依据;二是这类道德概念属于评价性的概念,

---

① 朱熹:《大学或问下》,见《朱子全书》第 6 册《四书或问》,上海古籍出版社,2002年,第 526 页。

无法通过经验事实来验证,因此,它们是否为"真",也只是属于主观上的"认其为真",而不是客观上的真。上述这两种区别,决定了道德意义上的"知"的概念,实际上只是一种"信念"。

上述"知"的概念的双义性表明,儒家知行观未能将"知识"与"信念"区分开来,甚至没有产生"信念"这一概念。在儒家学说中虽然有"信"的概念,但它的基本含义是诚实守信,如孔子所说的"敬事而信""谨而信"①,而不是"相信"意义上的"信念"之意。

之所以说"忠孝仁义"之类的道德意识或原则属于"信念",而不是"知识",是因为按照现代的知识定义,"知识"必须满足三个要素的条件,即必须是真的,在理由上得到确证的(justified),并且是被相信的;或者用康德的话来说,是不仅在主观上是充分的,而且在客观上也是充分的。而作为"信念",它们只需在主观上具有充分的理由,从而是在主观上"认其为真"的东西。显然,由于"忠孝仁义"都属于道德价值概念,并没有真假的问题,而只具有主观方面的"认其为真"的根据,因而它们自应当与客观知识区别开来,或者说,它们至多属于信念意义上的"道德知识"。此外,说"忠孝仁义"之类的道德意识或原则属于"信念",还有一个更强的理由是,人们通常只有相信了某事是善的、值得做的,才会去做它;只有相信了某事是恶的、不应当做的,才不去做它。

中国传统哲学在"知识"与"信念"概念上的这种含混性带来了一些问题。它不仅导致了学理上的含糊性,而且也引致行为方

---

① 《论语·学而》。

第二章　知识的观念与思维方式

面的混乱。一个典型的例子是,王阳明为了"格"竹子的"理",面对竹子七天,结果不仅毫无所得,反而使自己累倒。这例子表明,有关客观事实与有关主观价值的两种不同类型的"知"之概念,如果被混淆的话,不仅在学理上是有碍的,而且在行为的引导上也是不当的。中国古代在人文科学方面的相对发达,而在自然科学方面的相对落后,不能说与此知识论方面的欠缺没有关系。

有关知识与信念的区别,在西方哲学那里有着较多的探讨,也产生了一些不同的解释。休谟主要将信念看作是一种"与现前印象相关的生动的观念"[①],也就是信念的作用在于强化我们的观念,使之变得更加强烈和生动。康德则把它看作是一种在主观上充分但客观上不充分的认识,并把它归属于实践、学理与道德的领域,而不是科学认识的方面,亦即它与知识无涉。在罗素那里,信念被视为"有机体的一种状态"[②],它是由"肌肉、感官和情绪,也许还有某些视觉意象所构成的某种状态"[③],包括身体上与心理上的两方面表现。简单的信念,特别是要求作出行动的信念,甚至可以完全不用文字来表达。[④]

以上有关信念的解释的差异竟如此之大,足见其自身性质的复杂。在笔者看来,这些解释上的差异的根源,在于产生信念的心灵活动可以是多种能力;也就是说,仅由理性自身可以产生信

---

① [英]休谟:《人性论》,关文运译,北京:商务印书馆,1980年,第465页。
② [英]罗素:《人类的知识》,张金言译,北京:商务印书馆,1989年,第179页。
③ 同上。
④ 有关他们思想的详细论述,参见陈嘉明:《信念、知识与行为》,载《哲学动态》,2007年第10期。

念但情感本身也可以产生信念,或者理性加上情感一起,同样也可以产生信念,甚至意志的因素也可以加进来。例如,我相信2加2等于4,这仅需理性就可得出;但在陷入单相思的情况下,当事者所追求的对象实际上已经不爱自己了,但他(她)却仍然相信恋爱可能性的存在,这属于由情感单独产生的信念。再如,持有"钓鱼岛是中国的领土"的信念,除了产生自理性拥有的历史根据之外,还加上一份民族的情感。信念的性质的复杂性正是在于,它并不是单纯的理性或知性所为,而是理性与非理性(情感、意志等)因素的混合产物。在不同的心理要素主导下产生的信念,就具有相当不同的合理性程度。例如,"单相思"可以作为信念的最极端的例子,也就是在不真的情况下仍然还要相信。之所以如此,是因为它由强烈的主观情感的主导所产生,而不是由理性所形成的。所以这种类型的信念,与"知识"就相去甚远。

正是由于产生信念的心理要素可以有多种,所以不论抓住哪一种,都可以作为依据来解释信念的性质,由此也就导致了对信念性质的差别甚大的理解。然而,由于信念的对象横跨客观认识(科学)与主观价值判断(道德)两大领域,这决定了人们不可能仅仅从某个领域来界定信念的性质。而一旦谈论一个统一的"信念"概念,就必然遇到上述的麻烦。

三、"心"的概念与两种理性

把这个问题进一步上溯的话,客观认识(科学)与主观价值判断(道德)乃是分属于理论理性与实践理性。不过遗憾的是,在儒家哲学乃至在中国传统哲学那里,对于这两类理性都没有明确的区分,相应地没有形成明确的概念。这一情况可说是与"知"的概念的双义性、含混性所共生的,两者互为因果。也就是说,一方面,我们可以认为,由于没能对理论理性与实践理性加以区分,因而导致客观之知与主观道德信念的混同;另一方面,我们也可以声称,由于没能将客观之知与主观信念加以区分,所以相应地未能产生理论理性与实践理性的区分。但不论如何,中国传统哲学未能区分理论理性与实践理性,是与未能区分客观之知与主观道德信念相共生的,这是一个哲学史上的事实。

儒家哲学中与"理性"比较接近的是"心"这一概念。这里我们以对这一概念有过深入论究的朱熹和王阳明为例,来进行一番分析。

在朱熹那里,"心"的基本作用集中体现在这一命题:"心统性情。""心"这一意识、精神活动的最高统帅者与"性""情"的关系表现为两个方面:其一,心是性与情的"居所";其二,心乃是作为性与情的"主宰"。

就第一方面而言,朱熹自己的表述是,心是"神明之舍"。"舍"就是一居所、一容器,"性"与"理"乃是居住在"心"这一居所之内的东西。当心起着这种居所的作用时,它处于一种"未发"的状态,也就是起着一种"体"的作用,它表现为"性"的方式,也就是心所具有的各种"理"。用朱熹的话来说,"性便是人之所有之理,心便是理之所会之地"。[1] 具体说来,所谓"性"就是"仁义礼智"这些"理"。[2]

---

[1] 〔宋〕黎靖德编:《朱子语类》卷五,北京:中华书局,1986年,第88页。
[2] "在人,仁义礼智,性也。"(《朱子语类》卷四,第63—64页)

就第二方面而言,"统是主宰"①,"心主乎一身"②。特别是,当"心"在应事接物、处于"已发"状态时,它就表现为"恻隐、羞恶、辞让、是非"这些"情"。③ 也就是说,心主宰着人们的爱恨好恶之类的道德情感,它们是心之所"用"。原本潜在的("未发的")仁义礼智这些"理"(道德意识或原则),通过"情"的方式展现出来。

心与情关系的论述,可说是朱熹心性说的精彩之处。在道德行为中,理性与情感是分不开的。单凭理性行事的情况毕竟少见。与西方伦理学相比,朱熹心与情的关系说比较合理地解释了这一关系。休谟一味张扬情感,康德则单方面突出理性,各走向一个极端。俗话说"晓之以理,动之以情",讲的也正是"理"与"情"相关联的道理。如果单单懂得某种道理,而没有情感加以驱动的话,是难以付诸实施的。理性使我们明了事理,情感则使我们得以行动。此外,情感还与欲望经常联系在一起。我们所动了情、喜欢了的东西,往往会使我们产生追求、占有的欲望。不过,朱熹并没有从"欲望"的角度来考虑行为的动机、驱力问题,而是从"气"的角度来加以解释。对此我们将会在本节最后一个部分论及。

在上面的这些引述里,朱熹的"心"的概念显然是用于伦理意义上的,因此属于"实践理性"的范畴。不过,他同样也把"心"的概

---

① 《朱子语类》卷九十八,第 2513 页。
② 〔宋〕朱熹:《答张钦夫》,见《朱子全书》,第 21 册,第 1419 页。
③ 把"是非"也归为一种"情",似乎显得不太恰当。毕竟情感识别不了是非的问题。作为"对错","是非"属于判断的范畴,从而属于理性的所为。

念用于认识方面。在他看来,"物至而知,知之者心之感也"。[1]也就是说,所谓的认识,是源自心对事物的感应的结果。朱熹把这种作用称为"知觉"。"心者,人之知觉,主于身而应事物者也。"[2]可见,在心具有知觉的作用即"应事接物"的意义上,朱熹是把心看作是具有认识功能的。因此,他的"心"的概念,同样也包含有理论理性的含义,是一个广义的概念。

类似的以实践理性为主、同时也包含有理论理性的"心"的概念,在宋明理学里并不乏见。例如,在陆九渊那里,作为根本的方面,他把"心"视为一种道德"本心","心即理也"[3],内含着仁义礼智"四端";另一方面,"心之官则思"的规定性表明,在他那里,"心"同时也具有理论理性的功能。

相比而言,王阳明的"心"的概念,在规定性上更集中于实践理性方面。撇开他的"心"概念的宇宙本体论含义不论,王阳明的"心"的性质,是以"至善者"为"本体"[4],也就是一种道德"本心",其作用乃是"致良知"。而"良知只是个是非之心,是非只是个好恶,只好恶就尽了是非"。[5]"致良知"的作用就是要使良知这一本体"发用流行"起来,从而达到"为善去恶"的目的。王阳明的"知行合一",论述与倡导的就是如何体悟、实现道德之知。他的所谓"知",指的就是"良知"。就此而言,王阳明的"心"之概念显

---

[1] 〔宋〕朱熹:《晦庵先生朱文公文集》,〔清〕臧眉锡,蔡方炳订定,清康熙戊辰刻本,卷六十七,第八页。
[2] 同上书,卷六十五,第十九页。
[3] 《与李宰书》,见《陆九渊集》卷十一,北京:中华书局,1980年,第149页。
[4] 〔明〕王阳明:《传习录下》,见《王阳明全集》,第一册,第175页。
[5] 同上。

然是道德伦理意义上的,从而是实践理性意义上的。由于王阳明的哲学基本上是一种致良知的学说,所以自然也就不涉及理论理性的问题,因此他的"心"的概念,也就有了比较单纯的"实践理性"的意义,特别是在那种"心即理"的先验意义上。

实践理性与理论理性在概念上的未分离状态导致了以下的结果。

首先,主体的心灵能力的含混性加剧了"知识"与"道德"不分的状况,也就是它们两者并不被区分为两种不同的领域及相应的学科。本来,儒家哲学整体上就是一种道德哲学,由于理论理性未能与实践理性分离开来,其结果更加剧了这种状况,导致道德哲学压倒了理论哲学。这使得知识论在中国传统哲学里比较不发达,哲学呈现为"长短腿"的状况。

其次,未能分离出"信念"的概念。前面我们已经写到,古代知行观中所谈的"知",很大一部分指的实际上是道德信念。这里,我们进一步指出未能作出这种区分的原因。由于没有能够对知识与道德两种领域以及对相关的理论理性与实践理性加以区分,相应地,知识与(道德)信念的区别也就同样未能被提出。

再次,未能将主观的真与客观的真的概念区分开来。在谈论信念的时候,人们往往也同认识一样,诉诸"真"的标准。但实际上,这种"真"只是一种主观上被认为是真的东西,而不是客观上的真。之所以这么说,是因为这种主观上的真实际上只是某种或某些理由。由于具有理由上的支持,我们把有关的信念看作是真的。对此,我们可以举一个浅显的例子来加以说明:假设明天有两个足球队要进行比赛,当我说"我相信甲队会赢"时,实际上我是依据某些理由(如平时的战绩,队员当前的竞技状况等)作出的,而不是根据甲队真的赢了这一事实来作出的。等到甲队真的赢了这场比赛,这时我只能说"我知道(know)甲队赢了",而不宜再说"我相信"甲队会赢,因为结果已经出现,也就是"真"这一情况已经出现。在这种情况下,不论你信不信,情况已经明摆在眼前。

从性质上说,主观的认其为真只是一种"信念",而不是"知识"。它与知识的差别在于,主观的认其为真的信念仅具有主观方面的充分性,而知识除了这种主观的充分性之外,同时还具有客观的充分性,并且这种客观的充分性一般来说属于可用事实来验证的。

客观知识与主观信念的上述差别,我们可以把它们分别运用于塔尔斯基的T语句来加以验证。对于客观知识所具有的"真"而言,它可以表现为如下的T语句形式:"'雪是白的'是真的,当且仅当雪是白的。"这句话中的上半句"雪是白的"表示的是一个语句,下半句表示的则是一个事实。但如果这一形式的语句运用于道德信念,如"'仁者爱人'是真的,当且仅当仁者爱人",且不说句中的"真"当如何看待,但就语句形式而言就已表现为同语反复,因为后半句的"仁者爱人"表示的并不是一个事实,而仍然是一个"应当"如何的道德信念(价值判断)。这也就是说,该语句的前、后句都是"应当"如何的道德信念,因而是同义反复。

上述例子所揭示的是,客观知识的真,是与事实相关的,它在语句上表现为对相关事实的描述性判断;而主观的道德信念的

"真"则不能做到这一点,它的语句在表达上往往采取祈使句的方式。以罗尔斯的正义的两个原则为例,其第一个原则的表述就表现为"应当"的语式:"每个人对于其他人所拥有的最广泛的基本自由体系相容的类似自由体系都应有一种平等的权利。"①可见,客观知识与主观道德信念的差别,即使是在语言表达式上,也展现出它们的不同。

四、"知"转化为"行"的动机或助力问题

传统的"知行"观强调的是"知行合一",如朱熹所概括的那样,它所说的"只有两件事:理会、践行"②。具体说来就是,"知与行,工夫须著并到。知之愈明,则行之愈笃;行之愈笃,则知之益明。二者皆不可偏废"③。

但是,如果只是这样看待知行问题的话,也就是只把它们看作"理会、践行"两件事,那显然是不够的。《红楼梦》里有句话道出了问题的实质:"世人都晓神仙好,唯有功名忘不了。"为什么人们都知道"神仙"(逍遥自在)好,但却不能仿效实行呢?这就涉及从"知"到"行"的转换所需要的动机、助力等问题。在这个问题上,中西哲学家的考虑是不同的。

儒家哲学作为一种道德理想主义,对如何使知转化为行为的思考,走的是道义论的路子。在朱熹那里,他从"道义"的方面,借

---

① 〔美〕罗尔斯:《正义论》,第56页,何怀宏等译,北京:中国社会科学出版社,1988年。
② 〔宋〕黎靖德编:《朱子语类》,卷九《学三·论知行》,第149页。
③ 〔宋〕黎靖德编:《朱子语类》,卷十四《大学一·经上》,第281页。

助"养气"的方式来解决问题。就此,朱熹哲学的前提是,仁义礼智这些道德原则作为得之于天的"理",构成人的本"性",因此,我们可以认为人性是善的。由于人性是善的,因此如同儒家的先哲一样,"养气"可以作为实施已知的、道义性的"理"的助力。朱熹论述说,人们之所以在认识到理之后还存有疑惧,不能勇决地加以实行,是由于其"气"不足的缘故,因此需要"气"的相助,否则的话就会陷入"道义无助"的状态。这就好像"利刀",本身即使再锋利,但如果使用者没有力气的话,也是没有用处的。[①] 因此,朱熹提出"养气"来作为知与行之间的一个中介环节。也就是说,单单认识到"理"是还不足以促成"行"的,只有养成此"气"后,才能坚定不移地付诸行动。

朱熹的具体论述是:"义者,人心之裁制。道者,天理之自然。馁,饥乏而气不充体也。言人能养成此气,则其气合乎道义而为之助,使其行之勇决,无所疑惮;若无此气,则其一时所为虽未必不出于道义,然其体有所不充,则亦不免于疑惧,而不足以有为矣。"[②]也就是说,朱子认为,通过"养气"可以使人在"知"之后能够勇决地将道德原则("理")加以实施,而不再疑惧。由此,作为道义之助的"养气",成为促成行为实施的助力因素。这一考虑体现了儒家道德理想主义的品格。

儒家的道德理想主义可说是预设了一种"君子国",即人性是

[①] "世之理直而不能自明者,正为无其气耳。譬如利刀不可斩割,须有力者乃能用之。若自无力,利刀何为?"(《朱子语类》卷五十二,第1257页)
[②] 《孟子集注》,见朱熹:《四书章句集注》,北京:中华书局,1983年,第231—232页。

善的,人由此可以通过自身的道德修养(修齐治平)来达到道德的自我完善和国家的善治。但由于偏向此一隅,因而它在以下两方面的根本问题上未予考虑。一方面是人的权利问题。由于预设人性是善的,相信人们都能信守忠孝仁义的伦理,这样自然也就无须考虑对人的基本权利加以肯定和保护。基于这种义务论的伦理学,整个中国历史上,除了民国短暂的时期之外,迄今甚至没有产生一部作为权利学说载体的《民法典》。另一方面,对于人性恶的方面疏于防范,例如对权力导致腐败之类的问题未予考虑,更谈不上加以制约的问题。因而,这种"君子国"的预设长期来看使中华民族在人权与法治等重要领域或付出了沉重的代价。

与儒家的代表人物朱熹不同,西方的亚里士多德采取的是一种现实的立场,他以"欲望"作为能够促成行为实施的动机因素。在他看来,"实践理智的真理要和正确的欲望相一致"。① 这表明,亚里士多德是把"欲望"看作促成行为的动机,即使在人们把握了实践真理的情况下也是如此。反之,如果主观上为"真"的信念与所欲求的东西不一致,那就会导致知了未必行的结果。

与亚里士多德相似,休谟也认为,除非有欲望相助,否则一个单纯的信念是不会给予我们任何行动的动机的。因此,他的哲学所要努力证明的相关命题是:"第一,理性单独绝不能成为任何意志活动的动机,第二,理性在指导意志活动方面并不能反对情感。"②

---

① [古希腊]亚里士多德:《尼各马科伦理学》,苗力田译,北京:中国社会科学出版社,1990年,第116页。
② [英]休谟:《人性论》,第451页。

例如,相信面前的东西是面包,并不会给予我们要去吃它的动机,如果我们没有吃这一面包的欲望的话。因此,休谟的结论是,理性对于我们的情感和行为没有影响。①

儒家哲学与西方哲学在看待行为的动机与助力方面的不同思想,分别表现为道德理想主义与道德现实主义的取向。从理论上说,道德理想主义所起的作用是一种"范导"(regulative)的作用,引导人们道德向上;道德现实主义所起的另一种作用,则是引导道德追求与现实情况相结合,而不是脱离人们的现实欲求。这两种道德信念的倾向应当构成张力,才能有助于形成合理的道德规范以及建立起在此基础上的法律规范。中国古代社会长久以来正是由于缺乏这种张力,使得人的正当欲望被不适当地贬抑,一些道德理想成了只能"知"而不能行的空想与空话,甚至导致道德假话流行。儒家(如朱熹)虽然考虑到了行为的助力问题,但由于不能正视欲望与行为的关系,所以还是诉诸道义性的"气"来解决。

以上我们探讨了传统儒家哲学的知行学说。与西方哲学相比,它表现出一些自己的特点,如在道德的能力根据方面并不偏执理性或情感一方,而是考虑到心与情的关系;以道义性的"气"作为从知到行的助力因素等。不过,总体说来,它的概念规定性是比较含糊的,尤其是未能将理论理性与实践理性相分离,未能将"知识"与"信念"概念加以区分等,这些造成了它在学理上的一些不足。

一种哲学的形成,是其特定的文化、历史等环境的结果。虽

---

① [英]休谟:《人性论》,第497页。

然我们不能苛求古人,但是,把一些学理上的问题分辨清楚,无疑是有助于我们中国哲学今后发展的。

第四节　中国哲学"知"的观念与"李约瑟难题"

"李约瑟难题"是近三十多年来我国学术界的一个研究热点,它的具体表述是:"为什么直到中世纪中国还比欧洲先进,后来却会让欧洲人着了先鞭呢?怎么会产生这样的转变呢?"换句话说就是:"尽管中国古代对人类科技发展作出了很多重要贡献,但为什么科学和工业革命没有在近代的中国发生?"

李约瑟本人把原因归结为这么几点:中国的封建官僚制度阻碍了新观念的接受与新技术的催生;中国没有具备适宜科学成长的自然观;中国人过于讲究实用,使得很多发现滞留在经验的阶段;科举制度把读书人的思想束缚在古书和名利上,追求"学而优则仕",从而扼杀了对自然规律探索的兴趣。

中国学者中较早思考这一问题的是梁启超。他认为中国自然科学不发达,是因为国人有"德成而上,艺成而下"之观念,是因为八股取士科举制度的阻碍。

年轻时的冯友兰从哲学的角度作过类似的思考。在《为什么中国没有科学——对中国哲学的历史及其后来的一种解释》一文中,通过对儒、道、墨诸家思想的分析,冯友兰认为:"秦朝之后,中国思想的'人为'路线几乎再也没有出现了。不久来了佛教,又是属于极端'自然'型的哲学。"这里说的"自然"和"人为",分别指的是"天"和"人"。道家被冯友兰视为崇尚"自然"的代表。他认为道家教义可归结为一句话：复归自然。冯友兰指出，对于道家而言，万物在其自然状态中都是完全的。人为只会扰乱自然，产生痛苦。而墨家作为崇尚"人为"的代表，主张认识自然，注重经验，重视制造机械器物，教导人们在外界寻求幸福。不过墨家后来在中国哲学中被边缘化，大体上是悄无声息。冯友兰最后得出的结论是："中国没有科学，是因为按照她自己的价值标准，她毫不需要。"这种价值标准就是，"自从她的民族思想中'人为'路线消亡之后，就以全部精神力量致力于另一条路线，这就是，直接地在人心之内寻求善和幸福"，亦即"存天理，灭人欲"。简言之，"中国没有科学，是因为在一切哲学中，中国哲学是最讲人伦日常的"。

当然，"李约瑟难题"还有其他的解答，如从东西方的地理环境、东西方科学的不同特点以及中国特殊的语言、中国社会的形态等方面进行解读。本节主要从中国古代哲学中的"知"的观念这一独特视角来进行分析。

一、中国古代哲学中的"知"是"德性之知"，而非科学意义上的认识

冯友兰曾经断言："在中国哲学里，知识论从来没有发展起来。"这里的"知识论"，指的是西方"求真"意义上的知识论。冯友兰把知识论没有发展起来归结为中国哲学中体现的"农"的思想方式，因为农民所要面对的田地和庄稼等，都是他们直接领悟的

对象。冯友兰在《中国哲学简史》中称："他们纯朴而天真,珍视他们如此直接领悟的东西。这就难怪他们的哲学家也一样,以对于事物的直接领悟作为他们哲学的出发点了。"

实际上,中国古代哲学也有"知"的概念与学说,只是它们属于另一种类型的"知识论"。中国古代哲学中的"知"的观念,基本属于道德反省与践履的范畴,无论它的目标指向或认识内容,都是与道德修养或道德行为相关的,而不是科学意义上的认识。

(一)"知"是道德内省功夫

从哲学上说,在儒家那里,"知"被区分为"闻见之知"与"德性之知"。儒家强调的是"德性之知",即反求自身的内省功夫。孟子为此奠定了基调:"尽其心者,知其性也;知其性,则知天矣。"为什么从心、性入手,就能够"知天"呢?孟子给出的理由是:因为"万物皆备于我矣",所以"反身而诚,乐莫大焉。强恕而行,求仁莫近焉"。《大学》中的"欲修其身者先正其心,欲正其心者先诚其意,欲诚其意者先致其知,致知在格物"这几句话,提出了儒家身心修炼的规范,它构成儒学"三纲八目"中"八目"的"内圣"部分。

王阳明早年不明白到底如何"格物致知",曾经对着竹子静坐了七天,冥想竹子之"理",结果病倒了。这一例子很能说明儒家"知"的概念所导致的问题——它缺乏一套关于正确认识外界事物尤其是自然事物的方法。后来,王阳明从道德哲学方面思考,体认到"心即理"的儒家道理,认为"理"全在人"心"。既然"理"就在心中,因此为学"惟学得其心"。这就像植树一样,心是它的根,不论是学习培土或浇水,目的都是为了有利于根的生长。他要求用这种反求内心的修养方法,达到"万物一体"的境界。王阳明发展出"致良知"学说,主张知行合一,扬善去恶,格去心中之"非"。

这种通过反身内省来求得知性与知天的认识,被称为"德性之知"。"德性之知"与"见闻之知"相区别。张载说"见闻之知,乃物交而知",也就是说见闻之知属于感性认识。德性之知是用来把握心性与天理的,它是"不假见闻""吾之固有"的认识,因此并不需要向外部对象寻求。这样,"格物之方"也就只能按照《中庸》所指的"博学、审问、慎思、明辨"内省途径来进行了。

儒家是如此,道家也是如此。老子主张的认识方法是"静观""玄览"。学者高亨解释道:"览鉴古通用。玄者形而上也,鉴者镜也。玄鉴者,内心之光明,为形而上之镜,能照察事物,故谓之玄鉴。"既然"五色令人目盲,五音令人耳聋",那么最好的认识途径就是通过闭门"塞兑",也就是堵塞住耳目口鼻这些感官的窍穴,关闭感官的门户,在内心进行玄思。《道德经》说:"不出户,知天下;不窥牖,见天道,其出弥远,其知弥少。"因此,"圣人不行而知,不见而名,不为而成"。

(二)"知"的导向是道德上的"穷理"

"知",不论是知性还是知天,其导向都是追求穷尽事物之"理"。儒家知识观的基本概念"格物致知",在朱熹那里有这样的表述:"所谓致知在格物者,言欲致吾之知,在即物而穷其理也。"这句话表达的是儒家一贯的认识主张。这里所说的"理"同样是有关仁义礼智之类的"内圣外王"之"理",依然属于儒家格物致知的"八目"纲领,"穷理"也就同样被要求通过"诚意正心"这样的内省方法来达到。

(三)"知"的结果是达到"知行合一",实现道德践履的目标

"知是行之始,行是知之成。"认识的结果是要达到道德修炼与道德践履的完成。因此,与"知"是道德之知相一致,"行"也是道德之行。自然科学意义上的"知"的概念,基本上进不了儒家的主流视野与话语。

显然,传统哲学的这种知识观把人的知识观念引向单一的道德内省与践履的方向。与西方的知识观相比,两者的反差就凸显出来。早在古希腊时期,柏拉图学园门上镌刻的是"不懂数学者不得入"。自文艺复兴以来,阅读"自然这本大书"更是成为潮流。笛卡儿在欧洲游历时,一次在街上散步,路旁公告栏上见到的居然是数学问题征答。西方哲学不论是理性主义或经验主义,它们的知识论研究主要是以数学或自然科学为对象,其中尤以康德的论题最具代表性——"纯粹数学如何可能""纯粹自然科学如何可能"。

二、中国古代哲学中的"知"多靠直觉把握,欠缺逻辑论证

孔子作为儒学的开山宗师,他对自己所提出的命题大体上不

作什么论证。例如,孔子对什么是"仁"的回答是"爱人"。但这一论断的根据是什么,是在人性方面,或在天理方面?他本人并不追究。

孟子则不同。他的"四端说"转而呈现出形而上学的形态。孟子与孔子的不同还在于,孟子比较注重论证,讲究说理。孟子所使用的论证方法主要是类比。孟子还擅长用比喻的方法。

以现在的眼光看,孟子的论证方式存在缺陷。"人皆有不忍人之心。以不忍人之心,行不忍人之政,治天下可运之掌上。所以谓人皆有不忍人之心者,今人乍见孺子将入于井,皆有怵惕恻隐之心,非所以内交于孺子之父母也,非所以要誉于乡党朋友也,非恶其声而然也。"在这一论证中,孟子以"今人乍见孺子将入于井,皆有怵惕恻隐之心"为论据,来证明"人皆有不忍人之心"论题。句中的"皆有",表明它是一个全称判断。但孟子这一判断的得出,既不可能来自公众问卷调查,也没有证据表明他对事实进行了观察与归纳。

先秦之后的儒家,一直到宋明理学与陆王心学,在论证方法上都未见有什么推进。这反映了中国古代哲学在逻辑与知识论上的停滞。诸如朱子、王阳明这样的大儒,距孟子达一两千年之久,仍然采取"语录""注释""集注"的方式,来进行自己的哲学思考和对问题的诠释。其中既没有归纳法,也没有演绎法;既不区分经验与先验,也不区分分析或综合。这实际上反映的是整个中华民族文化的思维特点。包括确定了中国古代数学框架的《九章算术》,虽然有很高的成就,例如它是世界上最早系统叙述了分数运算的著作,但它没有数学概念的定义,没有给出任何推导和证明。传统哲学的这类语录和注释方式本身具有的缺陷,加上论证手段的匮乏,使得它在系统性与逻辑性上存在不足,这不能不说是一个缺憾。

缺乏归纳法与演绎法的一个结果,直接与后来中国未能产生现代科学有关。技术与科学不同。中国古代的"四大发明"都是属于"技术",而不是"科学"。技术的发明,可以不依因果观念而发明,也无须依靠归纳法或演绎法的逻辑工具,只需根据实际的需求,在经验中进行探索,将器物制造出来即可。但科学不一样,它是理论性的。这类理论要么来自归纳,要么来自演绎。

如果说,中国古代缺乏演绎法是与没有欧几里得式的几何学有关,那么,中国古代缺乏归纳法,则是与它的缺乏经验论哲学以及因果观念的淡薄有关。虽然在《墨经》中有关涉"原因"的概念,如"故,所得而后成也"等,但墨家毕竟不是中国古代哲学的主流,特别是从隋朝开始推行科举制后,《墨经》之类的典籍不列入科举的范围,所以不为精英们所关注,因而后来逐渐湮没,成为单纯的历史古籍。

三、中国古代哲学中的"知"目标是"力行",而非求真

上面提到,冯友兰断言中国不存在知识论,这是从"求真"认识的角度而言的。不过,当代西方哲学中出现的"知道如何"与"知道如是"知识类型的区分,似乎为我们重新定位传统的知识论提供了一个新视角。

"知道如何"与"知道如是"的区分是由英国哲学家赖尔提出

的。"知道如何",主要涉及的是知道如何行事。"知道如是"简单说来是一种命题知识,也就是知道某事是如此这般的。在赖尔看来,"知道如何"主要有这么几个要素:理智、行为和规范。简言之,它属于实践的范畴,而不是理论的范畴。

如果以赖尔的理论为参照系来思考中国传统的知识论问题,那么依据上面对中国知识论的性质与特征的分析,我们可以得出,中国传统的知识论属于"知道如何"类型。因此,不能说在中国哲学里,知识论从来没有发展起来,而宁可说,中国哲学中没有发展出求真的、理论的知识论,但却发展出行动的、实践的知识论。我把这种知识论称为"力行知识论"。与赖尔的"知道如何"相比,它既有与之相同之处,同时又具有自己的特点:

首先,它们同属于实践知识论的范畴,知的目的都是为了行。不过"力行知识论"强调的是知行合一。

其次,它们都主张规则的规范作用。这种"规则"在"力行知识论"中是以"天理"的方式表现出来的,如二程的"循理而行"。"天理"具有先天性,是内省的结果,不同于赖尔的"知道如何"中的经验性规则。

再次,赖尔的"知道如何"强调的是广义上的行动能力。他所举的例子甚至包括开玩笑、礼俗活动等。而儒家知行观则是把"知"归结为"德性之知",强调的是道德践履,偏向于道德知识论。

最后,赖尔把"知道如何"的"技能"看作是某种类似"默会知识"的东西,即可以意会、操作而不能够表达的东西,如幽默大师甚至无法告诉自己什么是幽默大全,其结果是以"行"蕴"知"。而

"力行知识论"则是把"知"认定为"行"的前提,研究"知""行"的先后、轻重、一致等关系,或者用现代的语言来说是知行的目的、根据、判定标准等问题。

之所以把中国的知识论称为"力行知识论",从根本上说,除了这种知识论是实践的这一性质之外,还在于"力行"这一概念是本土的,能够充分体现中国知识论的特征,即知是为了行,而且由于"行之惟艰",所以更要求勉力而行、勤力而行。

中国知识论的这一认知方式,在思维层面上决定了中华文明的取向与进程。由于缺乏正确认识的方法,加上实施科举制的缘故,墨辩逻辑学后来实际上已经湮没,致使原本被视为容易获取的"知",近代以来不断落伍。不仅科学在近代没能发展起来,致有"李约瑟难题",而且在一些哲学价值论基本问题的认知上,也没有取得多少进步,依旧停留在孔孟时代的"仁义礼智"的观念层面上,未能产生出现代社会需要的价值观念。此外,与缺乏正确的认识方法相关,原本强调"力行"的知识论,由于缺乏经验论所构成的张力,在很大程度上也被谈论心性的玄学思考方式所抵消。

第五节 中国哲学的"力行"知识论

本节拟论述如下几个问题:一是对中国传统哲学中的"知"的观念进行诠释,把它视为以"诚"为立足点的"德性之知";二是从赖尔的"知道如何"的知识论的意义上,把中国儒家的知识观解释为一种"力行"知识论;三是通过比较这一"力行"知识论与

"知道如何"学说的不同,来对有关的理论与争论提出一些自己的见解。

　　上述问题涉及的一个主要背景是中国有没有知识论的问题。它同中国有没有哲学一样,都是处于争论中的问题。中国哲学史的研究权威冯友兰曾认为,"知识论在中国从来没有发展起来"。①不过,他当时(1947年)作出这一判断所依据的标准,显然是西方的求真的知识论。然而,作为哲学的核心之一,中国古代文化是难以想象不存在知识论的。在赖尔提出"知道如何"与"知道如是"的区别之后,"知道如何"也被认可为知识的一种类型。这为我们重新认识中国传统的知识论提供了一个新的视角。本节由此对儒家为代表的主流知识论提出一种新的诠释,将其界定为"力行"的知识论。

一、中国传统的"知"的观念

　　从汉语"知"这一词的语源与语义上看,它的基本语义是"知道""知识",相当于英语的"know"。如《尚书·虞书·皋陶谟》中的"知人则哲",《论语》中的"知之为知之,不知为不知,是知也"。此外,"知"的语义还有交好、相契(《左传·昭四年》:"公孙明知叔孙于齐")、知遇、主持(《左传·襄二十六年》:"子产其将知政矣")。最后,还需要提及的是,"知"在语义上还等同于"智"。根据《辞源》,在《论语》中"智"字皆作"知"。

---

① 《中国哲学简史——冯友兰文选》,北京:北京大学出版社,1985年,第32页。

(一)"闻见之知"与"德性之知"

儒家哲学尽管历史悠久,流派众多,但其基本要义,却可以用"内圣外王"来概括。"内圣"是使自己成为一个"仁者"或"君子","外王"是达到"齐家治国平天下"的理想。与此相应,儒家的知识论围绕着这一基本纲领而展开,具有"一以贯之"的逻辑。

在儒家那里,"知"的概念被区分为两类性质上不同的认识,即"闻见之知"与"德性之知"。前者"乃物交而知",属于认识的感性阶段;后者"不萌于见闻"[1]或不"假于见闻"[2],属于内省的思维阶段。儒家"格物致知"的目的是知性、知天[3],而这在儒者看来是通过内省的方式获得的,因而不能依靠经验性的"闻见之知",由此他们关注的是"德性之知"。董仲舒说:"修身审己,明善心以反道者也"[4],讲的就是这个道理。

明确提出"闻见之知"与"德性之知"的概念及其区别的,是张载。他把"闻见之知"归为"小知",而把"德性之知"视为"天德良知"。在他看来,前者并不是什么知识,"多闻见适足以长小人之气"而已;"有知乃德性之知也"[5],只有德性之知才是真正的知识。因此,他主张,"不以见闻梏其心"[6],明确否认"闻见之知"是一种主要的认识方式。

朱熹的看法与张载相同。他认为,"闻见之知"不是圣贤之

---

[1]《张载集》,北京:中华书局,1978年,第24页。
[2]《二程集》(一),北京:中华书局,1981年,第317页。
[3] 孟子:"尽其心者,知其性也;知其性,则知天矣。"(《孟子·尽心上》)
[4] 董仲舒:《春秋繁露·二端》。
[5]《张载集》,北京:中华书局,1978年,第282页。
[6] 同上书,第24页。

知,只有"德性之知"才是"圣人之事"。假如仅仅凭借"闻见之知",它会产生的一个结果是,认识者会被外物所蔽,为其所导引、所左右。因此,需要依靠的是"德性之知",它是我们的"心之官"的功能,尤其是对于圣人而言,更是不应当像普通的"世人"那样,"止于见闻之狭",而是应当"尽性,不以见闻梏其心"。①

到了王阳明那里,"知"的概念更是被归结为"德性之知"意义上的道德之知。他把"良知"概念与"闻见"区别开来,认为"德性之良知,非由于闻见"②,并把两者的关系解释为"知"与"用"的关系,断言"良知不由见闻而有,而见闻莫非良知之用"。③ 进而,王阳明以"良知"的概念来替代"德性之知"。他声称:"良知之外,更无知,致知之外,更无学。外良知以求知者,邪妄之知矣;外致知以为学者,异端之学矣。"④这就从根本上把"知"的概念限定在道德伦理范畴之内。他要求用反求内心的修养方法,以达到所谓"万物一体"的境界,主张知行合一,扬善去恶,格去心中之"非",由此发展出"致良知"的学说,成为中国"力行"知识论的典型代表。

(二)"知"与"穷理"

儒家哲学中的"理",主要是道德伦理方面的,如仁义礼智。孟子首先将"理"论证为"心之所同然者",也就是具有普遍性的东

---

① 《朱子语类》,北京:中华书局,1985年,第2519页。
② 《王阳明全集》(一),北京:线装书局,2012年,第148页。
③ 同上。
④ 同上书,第314—315页。

西，并把它同"义"相并列①，用"仁义"来解"理"，把"理"作为伦理规范的准则。孟子的这一思想规约了后来儒家"知"论的取向。宋代的朱熹以"宇宙之间，一理而已"，以及"理一分殊"这两个命题来解释"理"的地位与作用，把"理"转换为宇宙的最高本体，万物之用不过是分有"理"的根据，因此宇宙间"莫非一理之流行"而已。与此相应，"格物致知"被朱熹解释为："所谓致知在格物者，言欲致吾之知，在即物而穷其理也"，"穷理"是认识的最高目的。而由于"理便是仁义礼智"②，因此穷理意味着穷尽道德伦理之理。

王阳明同样把格物致知解读为穷理，只是他不像朱熹那样把"理"看作是一种客观精神性质的"天理"，而认为它是内在于吾心的，是我们心中固有的"良知"。他说："所谓格物致知者，致吾心之良知于事事物物也。吾心之良知，即所谓天理也；致吾心良知之天理于事事物物，则事事物物皆得其理矣。致吾心之良知者，致知也；事事物物皆得其理者，格物也。"③

朱熹与王阳明分别作为宋明时期理学与心学的代表人物，他们有关"知"的思想同样影响了宋明以后儒学"知"论的走向。儒家知识观的基本概念——"格物致知"，其目的是"穷理"，而这种"理"是道德伦理意义上的，是有关仁义礼智之类的"内圣外王"之理。因此，依照格物致知的"八目"的纲领，"穷理"也就被要求通过"诚意正心"这样的内省方法来达到。换言之，对于主流的儒家而言，

---

① 孟子："心之所同然者，何也？谓理也，义也。"（《孟子·告子上》）
② 《朱文公文集》，卷八十三。
③ 《王阳明全集》，《传习录中》，第123页。

"心即理",因此,探寻"理"的恰当途径,是通过"反身而诚"来进行的,也就是从自身的内省中来求得。另一方面,由于道德伦理的准则是与行为相关的,是用于规范人们的行为的,因此,儒家的这一"知"论自然地与"行"论挂起钩来,产生出一种"知行合一"的学说。

(三) 知的结果是达到"知行合一"

"知行合一"说最能体现中国哲学的"知"论的特性,它表现的是一种"力行"的知识论。这一学说是由明代王阳明明确提出的,不过在他之前,已有一些儒家先后表达了相关的思想。

程颐曾说:"知之深,则行之必至。无有知之而不能行者。"①他还说:"学者须是真知,才知得是,便泰然行将去也。"②以及,"人谓要力行,亦只是浅近语。人既有知见,岂有不能行?""知而不能行,只是知得浅。"③这些论述都是主张知与行之间的联系,并且已提出"力行"的概念,主张知与行两者的一致性,因此可说是"知行合一"说的前奏,有如黄宗羲所指出的:"伊川先生已有知行合一之言也。"不过可以看得出,虽然程颐指出了知与行之间的内在联系,不过他的重点是放在"知"之上的,认为"真知"必然导致"行"的结果;因此相应地,他认为并非如《尚书》所言的"知之非艰,行之惟艰",而是"知之亦自艰"。④ 朱熹以一种比喻的方式来论述知与行的关系:"知行常相续,如目无足不行,足无目不见。"

---

① 《二程集》(一),第164页。
② 同上书,第188页。
③ 同上书,第164页。
④ 同上书,第187页。

并且,他对"知""行"这两个要素分别所起的作用作出了这样的阐述:"论先后,知为先;论轻重,行为重。"①与程颐不同,朱熹是把"行"看作比"知"更为重要的,这意味着知是以"行"为目的的。

朱熹的四大弟子之一陈淳(1159—1223年),则更明确地提出了知行并做的说法。他说:"致知力行二事,当齐头着力并做,不是截然为二事。先致知然后行,是一套的事。行之不力,非行之罪,皆知之者不真。须见善真如好好色,见恶真如恶恶臭,然后为知之至,而行之力即便在其中矣。"②这句话已颇有知行合一的意味了。后来王阳明的有关说法,其用语与此十分相似。为了论述知与行不可分离的道理,陈淳还以目和足的关系作了比喻:"譬如行路,目视足履,岂能废一。若瞽者不用目视,专靠足履,寸步决不能行。跛者不用足履,专靠目视,亦决无可至之处。"③

从以上的论述中我们可以看到,虽然"知行合一"的概念是王阳明提出的,但在他之前,这一思想已有比较广泛的基础,尽管尚未使用这一概念。王阳明对于"力行"知识论的贡献,在于他明确提出"知行合一"的概念,把知与行看作是同一结构中的两个不可分离的要素。

知与行是如何达到"合一"的呢?王阳明给出的解答是:"知之真切笃实处即是行。行之明觉精察处即是知。……不行不足谓之知。"④他把知与行看作是不可分割的,一方面是要反对不知

---

① 《朱子语类》,卷九,第148页。
② 《宋元学案》,卷六十八,《北溪学案》。
③ 同上。
④ 《王阳明全集》,《传习录中》,第120页。

而去"冥行妄做",另一方面也反对仅仅"悬空思索"而全不肯"着实躬行"的做法。因此他说,知行虽然是两个字,"元来只是一个功夫"①,就是要"致良知"。

在儒家的主流哲学里,人性是善的,因而人有"良知"。"良知"的概念早在孟子那里已经提出,它被界定为"不虑而知"②,亦即生而具有的、内在于吾心的。由此人们所需做的不过是"致良知",即把心中不正的欲望革去,"以归其正"。这里我们可以看到,在儒家那里,与"知"是道德之知相一致,"行"也是道德的行为。自然科学意义上的"知"的概念,基本上不进入儒家的主流视野与话语。这与西方求真的知识论形成强烈的反差。

二、以诚为立足点的"德性之知"

有意思的是,当代西方知识论中产生的一支新流派,叫作"德性知识论"。与"德性知识论"的"德性"(virtue)是以亚里士多德的"理智德性"概念为出发点不同,儒家的德性之知是以"诚"为立脚点的。按照《中庸》的说法:"诚者物之终始,不诚无物",它构成世上万物存在的根本,是一种基本的价值。同理,它也构成"德性"的基本规范。按照陈荣捷的解读,"联合天人合一的性质是'诚'。诚意指诚实、真理或实在。这个观念在《中庸》里讨论得颇为详尽,它既有心理的、形上学的,也有宗教的含义。诚不只是心态,它还是股动力,无时无刻不在转化万物、完成万物,将天人联

---

① 《王阳明全集》(一),《答友人问》,第 306 页。
② 《孟子·尽心上》。

结到同一的文化之流中"。①

从笔者所掌握的文献,"诚"为"知"所作出的规范,包括如下几个方面。

其一是"成己"与"成物",也就是"内圣外王"。"成己"是要成为一个仁者,属于内圣;"成物"是要齐家治国平天下,属于"外王"。因此,"诚"是君子的一个人格标准,是一种德性("是故君子诚之为贵")。对于"诚"的把握,基本的方法是反观自身、进行内省。因为对于儒家而言,尽心就能知性,知性然后能知天。

《中庸》说:"诚者自成也,而道自道也。诚者物之终始,不诚无物。是故君子诚之为贵。诚者非自成己而已也,所以成物也。成己,仁也,成物,知也。性之德也,合外内之道,故时措之宜也。"②在这句话中,"诚"被看作是一种"德性",因而被认作人格的标准——"是故君子诚之为贵"。此外,特别值得指出的是,《中庸》在把"诚"解释为不但成己、而且成物之后,还把"成物"解释为"知"(亦即"智",这两字在古汉语中相通),也就是把"知"或"智"看作是一种行动,一种把知识转化为实在的行动,因而它是一种行为规范。这实际上蕴含了"知行合一"的思想,亦即"知"(智)不仅仅意味着一种主体方面的事情("成己",在道德上内省、修炼,达到"内圣"的目标),而且还意味着要"成物",也就是要把知的结果转化为现实的存在。这一把"成物"视为"知"的思想,开启了中国哲学后来的"知行合一"思想的先河。

---

① 陈荣捷:《中国哲学文献选编》,南京:江苏教育出版社,2006年,第106页。
② 《中庸》第25章。

其二是"信",即"诚信"。在古汉语中,诚与信曾经具有相同的含义,可以替换使用。《说文解字》中说"信,诚也。"又说:"诚,信也。"诚与信互训,表明的正是这一点。

"信"在儒家那里是一种基本的德性,它被孔子列为"四教"之一。孔子说:"子以四教:文、行、忠、信"①,是不论为人("人而无信,不知其可也")②、交友、言语("言必信,行必果")③还是行为("千乘之国,敬事而信")④,都应当遵守的规范。

由上可见,"信"基本上是一种行为的道德规范。虽然在汉语中"信"也含有"信念"的意思,不过在中国知识论中,"信念"却从来没有被看作是知识的一个要素。这是与中国基本不存在求真知识论的现象并存的,是它的一个结果。

其三是"真实无妄"。这一界定首先来自二程。针对当时有人说"不欺之谓诚",程颐明确指出:"无妄之谓诚,不欺其次矣。"⑤值得指出的是,这里的"无妄",程颐指的大致是"真"的意思:"真近诚,诚者无妄之谓。"⑥朱熹后来采用了这一界说,把"诚"解释为"真实无妄"。他在《中庸章句》中对"诚者,天之道也;诚之者,人之道也"的注释是:"诚者,真实无妄之谓,天理之本然也。诚之者,未能真实无妄,而欲其真实无妄之谓,人事之当然也。"⑦并

---

① 《论语·述而》。
② 《论语·为政》。
③ 《论语·子路》。
④ 《论语·为政》。
⑤ 《二程集》(一),《遗书》卷六,第92页。
⑥ 《二程集》(一),《遗书》卷二十一下,第274页。
⑦ 〔宋〕朱熹:《四书章句集注》,《中庸章句》,北京:中华书局,1983年,第31页。

且,朱熹把"诚"提高到至上的地位,声称"天地之道,可一言而尽,不过曰诚而已"。① 因为与"道"相比,"诚"从"心"的角度说,它是"本";而"道"作为一种"理",它只是"用"而已。②

二程、朱熹对"诚"所作的"真实无妄"的解释,后来得到比较普遍的接受。不论是王阳明的"夫诚者,无妄之谓",还是王夫之的"自欺是不诚",其解释基本上相同。

不论是"成己成物""诚信"还是"真实无妄",它们都是属于行为的规范。由于中国传统哲学中的知识论基本上属于道德践履的范畴,因此从根本上说,"诚"作为心之"本",作为君子的德性③,构成了这一知识论的规范性前提,或者说构成中国知识论之所以是"德性"的、而不是"见闻"之知的前提。

"诚"的上述规范展现了中国主流知识论的思想方法。由于成物是以成己为前提的,而成己是通过返回自身进行道德修炼而达到的,因此,"闻见之知"就不被看作是"德性之知"的来源。相反,它被视为会对心灵产生蒙蔽作用,因此是认识的障碍,需要加以排除。这样,中国的主流知识论采取的是一种内省的方法。

三、"力行"的知识论

中国传统哲学中是否存在知识论,如果有,其性质又是什么?这无疑是我们应当认真对待的问题。冯友兰曾经断言中国不存

---

① 〔宋〕朱熹:《四书章句集注》,《中庸章句》,北京:中华书局,1983年,第34页。
② 同上书,第33—34页。
③ 张载:"天所以长久不已之道,乃所谓诚。……故君子诚之为贵。"(《张载集》,第21页)"不诚不庄,可谓之尽性穷理乎?"(《张载集》,第24页)

第二章　知识的观念与思维方式

在知识论,这是从"求真"的角度讲的。不过,随着另一种类型的"知道如何"的知识论得到认可,似乎可以为我们重新定位传统的知识论提供一个新视角。

长久以来,知识论一直被看作是一种研究"知道如是"的东西。不过到了20世纪下半叶,随着英国哲学家赖尔提出"知道如何"也是一种知识论类型之后,知识论研究的视野得到了拓展,尽管其中也不乏有一些争论。赖尔把"知道如是"界定为一种命题知识,也就是知道某事是如此这般的。"知道如何"则主要涉及的是知道如何行事,也就是"知道如何去完成各种任务的问题"。[1] 综合起来,赖尔对什么是"知道如何"的界定,大致有如下几个方面:首先,它属于智力(intelligence)之所为,关涉的是知道如何行动,亦即懂得去实施一个智力的运作;或者说,它意味着某人的知识已经实现在他所做的行为中(这有点知行合一的味道)。其次,"知道如何"是一种倾向(disposition)。[2] 倾向性构成"知道如何"的一个特点。"知道如何"并不是理智(intellectual)的所为。理智所知道的,是某事是怎么一回事,它属于思考的、理论的范畴。再次,行动(performance)是由某种规则、标准等所支配的。知道一个规则就意味着知道如何,或者换个角度说,它表现的是对行为规则或准则的遵守,或是对行为标准的应用。[3] 总之,在赖尔那里,"知道如何"的规定主要有这么几个要素:智力、行为

---

[1] G.Ryle, *The Concept of Mind*, London: Routledge, 2009, p.28.
[2] Ibid., p.34.
[3] Ibid.

和规范。一言以蔽之,它属于实践的范畴,而不是理论的范畴。

在笔者看来,赖尔的上述区分是有道理的。因为对于人类的认识而言,确实存在着这么两种知识类型,就像游泳一样,理论上知道什么是游泳,与实践上懂得如何游泳,是两类不同类型的知识。

如果以赖尔的上述区别为参照系来思考中国传统的知识论问题,那么依据上文我们对中国知识论的性质与特征的分析,可以把中国传统的知识论归属于"知道如何"的类型。这样,我们就不会得出否定中国哲学中存在知识论的结论,而是应当肯定它所具有的以"知行合一"为特征的"力行"知识论。

如果把这一"力行"的知识论与赖尔的"知道如何"相比,那么可以看出它与后者之间既有相同之处,同时又具有自己的特点。

相同之处主要在于,它们都与"日常生活"中人们的能力与行动有关,因此都属于实践知识论的范畴,而不是有关寻求真命题的或事实的知识(它们以数学和自然科学为典范)的理论活动;同属于那种不是"根据对真理的把握来定义智力"①的知识论范畴。在儒家经典《中庸》那里,"知(即'智')"同仁、勇一起被列为"三达德",并且有关"知"的界定,是同日常生活中的修身、治人、治国联系在一起的。"子曰:'好学近乎知,力行近乎仁,知耻近乎勇。'知斯三者,则知所以修身;知所以修身,则知所以治人;知所以治人,则知所以治天下国家矣。"②这段话清楚地告诉我们,在儒家那

---

① G.Ryle, *The Concept of Mind*, p.27.
② 《中庸》第 20 章。

里,"知"是一个"知道如何"的概念,也就是知道如何去行动,包括自我道德修炼、治理他人与国家的行动。

这里需要说明的是,儒家知识论还不同于赖尔所说的"根据智力来把握真理"①,这一点展现的是中国传统知识论缺乏"知道如是"这部分学说的状况。正是由于这种不同,所以赖尔是在西方哲学已经发展出了寻求真命题的知识论后,来反对"理智主义"(intellectualist)的观点;而儒家哲学则是在未能产生这种知识论之前,就已经直接走向"知道如何"的知识论。上述状况与科学未能在近代中国发生直接有关。中国古代文明在技术上有过"四大发明"的辉煌时期,但技术与科学不同,技术可以只凭经验的探索与积累,而科学需要系统的理论,它是建立在求真的认识方法与逻辑的基础上的。

此外,不论儒家还是赖尔,他们都主张规则的规范作用。在赖尔那里,这种规范作为"知道如何"所要遵守并达到的标准,它们属于经验性的规则。而在儒家那里则不同,它是先天性的,并且这种先天性具有两种表现形式。一是在程朱理学那里,它是以实存的"天理"的方式表现出来的,也就是在事物还未存在之前,已经先有独立的"理"存在,就像柏拉图的"理念"一样。这样的天理为万物所分有②,就像天上只有一个月亮,而其影子映现在千千万万的江河湖海中一样。另一是在陆王心学那里,它以"良知"的方式表现出来。例如,王阳明说:"尔那一点良知,是尔

---

① G.Ryle,*The Concept of Mind*,p.27.
② 朱熹:"一理之实而万物分之以为体。"(《朱子语类》,卷九十四)

自家底准则。"①这里的"良知",指的是内在于心中的道德准则。"心外无理","理"与外部事物的存在无关。

除了这一不同之外,两者的其他不同之处还在于:

一是,赖尔强调"知道如何"与行动能力的联系。他写道:"当我们用某个智力谓词如'精明'或'愚蠢'、'审慎'或'轻率'来描述一个人的时候,该描述赋予他的不是关于这个或那个真理的知或无知,而是具不具备做某些事情的能力(ability)。"②他所举的例子甚至包括开玩笑、下棋、钓鱼等。而儒家知行观则是把"知"归结为"德性之知",强调的是道德践履,偏向于道德知识论。在斯坦利(Jason Stanley)和威廉姆森(Timothy Williamson)对赖尔的"知道如何"学说的批评中,其中的一个方面在于他们认为"知道如何做事"并不意味着具有能力。例如,一个钢琴大师如果不幸由于车祸失去双手,那么尽管她仍然知道如何弹钢琴,但她已经丧失了弹钢琴的能力。③ 这里笔者想说的是,力行知识论并不把"知道如何"等同为"能力",并且也不以"能力"作为行动的前提,而是以"知"为行动前提,即把"知"当作是一种"主意",它构成行动的"出发点"。不过,这种"知"是一种道德意识,而不是什么"能力",这与赖尔不同。

二是,赖尔把"知道如何"的"行动"看作是某种类似"默会知识"的东西,即可以意会、操作而不必能够表达的东西,如某个幽

---

① 《王阳明全集》(一),《传习录下》,第170页。
② G.Ryle, *The Concept of Mind*, pp.16–17.
③ Jason Stanley and Timothy Williamson,"Knowing how", *The Journal of Philosophy*, Vol. 98, No. 8 (Aug., 2001), p.416.

默大师甚至无法告诉人们或者他自己,什么是制造幽默的秘诀。因此,在赖尔那里是以"行"蕴"知"。而儒家的"力行"知识论则是把"知"认定为"行"的前提,以知为行的理由、根据。这一点应当说是儒家的"力行"知识论与赖尔的"知道如何"学说的根本不同之处。赖尔之所以否认把知与行分作两部分,即"先做一件理论工作"(考虑某些恰当的命题或规定),"再做一件实践工作",是因为反对"理智主义"的需要,把它看作是一种"传奇"(legend)。[①]而儒家的知行合一说,虽然也反对将"知"与"行"分作两部分,但却主张"知"对于"行"的观念指导意义。在儒家那里,格物致知是作为"诚意正心"以及"齐家治国平天下"的认知前提。用朱熹的话说是,"不真知得,如何践履得?"[②]用王阳明的话说是,"知是行的主意,……知是行之始"。[③]

不过,赖尔在反对"理智主义传奇"时似乎走过了头。在他声称"不能将智力在实践中的发挥分析成两个前后相接的活动,即先考虑某些准则,然后去实施它们"[④],并举某个幽默大师无法说出什么是幽默所依据的准则、标准的例子时,他给人造成的一种印象是,"知道如何"与"知道如是"两者是不相干的。尽管"人们完全可能在尚未能考虑任何规定他们怎样做某些事的命题的情况下来明智地做某些事情。某些智力行为并不受对其所用原则

---

① G.Ryle, *The Concept of Mind*, p.18.
② 《朱子语类》,卷一百一十六,第 2793 页。
③ 《王阳明全集》(一),《传习录上》,第 78 页。
④ G.Ryle, *The Concept of Mind*, p.40.

的预先承认的控制"[1],但这并不意味着能够否定在行动之前存在"知道如是"的阶段。赖尔的有关论述给出的都是一些简单的例子,如开玩笑、修剪树枝、表演乐器等。假如换成复杂的例子,例如建造飞船、实施某个战役等,则必定事先有一个"知道如是"的阶段,也就是先得把有关的情况(表现为事实命题)认识清楚。例如,要实施某个战役,就必须把地形、敌方的兵力部署、火力配备情况等侦察清楚,而这些都是属于一些事实命题的东西。此外,也并非总是"先有成功的实践,后有总结实践的理论"。[2] 相反,至少对于价值性的命题来说,行为往往是来自认识到这些命题的结果。没有"自由"的观念,就不可能有争取自由的行动。

四、结语

中国的知行合一说把"知道如何"看作是一个整体的结构,"知"与"行"是其中两个不可分离的要素。这种解释的好处是可以避免上面所说的赖尔把"知道如何"与"知道如是"过度分离的弊病。具体说来,就是中国的知行合一说主张"知"对于"行"的指导作用,而不是否认这一点。这方面的原因在于,知行合一说涉及的是道德行为,而不是赖尔意指的那些开玩笑、修剪树枝、表演乐器等简单的、与道德无关的行为。道德行为的一个基本特点是,它是需要某些道德意识、道德观念作为前提(动机)的,哪怕这些前提再本能、再微弱,也是如此。利己也罢,利他也罢,总之,道

---

[1] G.Ryle, *The Concept of Mind*, p.19.
[2] Ibid.

德行为是与某种动机有关的。

从学理方面考虑的话,"知道如何"的知识论类型涉及与"道德知识论"的关系问题。一般而言,这两种知识都属于实践性的知识,只不过道德知识的范围相对要窄一些。相对而言,中国的"力行"知识论更多地具有道德的色彩,它基本上是从对道德认知与道德行为的角度来考虑知与行的问题的,尽管它在理论上并不把知行概念限制在这一方面。

从语言表达方式上看,虽然我们或许能够把"知道如何"还原为"知道如是",但在现实活动中,它们却是分属于不同的知识类型,起着不同的作用。中国哲学在漫长的两千多年的时间里,持续地发展出一种"知道如何"的知识论,但却没有产生求真的"知道如是"的知识论,这从学说史的角度提供了一种有说服力的证据。

就其积极方面的意义说,中国的"力行"知识论强调知行合一,强调知识的经世致用,用现今的语言来说,就是强调理论与实践的联系,强调知识的社会实践功能。此外,强调"力行",有助于培育一种奋进的精神。再者,力行知识论以"诚"作为认识的前提,这为研究认识的规范性提供了一个思想资源,即思考认识的道德规范前提。

不过,对于"知"如何转化为"行",此间涉及的心灵能力,包括理性、意志或情感等的作用如何,及其相互之间的关系问题,以及目的、欲望等在其中所起的作用等,这些相关的问题在力行知识论中还有待进一步的解释。因此,在力行知识论的发展上尚有广阔的、有待开拓的空间。

从中国知识论发展的历史经验看,"知道如何"与"知道如是"应当是互补的。由于缺乏"知道如是"的求真理论,因而不仅中国哲学本身的发展趋向片面,导致道德哲学一枝独秀,而且还间接影响了科学在近代中国的发生。从其对哲学本身的影响来说,自从孔子与孟子的哲学以"语录"的方式产生之后,一直到宋明时期,诸如朱子、王阳明这样的大儒,仍然采取"语录""注释""集注"的方式来进行自己的哲学思考、理论诠释和思想表达,这使得儒家的哲学及其命题论证上缺乏系统性与逻辑性。从间接的结果看,由于缺乏对求真方法的探讨,缺乏归纳法与演绎法,这可说是科学与工业革命没有在近代中国发生在认识手段方面在一个原因。

第六节　比较视野下的中西知识论概观

本节的目的是通过研究中西知识论的不同,包括从其形态上的不同,引出相关方面的分析——认识的目的性、文化背景与思维方式上的差异等,使我们对中西知识论的历史状况有所了解,也可促使我们引发对如何借用现有思想资源来发展中国知识论的思考。

一、中西知识论的不同形态

在上一节中,笔者介绍了赖尔的有关论述。简言之,"知道如是"指的是一种命题知识,也就是知道某事是如此这般的。"知道如何"则主要涉及的是知道如何行事,也就是"知道如何去完成各种任务的问题"。在分析了中国的知行合一的知识论与赖尔的"知道如何"的一些相同性后,笔者提出,可以将传统中国的知识论归入"知道如何"的范畴。尽管用这一概念来指称传统中国的知识论并不完全贴切,但如果将其内涵添加上道德行为的意味,我想应当是可以接受的。

这里让我们以中国古代的主流哲学——儒家为代表,来对我所说的传统的"力行"知识论进行一番分析。在儒家那里,"知"的概念被区分为两个层面上的认识,即"闻见之知"与"德性之知"。前者"乃物交而知",属于认识的感性阶段;后者"不萌于见闻"[①]或不"假于见闻"[②],属于内省的思维阶段。之所以有"德性之知"的说法,应当说与儒家将认识看作是一种追求有关"善"的理念的目的有直接的关系(对此我在下文还要作进一步论述)。对于这一点可作如下的论证。如同董仲舒说的:"修身审己,明善心以反道者也"[③],以及朱熹所说的,圣贤之知不应当像普通的"世人"那样,"止于见闻之狭",而应当"尽性,不以见闻梏其心",以达到穷尽天理的目的。[④]

到了王阳明那里,"知"的概念更是完全被归结为"德性之知"意义上的道德之知。他把"良知"概念与"闻见"区别开来,认为"德性之良知,非由于闻见"[⑤],并把两者的关系解释为"知"与"用"

[①]《张载集》,北京:中华书局,1978年,第24页。
[②]《二程集》(一),北京:中华书局,1981年,第317页。
[③]〔汉〕董仲舒:《春秋繁露·二端》。
[④]《朱子语类》,北京:中华书局,1985年,第2519页。
[⑤]《王阳明全集》(一),北京:线装书局,2012年,第148页。

的关系,断言"良知不由见闻而有,而见闻莫非良知之用"。① 进而,王阳明以"良知"的概念来替代"德性之知",声称:"良知之外,更无知,致知之外,更无学。外良知以求知者,邪妄之知矣;外致知以为学者,异端之学矣。"②这就从根本上把"知"的概念限定在道德伦理范畴之内。他并且要求用反求内心的修养方法,以达到所谓"万物一体"的境界,主张知行合一,扬善去恶,格去心中之"非"。这样,儒家的"致知"概念、"德性之知"的学说,到他那里就成为一种道德反省与道德实践的理论。据此,我将传统中国的知识论冠之以"'力行'的知识论"之名。

虽然儒家的一些代表人物对"致知"的论述有些不同,但他们将它看作是一种道德之知,却是没有多大差别的。因此,将儒家的知识论解读为一种道德知识论,并且鉴于儒家哲学的主流地位,进而将传统中国哲学的知识论界定为一种道德的知识论,尤其是"'力行'的知识论",应当说是可以成立的。

与此不同,知识论作为西方哲学的四大主干之一(形而上学、知识论、逻辑学和伦理学),始终处于哲学思考与研究的中心。如果说苏格拉底的哲学思考对象主要是道德伦理问题,那么到了柏拉图那里则出现了一个转向,使形而上学与知识论问题成为哲学的核心。柏拉图已经明确地关注现代意义上的"知识论"。在他的一些著作中已以对话的方式,展开了有关"什么是知识"的专门探讨,对"知识"的定义进行了反复斟酌,把它解释为包含着"真"

---

① 《王阳明全集》(一),第148页。
② 同上书,第314—315页。

第二章　知识的观念与思维方式

"相信"以及"确证"(justification)这三个要素,即知识乃是得到确证的真信念(justified true belief)。尽管在当时的柏拉图那里,真与相信这两个要素是确定的,而对于知识的第三个构成要素到底是什么,是"解释"还是其他要素,柏拉图并不是太明确。

柏拉图对西方知识论的决定性影响无疑是在他的知识定义上。直到20世纪60年代,即1963年,著名的"葛梯尔问题"的提出,针对的就是柏拉图的这一定义。它以反例的方式挑战了这一定义,表明即使满足了该定义的"真、相信与确证(理由)"这三个条件,人们所获得的仍然可能不是知识。"葛梯尔问题"提出之后,知识论的研究出现了一个热潮。知识论学者们争相提出各种解决方式,意在修补柏拉图定义的"篱笆",以求获得一个更为完满的知识定义,由此也相应产生了一些新的有关知识的性质与方法的解释,如内在主义与外在主义等。

由上所述,西方知识论的发展有其明显的承继性,或者说是有其发展的传统。这一传统的导向是求"真",目的都是为了获取真知识。当然,在这总的传统之内也出现了一些不同的学说或流派。从大的方面说,包括"经验论"与"理性论",后者后来进一步演变为"先验论"等。

这里不得不提及的是"怀疑论"。虽然怀疑论所假设的"恶魔问题""缸中之脑"等,都属于纯粹理论上的设定,但它们在知识论研究上却起到了一种"推手"的作用,也就是它们把知识论的问题推入一种更为复杂、近乎极端的语境,迫使哲学家们去进行更为深入的思考,解决更为复杂的问题。从笛卡儿提出的"恶魔问题",以及康德将未能解决怀疑论问题视为哲学的一种"耻辱",我们可以看出这些大哲学家们是如何重视怀疑论的作用的。

比较起来,西方知识论具有如下几个特点:

其一,它们能够从思维的内容中抽离出思维的形式,从而能够从形式方面来研究认识问题,研究认识在形式上的正确性(如概念、判断、推理等),思维的形式规定在认识上的条件根据作用(如康德的"经验判断的原理")。认识内容与形式的关系的探讨,同时也促进了共相与殊相、本质与现象等一系列相关内容的探讨。这与传统中国的知识论形成强烈的反差。中国古代知识论中与此比较接近的是有关"名与实"关系的论述。它们所说的"名",指的是"概念",这属于思维形式方面,但"实"指的却是实在、实际、事实,并不是思维的内容(如"表象"之类的),而是外部世界的事物。例如,墨子所说的"以名举实",指的是根据外部事物的实际情况,给予相应的名称。① 荀子的"制名以指实",也是指的名称与事物的关系,只不过他主要是出于道德与政治方面的考虑,也就是如何通过制名来"上以明贵贱,下以辨同异"。② 因此"名实"的关系并不是真正的思维形式与内容的关系。

其二,通过对认识的来源、有效性与界限问题的探讨,区分开经验知识与非经验知识(包括先天知识)的差别,探究了经验知识的有效性条件,包括主体认识能力方面的条件,如感性、知性、想象力、判断力、理性等,以及思维规则方面的条件,如综合判断所

---

① 《墨子·小取》。
② 《荀子·正名》。

依据的原理等。对经验知识范围的界定,使得在知识论上区分了"知"(know)与"思"(think)、"可见"与"不可见"的对象的不同,以及相应的认知方式的不同。不过,是否凡是不可见的就一定是不可言说的,就必须保持沉默？按照康德的界定,"知"是需要以感觉直观作为质料的,或者说是以"现象"为基础的。反之,"思"则不需要有这样的限制,我们可以思考上帝、灵魂等对象或问题,但这并不意味着这种思考需要有经验方面的支持,需要受经验方面的条件的限制。

其三,通过对"事实"与"价值"的性质与关系问题的探讨,辨明了它们既相区别、又相联系的关系,相应地产生了认识的"价值中立"原则,以及相反的主张,即价值是不可能中立的,任何认识都是受到一定的价值观念的影响的,事实中隐含着价值。事实与价值问题的辨析,直接关涉到对历史与社会的认识如何可能以及如何达到客观性的问题。

二、中西知识论在"致知"观念上的差别

中国传统知识论与西方知识论的差别,首先源于中西知识论在"致知"观念上的差别,其根本之处在于各自所追求的目的不同。中国知识论的目标主要是求"善",西方知识论是求"真"。知识论意义上的"真"这一概念,在中国传统哲学中只能说是触及而已,并没有真正进入知识论的话语中。古代汉语中虽然有"真"这个词,但它的基本含义是道家的"本真"即自然、淳朴无邪的概念。尽管朱熹曾有"真实无妄"之说,但他所说的"真实",指的是"不欺"、

道德上"诚实"的意思,并没有出现在"真值"意义上的探讨与界定。

之所以说中国知识论的目标是求"善",这可以儒家的有关经典论述为证。《大学》中的"格物、致知、诚意、正心、齐家、治国、平天下"一般被认为是儒家思想的纲要,即"三纲八目"。其中"八目"里的"致知"一词,依其上下文的联系不难得出,它主要指的是在"诚意正心"的道德修炼要求下的求知主张,即对道德知识的追求。汉代经学家郑玄在《礼记·大学注》中所作的注释就写明了这一点:"格,来也;物,犹事也。其知于善深则来善物,其知于恶深则来恶物,言事缘人所好来也,此致或为至。""知,谓善恶吉凶之所终始也。"这里,郑玄把"知"解释为与"善恶"这样的道德事物、与"吉凶"这样的人生境遇相关的东西,或者也可以说,他把"知"的对象解释为是道德事物与人生境遇。到了唐代,经学家孔颖达的相关注释依然延续了汉代郑玄的说法。他在《礼记疏·大学》中写道:"物格而后知至,物既来则知其善恶所至。善事来则知其止于善,恶事来则知其止于恶,既能知至则行善不行恶也。"这里比起郑玄来,孔颖达更是把"致知"完全限制在"善恶"的范围,而去除了"吉凶"这样的人事境遇。

到了宋代,理学家们对"致知"解释的一个共同之处,是把它界定为对"道"或"理"的追求。例如,程颐说:"格犹穷也,物犹理也,犹曰:穷其理而已也。穷其理,然后足以致之,不穷则不能致也。格物者适道之始,欲思格物,则固已近道矣。"[①]又说:"莫先

[①] 《河南程氏遗书》卷二十五,北京:中华书局,1981年,第316页。

于正心诚意,诚意在致知,致知在格物。格,至也,如'祖考来格'之格。凡一物上有一理,须是穷致其理。"①这里,程颐强调的是格物致知的目标是要"穷致其理"。同为宋代大儒的朱熹也是如此。他关于格物致知的一段著名的论述是:"盖人心之灵莫不有知,而天下之物莫不有理,惟于理凡天下之物,莫不因其已知之理而益穷之,以求至乎其极。至于用力之久,而一旦豁然贯通焉,则众物之表里精粗无不到,而吾心之全体大用无不明矣。此谓物格,此谓知之至也。"②在这里,朱熹同样把格物致知解释为追求事物的终极之"理"。需要说明的是,尽管程颐与朱熹把这样的"理"说成是"天下之物"的理,似乎也包含着对自然事物的认识,但若从朱熹所说的"存天理,灭人欲"来看,他们的"天理"是与"人欲"相对的,因此虽然也不排除他们所说的"理"包含有自然事物之理,但就其基本含义而言,主要指的还是道德伦理方面的"理"。特别是当程颐论及"致知在格物,格物之理,不若察之于身,其得尤切"时,他亦是把"格物"看作是一种在本心之上用力的内省工夫,而这显然就不是什么自然事物之理,而是道德之"理"了。

儒家的"致知"指向道德之理,这样的目的性到了明代的王阳明心学那里,就更加凸显了。前面提到,王阳明直截了当地把"知"等同于道德之知,也就是"良知"。他这方面的论述还有许多,例如,"若鄙人所谓致知格物者,致吾心之良知于事事物物也。吾心之良知,即所谓天理也。致吾心良知之天理于事事物物,则

---
① 《河南程氏遗书》卷十八,第 188 页。
② 〔宋〕朱熹:《四书章句集注》,北京:中华书局,1983 年,第 6—7 页。

事事物物皆得其理矣。致吾心之良知者，致知也。事事物物皆得其理者，格物也，是合心与理而为一者也"。① 在这句话中，王阳明明确提到"致吾心之良知者，致知也"。他并且断言除了良知之外，就没有什么其他的"知"了，甚至宣称"外致知以为学者"乃是所谓的"异端之学"。王阳明在传统中国知识论上起的作用，就在于通过他的倡导与推行，"知行合一"的学说成为中国知识论的典型学说，"知行合一"的概念成为中国知识论的典型代名词。

与中国传统哲学不同，西方哲学自古希腊开始就把求"真"作为认识的目标。在这方面，柏拉图的哲学起着奠基性的作用。前面提到了"知识是得到确证的真信念"这一三元定义，这一定义至今仍然继续沿用着，被称为"柏拉图式的知识定义"。它明确地以求"真"为目标。此后亚里士多德对什么是"真"作出符合知识论意义上的界定，即"凡以是为是者是真的"。亚里士多德并且发明了"形式逻辑"，这为西方知识论提供了有力的逻辑工具上的支持。

西方知识论后来的发展一直朝着求真的方向，与之相伴随的是对于知识的属性的认识。在近代哲学那里，知识被看作是确定的、客观有效的、普遍必然的。相应地，如何获得真以及这些属性就成为知识论的解释所努力的目标。即使在形而上学色彩浓厚的德国古典哲学中，康德也在批评亚里士多德逻辑只涉及思维形式、不关涉思维内容的基础上，努力建立起一种能够为经验认识

---

① 《王阳明全集》卷二，《语录二·传习录中》，上海：上海古籍出版社，1992年，第45页。

第二章　知识的观念与思维方式

提供普遍必然性与客观有效性的条件的"先验逻辑"。在康德那里,西方知识论对求真目标的探讨,深入为对知识如何获得客观有效性与普遍必然性的可能性条件的探讨。这表现在康德提出了"纯粹数学"与"纯粹物理学"如何可能的问题,并由此探讨它们的可能性的条件。他围绕"直观"与"概念"这两个认识的基本要素如何结合的问题,分析、论证了认识能力与认识规则两个系列方面的条件。作为一种"先验哲学",康德重在阐明认识的"先天"方面的条件,包括作为直观形式的空间与时间,作为经验判断的规则条件的先天范畴以及由其所引出的综合判断的原则。

这里笔者想指出的是,康德知识论的这一思路与休谟的不同。康德求"真"的思路是从知识判断的属性——客观有效性与普遍必然性出发,来寻找它们的可能性的条件根据,也就是如何借助概念来对感觉质料进行有效综合的问题;而休谟则是从"信念"(belief)的角度来探讨认识的可能性问题。对于休谟而言,认识的真假问题实际上是一个认识主体"相信"与否的问题,是可信度如何的问题。这种可信度的高低是与知觉的强烈与活泼程度相关联,以及与我们想象观念的形式相关联的。① 依照这样一种思路,休谟得出的结论是,"理性永远不能使我们相信,任何一个对象的存在蕴含另一个对象的存在;因而当我们由一个对象的印象推移到另一个对象的观念或信念上时,我们不是由理性所觉得,而是由习惯或联想原则所决定"。② 休谟之后,罗素也曾从信

---

① ［英］休谟:《人性论》,关文运译,北京:商务印书馆,1991 年,第 113—114 页。
② 同上书,第 115 页。

念的"可信度"方面来解释知识的可能性问题。以上所说的,从知识的客观性与普遍必然性,或者是从信念的可信度方面来探讨知识的条件问题,属于在当代分析的知识论出现之前,西方知识论的两种主要研究路向。

在康德之后,德国古典哲学的主要代表人物——费希特与黑格尔,都继续朝着康德的通过改造逻辑学来重建知识论的方向努力。黑格尔对康德的逻辑思想的批评在于,虽然康德提出的在求知之前先考察知识的能力,将思维形式作为知识的对象加以考察的思想是不错的,但他没有进入到思维范畴的本身去考察它们,没有在认识的过程中将思维形式的活动和对于思维形式的批判结合在一起。① 另一方面,他还批评那种将逻辑学符号化的努力,认为人类已有丰富的自然语言的表达能力,没有必要再去构造一种符号语言。黑格尔建立他的思辨逻辑学的结果是产生了一种将本体论、认识论、方法论与逻辑学四者结合起来的哲学体系,它深深地影响了马克思。

在现代西方哲学中,作为一种主流性的哲学,分析哲学的一个突出特征,同样是将逻辑工具结合进知识论之中。在它那里,逻辑分析是"分析"的一个主要手段,这尤其表现在罗素著名的"摹状词"的分析之上。当代英美的知识论基本上就是一种分析的知识论。"葛梯尔问题"的提出,在某种程度上说也是一种分析的产物,其构造的反例表明,在满足知识的真、相信与确证的三要

---

① [德]黑格尔:《小逻辑》,贺麟译,北京:商务印书馆,1980年,第118页。

素的情况下，所产生出的结果仍然可能不是"知识"，这就对传统的知识定义本身提出了挑战，从而引发了对新的知识定义的分析与重构。在这个意义上说，当代的分析的知识论仍然是以求真为导向的。诺奇克为解决"葛梯尔问题"所修补的知识定义，即在真与相信这两个条件之外，补充了如下的两个条件："如果 p 不是真的，s 就不相信 p"，以及"如果 p 是真的，s 相信 p"。[①] 它们后来分别被称为知识的"敏感性"与"安全性"条件。这可以用来作为西方的求真知识论在分析哲学那里的一个例证。

三、中西知识论在文化背景上的差别

中西知识论之所以有知识论形态上的区别，以及目的论取向上的差别，根本的原因在于它们各自的文化背景。笔者认为，从根本上说，文化中的这几个要素——语言文字、数学与逻辑、哲学与思维方式，尤其影响着中国古代知识论的形成。笔者在这里作些简要分析。

（一）语言文字上的差异。

汉语的文字是象形文字。它的一些文字在篆书上的写法，如日、月、水、火（ ）等，显然是模拟自然事物的。《易经·系辞下》中的"古者庖牺氏之王天下也，仰则观象于天，俯则观法于地，观鸟兽之文与地之宜，近取诸身，远取诸物，于是始作

---

① Robert Nozick, *Philosophical Explanation*, Cambridge: Harvard University Press, 1985, pp. 172—176.

八卦,以通神明之德,以类万物之情"这段文字,虽然是用来描绘庖牺氏是通过何种方式来制作八卦的,但它在中国古代的认识活动中,却是极有代表性的。"近取诸身,远取诸物",也就是"观物取象"的方法。它采取的是一种图像式的、表征性的、类比性的认识方式。《系辞传》有"象也者,像此者也"。因此,冯友兰说:"象是模拟客观事物的复杂情况的。"[1]这一方法可以用来解释中国古代文化与哲学中的一些极为重要的基本概念,诸如"阴阳""五行"等是如何产生的。就"近取诸身"而言,"阴阳"是类比于男性与女性的产物;就"远取诸物"而言,"阴阳"乃是取自类比于白天与黑夜的结果,等等。这种类比性的认识方式的一个结晶是《易经》,它从自然界中选取了八种东西作为说明世界上其他事物的根源,这即是天(乾)、地(坤)、雷(震)、火(离)、风(泽)、泽(兑)、水(坎)、山(艮)。从这些概念我们可以看出,《易经》是类比于自然事物来形成某种符号、范畴的,其中最基本的符号是阴爻与阳爻。而作为五行的"水、木、金、火、土",则是直接类比于这五种物质对象而来的概念。这样一种类比性的认识方式,在中国古代文化中起着极其重要的作用,成为其基本的思维工具,就像中医理论所典型地表现的那样。阴阳与五行等形成的概念系统,属于特殊类型的经验概念系统。它的一个基本特征是并不区分内容与形式,而是把事物作为一种"类"来归属。

西方文字则是拼音的、抽象的文字,这也在很大程度上决定

---

[1] 冯友兰:《中国哲学史新编》,北京:人民出版社,1998年,第503页。

了他们习惯于采取一种抽象的、形式化的认识方式。古希腊时期发达的几何学、逻辑学,都属于抽象形式的科学。从哲学上看,这种认识方式的一个体现是,柏拉图的"理念"、亚里士多德的"形式因"、康德的"空间时间"与"范畴",都是与内容相对的、形式性的概念,并且它们是用来作为内容方面的规定的根据的。

(二) 数学与逻辑的影响

在古代,西方显得是相当重视数学的。这方面的一个著名例子是,古希腊的柏拉图学园门口所挂的一块牌子是:"不懂数学者不得入内。"对于西方人来说幸运的是,早在古希腊,他们就已产生了亚里士多德的逻辑学与欧几里得的几何学,它们的特征是一种形式化、演绎性的思维,这培养了西方人的逻辑推理的传统与习惯。

与之相比,中国古代虽然早在公元1世纪就有了《九章算术》,此书不仅最早提到分数问题,《方程》章还在世界数学史上首次阐述了负数及其加运算法则;在《方田》《商功》和《勾股》章中提出了很多面积、体积的计算公式和勾股定理的应用。然而《九章算术》的根本缺点在于,起先它没有任何数学概念的定义,也没有给出任何的推导和证明。

中国亦很早就有了自己的"墨辩逻辑",但它没有能够充分地从思维内容中抽象出思维的形式,尤其是判断与推理的形式,更未能将思维形式与思维规则形成一个系统,这就使得它难以为理论性的思维提供一种逻辑的工具。这直接影响到中国的理论意义上的自然科学的发展。虽然中国古代有着足以自豪的以火药、指南针、造纸术、印刷术这"四大发明"为代表的技术科学,但是却未能产生出理论意义上的自然科学。古代中国的类比性的、图像性的思维方式所产生出的文化,其突出的代表是中医与文学艺术。中医依据阴阳五行的概念图式形成了自己的理论系统,而文学中的"比兴"形成了中国诗歌的特殊表现手法,对"象"的特殊理解则形成了中国画的独特写意方式。

此外,还有一个重要的因素直接限制着数学与逻辑在中国古代认识活动中所能发挥的作用,这就是,它们并不能进入官学,不能进入官方的考试系统,即科举的系统。科举作为官方选拔官员的唯一的公开途径,其导向的作用自然不言而喻。由于科举所考的科目是"四书""五经"这样的儒家经典,也就是文史哲之类的东西,而不考数学、逻辑与自然科学方面的科目,这就导致了作为社会精英的莘莘学子只读圣贤书的结果。如此一来,墨辩逻辑的式微就属于题中应有之义了。与此相伴随的是,学子们在学堂里免于数学与逻辑的训练,其"致知"的观念与方式,也就长久地停留在经典儒家的模式中。

四、中国知识论的研究趋向

进入现代,中国知识论的发展主要表现为一种在介绍、研究西方知识论的基础上,继而提出自己的学说的趋向。

张东荪是较早在现代中国专门研究知识论,并提出自己的知识论主张的。他多方吸取西方知识论的思想,包括经验论、理性

第二章 知识的观念与思维方式

论、康德的知识论、詹姆斯与杜威的实用主义等。因此,他把自己的知识论称为"多元主义"的。他出版于1934年的《认识论》一书,探讨了知识的性质、主要类型、与实在的关系("切否",即主客相关的确实与否的问题)、知识的标准等问题。该书的第三章《知识的切否》主要是介绍实在论、表象论、一元论等西方的知识论流派。第四章《知识的标准》则是介绍符合论、实用主义的观念的效用论等西方的真理观。

在第五章《认识的多元论》里,张东荪提出了自己的"认识的多元论"。这些主张包括把感觉所与看作是一种"中间物",它既非是外在的存在者,也并非内在于心中的东西。[①] 虽然如此,他在理论的构建上多是采用综合西方知识论的方法。例如,在论述有关认识与外部世界的关系时,张东荪明确表明,他在直观的学说上大体采用的是康德的思想,而在"名理"的学说上则大体采用"路易士"(Lewis,现多译为"刘易斯")的主张。他的所谓"多元",大致是一种对西方不同知识论主张的综合。通过对它们加以选择,而后将其中认为合适的部分组合进自己的学说框架中。当然,张东荪也提出了一些自己的思考与主张,包括对所吸纳的西方哲学家的思想提出否定性的意见。例如,他认为由于在认识的主观能力上采取了经验的观点,因此就不必采用康德的"统觉"说。此外,对于刘易斯的《心灵与世界秩序》一书,他表示了四条不同的意见,如刘易斯把概念看作都是先验的,于是在概念与设

[①] 张东荪:《认识论》,世界书局,1934年,第47页。

准(或"范畴")之间没有了区别。在他看来,这两者之间是应当设置一条"鸿沟"来加以区别的。因为概念并非先验的,而是经验的,是通过对经验总括而成的,它们只是一些"符号",而在概念之先必须拥有的"设准"则是先验的,等等。① 从张东荪的《认识论》一书看,他并不研究实际的认识活动,也不考虑认识中出现的问题,而是出自对已有的理论学说的取舍。此外,他也不关注中国哲学自己的资源,这表现在他所使用的概念并没有中国哲学自己的概念,即使是在讨论行为与知识的关系上。

从西方哲学的背景下来研究知识论,这也是略处于张东荪之后的金岳霖的路向。金岳霖也是中国哲学界少有的写出知识论专著的学者之一。他动笔于抗战时期的《知识论》堪称一部鸿篇巨制,全书厚约七百页。这部著作的主旨是要"理解"知识。金岳霖把知识论的对象界定为是知识的"理",它的目标不是"真"而是"通"②,因此金岳霖认为知识论并不是科学。这里,他所谓的"通",不仅指的是"一致",而且还有"真"的意思。③

金岳霖具有较高的概念思辨能力。不过,该著虽属精思慎辨之作,但它的一个根本毛病是没有提出或针对任何问题。金岳霖自己说,如果说有什么问题,那是关于"什么是知识"的问题。但这样的一个论题,未免使得该著陷于宽泛,因为在知识论史上,洛克等人就已经详细地研究过知识的"来源、有效性与范围"的问

---

① 张东荪:《认识论》,第97—99页。
② 金岳霖:《知识论》,北京:中国人民大学出版社,2010年,第8页。
③ 同上书,第64页。

题,已经把什么是知识的问题具体化了。金岳霖在知识论所研究的问题上没有感觉,因此造成的结果是他的《知识论》一书就像开中药铺一样,几乎想把所有的知识论概念都罗列出来,涉及以往知识论所能想到的诸多问题。然而,这样的探究方式对知识论的发展也就难有什么推进。

相比之下,就金岳霖所推崇的罗素而言,他的《人类的知识》也是一部鸿篇巨制,然而它却有着明确的问题意识。罗素开宗明义地指出,本书"试图以我所能达到的最广阔的眼界来研究一个很大的问题:既然人们和世界接触的时间短暂,观察事物又不免带有个人偏见和局限性,那么人们又是怎样得以获知他们的全部知识的?相信我们的知识这种信念有一部分是幻觉吗?如果不是,那么我们除了依靠感官之外,还必须知道些什么?"[1]这一有待解决的问题,自然就涉及认识的主观性问题。而在罗素看来,摆脱这种主观性的企图,已经把一些近代的哲学家引入歧途。罗素在该书中的《序言》与《引言》中所简单勾勒出的这些问题,已经足够清晰地使人明了他的知识论所要做的工作。

不论是张东荪还是金岳霖,他们的知识论的出发点与所借助的思想资源,都是属于西方的,尽管不排除其中或许也暗含着一些中国哲学的东西。他们的思考以及所产生的论著体现了现代中国的知识论的一种趋向,这就是对西方知识论的吸收、对话和融合。以上我们从中西知识论的不同形态入手,探讨了它们之间

---

[1] [英]罗素:《人类的知识》,《著者序》,张金言译,北京:商务印书馆,1983年,第2页。

的差别的原因,并以张东荪与金岳霖为代表,论述了现代中国知识论的发展趋向。本节的思考最后留下的问题是,我们应当如何研究知识论问题?是否知识论研究只有"华山一条路",只能沿着西方的概念系统与研究路向延伸下去,或是中国传统哲学中也存在自己的思想资源?当然,就认识的问题而言,不论是主体与客体的关系,还是知识的性质、结构与条件等,它们都属于普遍的问题,因此对于中西学者而言都是共同的。如果是这样的话,那么在知识问题具有普遍性的前提下,所能出现的差别只是理解上的差别,语言表述上的差别,而不可能是诸如知识的性质之类的根本差别。这就好像全球只有共同的数学与物理学,差别只是在于哪一国家的数学家或科学家发现了它们的定律、给出了有效的解释而已,这样的道理对于知识论也一样适用。

第七节 略论金岳霖《知识论》中的几个问题

金岳霖的《知识论》是中国第一部真正意义上的知识论著作。在此之前,中国传统主流的儒家哲学,将"德性之知",亦即道德方面的知识看作唯一的知识,因而并没有专门的有关一般意义上的"知识"的研究。在20世纪30年代,虽然张东荪曾出版过一部《认识论》(1934年),但其内容是有关理性主义、经验主义、实在论、表象论之类的东西,属于宏观性的介绍并加以综合,谈不上什么原创性。真正的研究性著作当以金岳霖的《知识论》为代表,因此有学者认为它"填补了中国知识论研究的空白"。

第二章　知识的观念与思维方式

在这部鸿篇巨制中,金岳霖殚精竭虑,精心思辨,对知识论所涉及的问题进行了广泛的思考,对一些概念提出了自己的独到解释。迄今为止,汉语学界尚未见能与之匹敌者。因此笔者的评价是,金岳霖的这部著作具有里程碑式的意义。

在上一节中,笔者曾论及金岳霖《知识论》的一些不足之处,包括认为他的这部著作的最大弊病是没有提出自己的问题,不能发现新的认识现象。他受中国传统哲学的影响比较深,追求去探寻一般意义上的所谓"理",而缺乏一种把握问题的意识与直觉,因此并没有以问题为导向来对知识论作出有关的解释与推进,尤其是借助的框架比较陈旧,不能开拓新的问题域。他的写法类似于撰写教科书,把有关的要素都罗列出来,如第五章《认识》、第六章《思想》、第九章《自然》、第十章《时空》、第十一章《性质、关系、东西、事体、变、动》、第十二章《因果》、第十四章《事实》、第十五章《语言》,等等。从这些篇目中,我们看不出什么问题之间的内在联系。

在本节中,笔者延续以前的思考,进一步深入到如下五个值得质疑与商讨的问题。

一、知识论的目标并不仅仅是"通"

金岳霖认为知识论的对象是"理",因而其目标是"通"而非"真",然而这是不够的。这里的"通",指的是知识论本身各部分的一致。但这样的"通",仅仅能够作为理论系统的形式或者说逻辑上的要求而已。与上述的思想相关,金岳霖认为"知识论不在指导人们如何去求知,它底主旨是理解知识"①,这实际上是没有看到知识论的规范性的意义与作用。

知识论的目标应当是规范。我们既描述认识是什么,包括知识的构成要素(如知识的定义)及其作用、认识的过程,同时也从它的正确与错误的方式中,通过对认识的经验反思,得出它应当如何,也就是作出规范。与逻辑学通过探讨思维的结构与规律而形成一些思维的规则一样,知识论通过描述认识活动的发生、过程、结构,揭示出知识的要素与条件,最终是要提供一些认识需要遵守的规范,包括认识的目标与义务、确证条件(如理由与证据等)的满足、安全性原则等。知识论通过提出这类认识应当遵守的规则,不仅解释了知识本身,而且为认识活动提供了指导,与哲学的功能一样,达到教化的目的。

除此之外,认识的规范还可作为认识评价的根据。某个命题、信念是否为知识,依靠的是某种规范来断定。例如,依据知识的三元定义,假如满足了知识的三个要素条件,即可断定为知识。对认识进行怎样的评价,不仅直接影响着人们的认识观念,而且也间接地影响着人们的认识活动。因此,这也从另一个角度体现了知识论的规范意义。

二、知识论无法以"正觉"为出发点

"正觉"这一概念在金岳霖的知识论中具有核心地位。他写

---

① 金岳霖:《知识论》,北京:中国人民大学出版社,2010年,第91页。

道:"本书是以正觉为中心观的知识论。"①这里的"正觉中心观",是与"官觉中心观"相对的。突出正觉的作用,将感觉论作为一种正觉论,是金岳霖的知识论在感觉论上的与众不同之处。

这里我们需要先解释金岳霖的所谓"正觉",他对此的界定是"正觉实在只是一种特别的官觉",而"官觉"则是日常生活中的官能活动,是"能随时以正觉去校对的官能活动"。这就告诉我们,在金岳霖那里,"官觉"指的是我们通常意义上的感觉活动,如"耳听目视"之类的,它包括"错觉、野觉或非正常的官能活动"。②而正觉乃是这种感觉活动中特别的一种,因为它不含错觉或幻觉。③因此,金岳霖认为它"才是知识论或官能活动论底基本题材"。④

这种正觉在金岳霖看来具有"校对"某种官能活动是否为正觉而非错觉或幻觉等的作用。他用"圈点古书"来对此种正觉的"校对"作出比喻,即它是"就上下文而决定有无错误"⑤,而不像通常的校对文稿那样是依据文稿如何来校对的,亦即正觉的校对并没有"符合"与否的问题。在正觉与官觉这两个概念的使用上,金岳霖特别声明,它们没有"相当的日常的名词"。虽然正觉似乎像是英文中的 sensation,但实际上却不是。

之所以需要将官觉中心观改变为正觉中心观,金岳霖的解释

---

① 金岳霖:《知识论》,第 120 页。
② 同上书,第 119—121 页。
③ 金岳霖写道:"就 sensasion 并非错觉、幻觉……说,它似乎是正觉。"金岳霖:《知识论》,第 121 页。
④ 同上书,第 121 页。
⑤ 同上书,第 120—121 页。

大概有如下几点。一是，官觉不如正觉基本，且正觉先于非正觉的官觉。非正觉的官觉是认识者根据正觉的经验去校对、去决定的。比如用近的、看得清楚的东西，去校对远的、看不清楚的东西。二是，因为"官觉中心观"是就梦觉和幻觉来说的，而"正觉中心观"是就错觉和"野觉"（指"马上能以'正觉'去校对或修正的幻觉"）而论的。由于"知识的大本营总是正觉"①，因此需要进行这样的改变。三是，之所以要以"正觉"为中心，是因为要以"官觉中的正觉为标准去决定错觉和野觉"，即以正觉（它是外物与官觉者两者之间的关系集合）作为认识的正确或错误的判断标准。

然而，在这一问题的论述上金岳霖显出有不一致的地方。一方面，他说正觉是正确的感觉，可以用来决定错觉或野觉，但另一方面，又认为诸如木棍在水里看起来是弯的属于正觉，因为在遇到这种情况时，我们会用触觉去校对，然后得出"一根触觉上的直棍子一半在水里面的时候，看起来空气中部分和水中部分成一钝角"的结论，而这与摸起来是直的棍子但看起来却不直毫无矛盾，也与空气中直的棍子半在水中半在空气中的时候看起来不直也没有矛盾。② 诚然，在这种情况下我们可以用触觉来校对正觉，但这并不意味着将棍子看成弯的的感觉没有错误，并且称它为"正觉"。特别是在金岳霖明确地将正觉与错觉区别开来，且将正觉界定为正确的知觉之后。假如他上述的说法（即将水中的棍子看成弯的没有错误）能够成立，那么又如何能够说以"官觉中的正

---

① 金岳霖：《知识论》，第 89 页。
② 同上书，第 130 页。

觉为标准去决定错觉和野觉"呢？

进而言之，对于金岳霖的"以官觉中的正觉为标准去决定错觉和野觉"这一提法，笔者并不赞成。理由在于，首先，由于在感觉活动中很容易出现错觉、幻觉等，因此如何排除这类错误的感觉，就属于知识论所要认真对待的问题。金岳霖认为"正觉底呈现是客观的"[1]，然而尽管它的来源是客观的，即来自对象本身，但由于环境、主体的能力与学识等各种因素的综合作用，这种"客观性"只是有限的。"正觉底呈现"实际上给出的只是一种"表象"，该表象的正确性如何是因人而异的。因此，说"以官觉中的正觉为标准去决定错觉和野觉"，是没有意义的。假如我们将知识论建立在所谓不含错觉的"正觉"的意义上，那就等于脱离了认识的实际，因而也就回避了问题，从而在很大程度上丧失了研究感觉的意义。当今知识论出现的"析取主义"，试图解决的正是如何辨别知觉的真假的问题。它指出概念以及可反思性的、事实性的理由在其中的作用，用以区别"看到 p"（如看到并知道某物是"手机"）与"仅仅看到 p"（看到但并不知道它是手机）两者之间的不同。

其次，某一感觉是"正觉"或"错觉"与否，不是能够仅仅依靠自身来判定的，这从根本上说是以知性或理性为依据的。如果我们一下子就能确定某个感觉是正确的，那等于否认判断和推理的必要性了。认识活动之所以需要判断，正是因为对于感觉所提供

---

[1] 金岳霖：《知识论》，第 89、108 页。

的质料,我们需要加以综合与分析,辨伪存真,给出一个判定。推理的作用也是如此,在感觉上不确定的地方,除了判断之外,有时还需要推理的介入。这样的例子在日常生活中并不少见。例如,在两辆列车交会时,有时虽然感觉到是自己乘坐的列车在移动,但实际上是另一辆列车在开动。这时我们需要改变参照系才能有正确的判断。所以是理性最终帮助我们得到正确的认识,而不是仅仅依靠感觉。同样,"远方水天相接"的现象,也是无法仅仅通过"正觉"来辨别或"校对"的,而是需要通过理性及其判断来确定。

简单说来,我们的认识并不会停留在感觉的层面上,而是需要上升到理性的层面上,依靠思考(包括判断与推理等)来解决感觉所产生的疑难现象。所以,康德有这样的说法,假如感觉出错的话,那么应当负责的不是感觉本身,而是我们的知性。因而,笔者并不赞成金岳霖的"以正觉为中心观"的主张。我们不能将一个有待解决的问题设定为理论的前提。假如是这样的话,那么他的官觉论乃是建立在一个未决的基础上,因此本身是不牢靠的。对于认识而言,其困难恰恰在于如何辨别正觉与错觉、幻觉,因此相应地,知识论应当在这方面作出解释:为人们提供有关的认识经验,帮助人们获得有效的辨别方法。

三、"所与"的能够是独立的外物吗

正觉说的问题的另一个方面,在于金岳霖将它和"所与"概念等同起来。他写道:"正觉总是有呈现的官能活动。我们称正觉底呈现为'所与',以别于其他官能活动底呈现。所与就是外物或

第二章　知识的观念与思维方式

外物底一部分。所与有两方面的位置,它是内容,同时也是对象;就内容说,它是呈现;就对象说,它是具有对象性的外物或外物底一部分……所与虽然只是外物底部分,然而它仍是独立存在的外物"。① 此外,在该书中,金岳霖还写道:"我们在本章只谈一官觉种(按:原文如此,疑为'一种官觉'之误)的客观的呈现,所以只谈所与已经够了,不必再谈及呈现。这就是说我们所谈的觉是正觉。"②

上面的引文中值得注意的有两点,一是,金岳霖将所与和正觉等同起来,"称正觉底呈现为'所与'",并且还说,他在第四章中只谈一种觉,即只谈所与,而所谈的这种觉是正觉。二是,这种正觉,亦即所与,是一种客观的呈现。这种客观性表现在,所与"就是外物或外物底一部分"。金岳霖甚至还强调,所与是"独立存在的外物"。就此他写道:"所与虽然只是外物底部分,然而它仍是独立存在的外物。"③

将这两层意思综合起来,我们可以得出:在金岳霖那里,等同于正觉的所与是一种客观的呈现。然而他的这一思想却难以成立。之所以这么说,关键在于所与并非纯然是客观的,因为一个重要的因素是,当我们在对所与进行"收容或应付"(借用金岳霖的用语)时,概念是介入其中的;换言之,所与中渗透着概念。例如,一位从来没有见过手机的人,当他初次见到手机时,他眼中呈现的只是某个物体的形状,而无法形成"手机"的表象(正觉),

---

① 金岳霖:《知识论》,第96页。
② 同上书,第137页。
③ 同上书,第96页。

因为他没有这样的概念。对于复杂的事物的认识更是如此。例如,从物质生产的角度看,对于社会的不同形态,有着农业社会、工业社会与信息社会的区分。而诸如"信息社会"这样的形态,并不存在单纯的所与。对于这样的所与的认识,依靠的是学者们所构造出来的概念。在类似的意义上,马克斯·韦伯构造了"资本主义精神""理性主义""新教伦理"等概念,将它们作为某种"理想类型",用于把握作为现象的事件中的本质性的联系、某种不变的东西。正是通过这样的概念,我们才对所与有明了的知觉,因而并没有纯粹的所与。所与中既然有概念的介入,因而不能把所与看作独立存在的外物。

金岳霖虽然也谈到所与同语言的关系问题,而且也把语言视为"收容与应付所与的工具",但他只是提到这一工具需要是可靠的而已。此外,他还把语言文字视为一种"官觉的所与"。[①] 他给出的例子是汉字里的"中"字,当我们看见"中"字时,它呈现给我们的是一种视觉上的东西。金岳霖这两个对语言与所与关系的解读,并没有涉及语言作为概念如何在所与的呈现中起到的概括、赋予意义等作用问题,未能注意到概念在所与的呈现中所起的作用,不能不说是一个缺憾。

四、"代表说"(表象说)是否用不着或"说不通"

在哲学史上,有关感觉与对象之间的关系中存在两类不同的

[①] 金岳霖:《知识论》,第 164 页。

学说。一类是两要素说,即主体与客体,它们两者之间存在一种直接的关系,我们所知觉到的是外部的对象。另一类是三要素说,介于这两要素之间,存在一个中间的要素——表象,主体并不直接认识客体,而是通过我们的感觉材料,亦即表象来进行。在此问题上,金岳霖所持的是直接实在论的观点,宣称正觉乃是外部对象本身,或是它的一部分。

在这方面,他对感觉的"内容"与"对象"这两个概念作出了界定。"我们有两个不同的现象,前一现象我们叫作内容(按:在金岳霖那里它指的是所呈现的东西。如我们想象某人时心中所出现的有关他的'意象',它随我们的想象而存在),后一现象(即对象本身,如被我们想象的某个人,他具有独立的存在)我们叫作对象。"[1]

金岳霖反对"代表说"(从其上下文的含义来看,它指的就是表象说)的感觉只涉及表象内容,而非直接关联到对象的说法,他认为,"代表说"认为感觉是"只有内容而无对象"的官能活动。在此问题上,他的直接实在论的立场体现在:"本书的官觉可以有外物为对象,或者它可以是官能个体与外物的直接接触"[2],这种接触的结果所产生的"正觉中的所与"既不是外物的作用而产生的结果,同时它"也不代表外物"[3],而是直接为外物本身,或者说是外物的一部分,因此它根本没有代表说所要应付的问题,所以"代

---

[1] 金岳霖:《知识论》,第18页。
[2] 同上书,第122页。
[3] 同上书,第100页。

表说用不着"。类似的说法还有:"本书所谓官觉……根本没有代表说所要应付的问题"。此外,他还宣称,对于他的官觉说而言,"代表说又说不通"。① 这是由于,官觉虽然有环境中的外物,但不必有对象上的外物,因此说某物 X 呈现代表环境中的外物,与代表说所要应付的问题不相干;另一方面,由某物 X 呈现的官觉也许根本就没有对象上的外物。因此他的结论是,代表说(表象说)要么是用不着,要么是说不通,由此我们可以看到,在金岳霖的知识论中,对于解释呈现与外物的关系问题而言,表象说乃是多余的,甚至是成问题的东西。

虽然在感觉与对象的关系上到底是两要素(认为在感性认识中存在的仅仅是感觉与对象这两者)还是三要素(认为除了主体与对象之外,还存在一种中介性的"表象"②)的问题上存在着争论,但在笔者看来,表象说有其合理性,能够更合理地解释感觉与对象的关系问题。说所与就是外物,才是真的说不通,理由至少有两个。首先,当我们说某人"口蜜腹剑"或"笑里藏刀"时,这表明的是他的存在(本体、本质)与呈现出来的表象是不一样的。诸葛亮的空城计的例子也类似,司马懿搞不清看到的是真的空城或是另有伏兵,在这两种情况下,在他眼前呈现的同样都是一座空城的表象。因此否定表象论的话,就难以解释事物本身(本体、本

---

① 金岳霖:《知识论》,第 122—123 页。
② 这里我们可举两个表象说的代表。洛克认为,我们知觉到的不是事物本身,而是知识对象的观念或表象。塞尔则声称:"结论是,我从来都没有看到过物质对象,而只看到过感觉予料"。参见[美]约翰·塞尔:《心灵导论》,徐英瑾译,上海:上海人民出版社,2008 年,第 231 页。

质)与现象之间的区别,难以解释事物向我们"呈现"的问题,难以解释"经验"的问题。其次,由于所与有概念介入的问题,而一旦有概念介入,概念的使用本身就有真假,因此所与就带有主观上的印记,不可能是纯粹客观的了,从而更使得它与外物本身有了区别。

鉴于上述的理由,本人倾向于采取表象说,它更符合实际的感觉活动状况。假如仅仅通过断定官觉有对象来排除表象说,这就把问题简单化了。既然金岳霖在他的《知识论》中也大量地使用了"正觉""错觉""幻觉""野觉"等用语,而这些用语实际上意味着对象通过感觉呈现给我们的并非直接就是对象本身,而是具有不同的呈现结果,表现为不同的"内容",这些内容如果概括起来,其实可以用"表象"一词来恰当地加以刻画。此外,就他所说的两类现象,即"内容"与"对象"的区别而言,其中的内容这一"现象",莫若用"表象"概念来表达会更准确些,而且这样还可避免出现"两种现象"的提法在表达上的含混。

综上可见,与金岳霖所持的"主体和对象"的两要素说相比,这种三要素的表象说更符合实际的感觉活动状况,因此在对感觉活动的状况与特征上的解释会更合理些。

五、"真"到底是知识论的概念,还是形上学的概念

金岳霖有这样的看法,将"真"看作属于命题的值,而不是某种东西的性质。[①] 这涉及的问题是,真到底是知识论的概念,还

[①] "真假是命题底值",它们"不是'东西'底性质。"(金岳霖:《知识论》,第103页)

是形上学的概念？这是一个容易混淆的问题。金岳霖的看法是，它是一个知识论的概念。就此他给出的例子是，当我们说"真的宋画"时，我们乃是在肯定那张画为宋画是真的命题，仅此而已。不过，他的这一论断似乎仅说对了一半。另一半是，事物本身也有真假。一幅画是赝品，就是说它不是真的某画家的作品，而是假的、伪造的，这直接关涉的是那幅画自身的性质，它的存在的属性。也就是说，事物本身有真假，才有我们所谓的判定的真假。

亚里士多德的这句话是大家所熟悉的。所谓的"真"，是"以是为是，以非为非"（"凡以不是为是，是为不是者这就是假的，凡以实为实，以假为假者，这就是真的。"①），这句话中的第一个"是"，指的就是事物本身的存在状态（真或假）。与此类似，塔尔斯基对"真"的定义是，"雪是白的，当且仅当雪是白的"，这个定义明白不过地告诉我们，我们之所以在认识上断定雪是白的，也就是说它为真，恰是因为在现实世界中雪是白的，亦即认识上的"真"是以现实中的真为基础的，后者决定了前者。正因为事物本身有着存在与否、是否具有某种状态的问题，所以才有我们以命题的方式来真实或虚假地判断有关事物的存在与否或状态如何的问题。这些命题的真值并不受人与事件的认识关系的影响。因而从根本上说，真首先是一个存在论的（ontological）也就是形上学的概念。

金岳霖恰恰相反，他是把真当作一个知识论的概念，而不是

---

① ［古希腊］亚里士多德：《形而上学》，吴寿彭译，北京：商务印书馆，1995 年，第 79 页。

形上学的概念。在笔者看来,否定真是一个形上学(存在论)的概念,是不对的。因为假如没有真实存在的事物,也就没有对这些事物的真假性的认识。史学界曾经出现的有关曹操墓的争论,可以作为这方面的一个有力的例证。在河南的安阳所发现的墓穴,究竟是不是曹操墓,引起了史学界的大量争论。这一争论所依据的自然是考古所发掘的证据,也就是在安阳墓穴中发现的石牌、石枕等,是否墓中的原物,或是另有其他的来路?总之,不论是出土文物的真假,还是曹操墓的真假,它们都属于存在物的真假问题,而对它们的断定,亦即认识上的真假问题,是以存在物的真实性与否为依据的。认为"真"的概念仅仅属于知识论问题,这是片面的、不完整的。

我们对金岳霖的《知识论》中的几个问题进行了探讨。最后笔者想说的是,尽管从学说史的发展来说,后来者易于在新的视域中看出前人思想中的某些局限性,但这并不意味着是在苛责前人,而是推进学术发展的一种应有之举。本文充分肯定金岳霖在中国知识论发展史上所作出的里程碑式的贡献,希望能够积极地开掘他所留下的思想资源,继续他在知识论中说出中国话语的努力。但这并不意味着只能单纯地照着他的话语来讲,而更应当考虑如何"接着讲"。只有这样,我们付出的努力才会有积极的成果。

第一章　比较视野下的中国哲学

第二章　知识的观念与思维方式

第三章　中国哲学的发展问题

第四章　现代性对中国哲学的挑战

第一节　引　　言

要从事哲学的事业,就有一个"如何做哲学"的问题,它涉及哲学的性质与方法等,属于元哲学的范围。然而由于对这一问题缺乏应有的思考,导致我们在哲学研究上存在一些不能令人满意的状况,尤其是缺乏创新性的成果。本书剖析了元哲学问题在儒学中的特殊表现——道统论,并分析了之所以导致上述结果的三方面原因。一是,缺乏一种在各类现象中发现哲学问题的习惯,因此往往局限于在书本中讨学问;二是,对哲学的普遍性特征缺乏应有的认识,局限于"特殊性"的立场,这实际上是画地为牢,束缚了自己的思想;三是,通常不能提出对问题进行解释的概念,只能借用已有的概念乃至整个概念框架。

这里尤其要强调的是哲学思考的普遍性问题。思想与物不同。物当然都是特殊的,其价值就在于它们的特色,即所谓的"物以稀为贵"。特色越明显,价值就越高。但思想则是以其解释的普遍性为价值;一种思想越是普遍,意味着它的解释力越强,解释的覆盖面越广。某一思想达到了普遍性的地步,就意味着它把握了真理。

除了哲学的性质之外,如何做哲学还有一个方法论的问题,它直接关系到哲学的思想方式与叙事方式等。冯友兰区分了做哲学的"正的"与"负的"方法,前者指的是逻辑分析的方法,后者则指直觉的方法,它用于形而上学的研究,用以与逻辑分析的方法进行互补，以此来解决哲学思维所要面对的一方面需要满足科学认识的客观明晰的标准，同时又需处理非经验的形而上学思维所面对的"不可言说"的特殊场景。以此标准来衡量，冯友兰认为中国传统上缺乏的是"正的"方法论。另一方面，是否冯友兰所推崇的"负的"方法对于形而上学的叙事方式是有效的呢？我们将在本章第四节中加以讨论并给出否定的答案。

那么，如何对待形而上学的观念及其"真伪"的问题呢？在笔者看来，形上观念的真，是一种内在的真。一形上观念经过解释与论证并被认为是合理的，我们就把它看成是真的。内在真观念的根据在于解释的合理性，而不在于这种解释是否与对象相一致，因为被解释的对象恰恰是需要在将来依据该观念而建构出来的。哲学家并不是从现实中已经有过的行为来抽引出至善概念；相反，"至善"是一种理想中的"应然"状态，它产生于理性的超验设定。为此，我们需要反对以唯科学主义来对待哲学的做法。

就哲学的叙事方式而言可以有两种。一是从"……是什么"入手，另一类是从"……如何可能"入手。前者一般意味着对事物的肯定，趋向于从正面对事物进行探讨，因此它容易形成的传统思维习惯是非怀疑的、非批判性的，易于导致问题意识的不足，妨碍对事物的可能性根据的深入追寻。假如孔子在提出仁者爱人的基础上，进一步追问仁者爱人"如何可能"的问题，那就可能进入到这一问题的根据，诸如有关人的本体论的规定（人是目的、人的固有权利等）。与此相反，从"如何可能"的方式入手，如康德的"形而上学如何可能"、胡塞尔的"哲学如何能够成为严格的科学"。这种叙事方式往往蕴含着一个预设,就是所论及的对象是迄今尚未完善的、尚未建立起来的,因此这同时意味着它采取了一种批判性的立场。此外,这种叙事方式的一个优点,还在于它会导向对所涉及的问题(事物)的根据、条件的追寻,因为某种对象之所以可能,总是依赖于某些根据或条件,即"理据"的。哲学叙事的客观性意味着理据的恰当性。某个理由是恰当的,意味着它正确地把握了对象的性质,从而支持了有关的命题。

第二节 元哲学问题与中国哲学的发展

一、"元哲学"的概念

元哲学研究的是有关哲学的对象、性质、类型、方法与基本概念框架等根本性的问题。由于"如何做哲学"的问题涉及哲学的性质与方法等,因此,这一问题属于元哲学的范围。这类元哲学问题的思考,在具有开创性的哲学家那里不难见到。例如,休谟的《人性论》一书的副标题是"在精神科学中采用试验推理方法的一个尝试",表明休谟对于建立自己的哲学系统,在方法论上是自觉的,即试图运用一种新的、类似于自然科学的实验与推论方法来研究哲学。康德在《纯粹理性批判》最后的"先验方法论"部分专门论述了有关元哲学问题,就"纯粹理性完整体系的形式性条件的规定"[1]作出了思考,提出了有关哲学知识与数学知识的差

---

[1] [德]康德:《纯粹理性批判》,王玖兴主译,北京:商务印书馆,2018年,第571页。

别,各自所使用的方法的不同以及理性批判作为哲学思考的前提的必要性等。黑格尔在其《小逻辑》中着重从哲学与宗教思想的对比中来论述哲学的性质与方法。他认为这两者都以"真理为对象"①,不同的只是宗教是被上帝所启示的,因而它是一种"表象的方式"②。宗教的信念是以"人里面的精神"为见证的。而哲学属于"思辨思维"的方式③,是一种提高到具有自我意识的思维。它要以概念去代替表象,因此是一种把握对象的概念式的思维,其最高目的在于"确认思想与经验的一致"④。黑格尔还考虑了哲学与科学的关系,认为前者对后者应当加以承认和利用,以充实其自身的内容。此外,他所提出的哲学思辨的方法,乃是众所周知的"否定之否定"的辩证法。在胡塞尔那里,"现象学还原"也属于元哲学的考虑,目的在于以一种不同于"自然态度"的思想方式和有效的途径来进入现象学的特有研究对象,即"纯粹意识"的领域,使哲学能够成为严格的科学。上述所列举的这些考虑,无疑都属于如何做哲学的范畴。它们在这些试图开创新体系的大哲学家那里,都是一项必要的工作,是构成他们的哲学思想的前提。

对于一般的哲学研究者,虽然我们未必有那么高的创造新哲学体系的目标,但既然是做哲学研究,总有一个如何做的问题。不过正是因为在这方面缺乏应有的思考,所以导致一些问题的出

---

① [德] 黑格尔:《小逻辑》,贺麟译,北京:商务印书馆,1980年,第37页。
② [德] 黑格尔:《精神哲学》,杨祖陶译,北京:人民出版社,2006年,第385页。
③ 同上书,第384页。
④ [德] 黑格尔:《小逻辑》,贺麟译,北京:商务印书馆,1980年,第43页。

现,导致我们在哲学研究上存在一些不能令人满意的状况,尤其是缺乏创新性的成果,因此不可不察。

二、"元哲学"问题在儒学中的特殊表现:道统论

由于传统哲学采用的多是"语录"与"注释"等方式,这使得传统哲学家们缺乏对元哲学问题的思考。不仅"元哲学"这一概念过去在中国哲学中并没有出现,即使是在现当代,哲学家们对于"什么是哲学"、哲学知识的性质之类的问题也较少发问。不过细究起来,它却以一种特殊的方式发生,即在有关哲学的"性质"问题上,偏执于判问某种哲学是否属于"道统"或"正宗"。"道统"思想的提出原本有着对抗佛教、道教冲击的针对性,韩愈即为其中的重要代表。他为此开列出了从尧舜至孔孟的"道"传谱系,以此来阐明"博爱之谓仁,行而宜之之谓义"的儒家之"道",以区别于佛学与老子之说,并力图排除后两者的影响。朱熹则大力推崇程颢、程颐兄弟的道统说,赞扬它的"使圣人之道涣然复明于世"之功,并明确标榜该道统说所具有的"辨异端,辟邪说"的功能。他描述彼时的状况是"异端之说日新月盛,以至于老、佛之徒出,则弥近理而大乱真矣"[1],将老子之说、佛学都归入"异端之说",指责它们造成了"君子不幸而不得闻大道之要"[2]的灾难性后果。"道统"与"异端"之间的对立,已不是什么学理上的问题,而是类似于我们今天所说的意识形态的问题了。

---

[1] 〔宋〕朱熹:《四书章句集注》,北京:中华书局,2011年,第17页。
[2] 同上书,第3页。

道统说所造成的后果，从学说史的角度说，是一种类似"复古"的举动。它不是倡导向前看的思想方式，而是以古为范，以孔孟思想为亘古不变的教义。这样的思想方式在儒学里，实际上在其创始人孔子那里就已被奠定。孔子的"法先王"以周代的典章制度为范本，追求"克己复礼"，就属于复古性的向后看的方式。进而，董仲舒的"罢黜百家，独尊儒术"，从制度上强化了儒学的这种道统地位。此外，对于学说史的发展来说，道统说所造成的恶果，在于它变异为一种"判教"式的标准。依此标准，学术问题被道德化，乃至政治化。明代哲学家李贽由于在《焚书》《藏书》等著作中提出"以孔子之是非为不足据"等非正统思想，就被视为异端，不仅遭到某位大臣的上疏劾奏，而且明神宗作出如下的批示："李贽敢猖（倡）乱道，惑世诬民，便令厂卫五城严拿治罪。其书籍已刊未刊者令所在官司，尽搜烧毁，不许存留。"[1]由此，不仅李贽的书被烧掉，而且他本人还被治了罪。

对于中国哲学的发展而言，这种道统的观念无啻于画地为牢，使哲学不敢越主流儒家经典的雷池一步。即如朱熹这样的哲学大家，亦只能表示对于"道统之传，不敢妄议"[2]。这一道统论虽在历史上也曾遭到一些批评，如方以智主张"道统且置"，将其搁置不论，而且把"道"与百家的关系视为一种包容的关系，"天容物之芸芸也，犹道容百家众技之效能也。"[3]他还提倡"融三教百家于一

---

[1] 魏崇新：《明代异端思想家李贽》，载《文史知识》，1996年第2期。
[2] 〔宋〕朱熹：《四书章句集注》，北京：中华书局，2011年，第19页。
[3] 潘志锋：《方以智"三教合一"的超越性道统观》，载《河北学刊》，2011年第6期。

第三章 中国哲学的发展问题

炉",将佛、老、百家与儒家平等相待,这与道统论恰是针锋相对的。

不过,儒家的道统论终究还是造成一种根深蒂固的影响。在现代中国,比较成气候的哲学流派当属"现代新儒学"。但新儒家哲学存在的问题从根本上说是过于依附于传统,甚至讲道统,在经典里求学问。牟宗三把自己的思想概括为"三统之说"[①],其中第一个就是"道统之肯定"[②]。徐复观也声言:"不谈文化则已,一谈便应该谈'统'。"[③]在具体操作上,熊十力的思想也是一样,提出"承先圣之业而演之"。

在这种道统观念的导引下,牟宗三所做的一项工作是在宋明儒家内部区分"正宗"或"歧出",判定朱熹哲学是"别子为宗"[④],即以《大学》而不是以《论语》《孟子》等为宗。具体而言,就把握超越之理方面说,它是"根本上的歧出与转向,就经验知识之取得方面说,是枝节上的歧出与支离"[⑤]。虽然牟宗三这么做的目的是梳理儒学史上的不同义理系统及其路向,这与韩愈和朱熹的道统说的目的之一是要贬斥佛、老之学为"异端"的做法不同,但毕竟从如何做哲学的角度上看,他的"识宋明儒之大宗即是恢复《论语》《孟子》《中庸》《易传》之主导的地位"[⑥]的主旨,及其使用的

---

① 郑家栋编:《道德理想主义的重建——牟宗三新儒学论著辑要》,北京:中国广播电视出版社,1992年。文中的"三统",指的是"道统""学统"与"政统"。
② 郑家栋编:《道德理想主义的重建——牟宗三新儒学论著辑要》,北京:中国广播电视出版社,1992年,第11页。
③ 黄克剑等编:《徐复观集》,北京:群言出版社,1993年,第541页。
④ 郑家栋编:《道德理想主义的重建——牟宗三新儒学论著辑要》,北京:中国广播电视出版社,1992年,第228页。
⑤ 同上书,第262页。
⑥ 同上书,第230页。

"道统""正宗"之类的概念所含有的强烈的价值化色彩,颇似确立某种"元叙事"来作为其他叙事的标准的做法,这在客观上有悖于学术活动所应有的自由、开放的精神。

从正面看,众所周知,中国哲学的繁荣时期是在先秦的诸子百家的争鸣时期。不论是儒家、道家、名家还是法家等,它们各自作为一种独立的哲学学派,发表着自己的主张,倡导着自己的学说。没有哪家是正统,是被独尊的。哲学史上的这一事实雄辩地表明,唯有在这种平等、竞争的学术环境里,在并无什么"元叙事"标准的话语状态下,哲学才能自由地发展,思想之花才能盛开。

三、哲学研究的思路与方法

与逻辑学、知识论的不发达相伴随,中国古代哲学中有关如何做哲学的方法论几乎不发生,或者说很少发生。随着学术视野的拓展,这种状况开始出现了变化,产生了一些元哲学上的思考。如梁启超认为哲学的研究方法有三种:问题的研究法、时代的研究法、宗派的研究法。他认为,这三种方法无论是对于研究东方哲学或西方哲学都是可以适用的。就此他给出的例子是性善或性恶问题的研究法;把几千年的历史划分为若干时代,以求在每个时期中把握其特色的时代研究法以及类似今文学派、古文学派的宗派研究法。

冯友兰对如何做哲学的问题进行了较多的思考。他这方面的一个主张是,"新的现代化的中国哲学,只能是用近代逻辑学的成就(注意:冯氏说"只能"——引者)分析中国传统哲学中的概念,使那些似乎是含混不清的概念明确起来。"①这是借用"他山之石"来"攻玉"的方法。然而他这一主张中存在一个问题,即把中国哲学的"现代化"的道路限制在"只能是"用"近代逻辑学的成就",来分析中国传统哲学中的概念。这使得这一路向变成唯一的选择,而排除了其他能够使中国哲学得以现代化的路径,未免显得过于绝对化。

此外,众所周知,冯友兰还提出了"负的方法"的概念,这是他在元哲学的思考上独有创建的地方,以解决如何对哲学中的那些非实证性的对象进行思考与论述的问题。这里所谓"负的",指的是与"正的",即逻辑分析的方法相对立的、直觉的方法。它是为了解决对于终极性的"大全"或"大一"这类形而上学对象的言说问题。既然这类对象是既超越经验又超越理智的,我们难以从正面描写和分析它是什么,因此冯友兰认为我们仅仅能够像《老子》与《庄子》对于"道"的概念所能做的那样,"只说它不是什么"②。他以传统国画的"烘云托月"的手法作比喻:在画中我们可以只画出"云",而留出的圆形空白处自然就显现为"月"。然而这一类比性解释留下的问题是,对于"大全"或"大一"这样的不可言说的东西,在"只说了它不是什么"之后,我们仍然不可能像冯友兰所说的"也就明白了一些它是什么"③,就像我们知道了某个人不是张三、不是李四、不是王五等,我们仍然不知道他是何人。同理,

---

① 冯友兰:《中国现代哲学史》,广州:广东人民出版社,1999年,第200页。
② 冯友兰:《中国哲学简史》,北京:北京大学出版社,1985年,第393页。
③ 同上。

就冯友兰认为的哲学的任务在于"提高人的精神境界"而言,假如我们借助"负的方法"仅仅告诉人们最高的"天地境界"不是什么,哲学也仍然没能达到它的教化的目的,反倒只会使哲学处于一种未决的、神秘的状态。

冯友兰还把这种"负的方法"视为直觉的方法。然而,所谓"直觉的方法",虽然可以用来解释人们思想的某些方面,诸如凭借瞬间的灵感而产生了某种理解,或是具有某种理智的直接洞察性,但它也可以成为某种理论上的"避难所",即把难以解释的思想活动通通都归之于直觉。另外,直觉的方法也并不等于是不界说的方法,它是有着肯定的结果,是有所言说的。哲学之"思"可以来自直觉,但其结果必定是要有所言说的。神秘性并不是哲学所应当期待的结果。

不过,虽然笔者对冯友兰的上述元哲学思考提出异议,但他的这些思考还是殊为可贵的。因为相比起来,国内的哲学家们在如何做哲学问题上进行的思考是不足的。这一元哲学层面上思考的缺乏,在哲学研究中导致了一些不能令人满意的结果。这集中体现在哲学史方面的研究比较发达,而哲学本身的原创性研究成果阙如。因此在某种意义上甚至可以说,当今的中国只有哲学史家而没有什么哲学家。

为什么会有这样的结果发生,原因可能有多方面的。这里,笔者仅从元哲学的角度提出三种解释。

其一,缺乏一种在各类现象中发现哲学问题的思路,而往往局限于在书本中讨学问。例如在知识论领域的认识分歧、认识的运气之类的现象,语言哲学中的句子表面的意义("句子的意义")与说话者实际上所蕴含的意义("说话者的意义")不同的现象,"以言行事"的现象等,这些按理来说并不是很难发现的,但却总是由国外学者首先加以把捉。

胡塞尔提出的"从实事出发"的现象学原则,值得我们认真对待与借鉴。从某种意义上说,哲学就是对不同现象的认识史、观念史。就宏观的现象而言,它大致包括从古代的外部世界的存在现象(本体论问题),到近代的认识现象(知识论问题),再到现代的语言现象(语言哲学)和心灵现象(心灵哲学)等。这些宏观的现象下又包含着一些微观的现象,如上面提到的那几种认识现象。海德格尔正是遵循这样的"从实事出发"的思想路向,将眼光投向人的生存现象,如焦虑、沉沦与被抛、面对死亡等,遂开拓出了哲学的一片新天地,形成了"存在主义"的流派。这种面对现象、发现问题的研究经验值得我们学习,并应成为我们在研究思路上的一种习惯。

这方面值得注意的是,不论维特根斯坦、胡塞尔还是海德格尔,虽然他们面对的问题不同,所提出的学说也不同,但都一致地声称自己的哲学方法是"描述"的方法。胡塞尔明确宣称,他的现象学是"一门纯'描述性的'科学"[①]。海德格尔也写道:"现象'的'科学等于说:以这样的方法来把捉它的对象——关于这些对象所要讨论的一切都必须以直接展示和直接指示的方式加以描述"[②]。

[①] [德]胡塞尔:《纯粹现象学通论》,李幼蒸译,北京:商务印书馆,1992年,第165页。
[②] [德]海德格尔:《存在与时间》,陈嘉映、王庆节译,北京:生活·读书·新知三联书店,2006年,第41页。

维特根斯坦也明确表示,"哲学的确是'纯粹描述的'"①。为什么如此？因为一切都"呈现在我们眼前,没有什么要解释。因为隐藏起来的东西……,对我们毫无兴趣"②。通过描述,我们就可以如其所是地把握语言的事实。虽然在如何描述的问题上,这三位大哲学家的理解有所不同③,但他们之所以都把自己的哲学方法界定为"描述"的,这可说是体现了20世纪西方哲学的一个共同趋向,即反形而上学,使哲学保持在一个可见的、可以言说的领域之内。在这个意义上说,他们的元哲学观念体现了一种共同的、追求类似于具有自然科学那样的"客观性"的趋向。

"描述"之所以为描述,是因为它面对的是某种现象或事实,所以描述作为一种认识活动才能得以展开。与之相反的做法,则是在书本里讨学问,这种做哲学的方法是无法通过"描述"来进行的。虽然对已有的哲学概念、命题和思想进行梳理与辨明,使其意义能够得到澄清,这对哲学的研究也有着重要的学术价值;但是,如果仅限于做书本上的学问,也会带来一些消极的后果。首先,是不能拓展哲学思考的空间,使它只是停留在原有的范围内。就国内的哲学研究而言,这种状况显得比较突出。对一些未曾注意的现象在哲学上加以关注(它们通常表现为一些新的哲学问题),往往是

---

① 涂纪亮编译:《维特根斯坦全集》(第6卷),石家庄:河北教育出版社,2003年,第25—26页。
② [奥]维特根斯坦:《哲学研究》,汤潮、范光棣译,北京:生活·读书·新知三联书店,1992年,第70页。
③ 注:胡塞尔的描述是通过直观进行的,其目的是把握本质;海德格尔对现象的描述还需与"诠释"相结合,因为由此才能解读出现象蕴含的意义;而维特根斯坦则只限于描述本身,因为在他看来,语言现象的背后并没有隐藏什么"本质"之类的东西。

第三章　中国哲学的发展问题

由国外学者首先作出的,然后才有国内学者的跟进,对它们进行介绍。好一点的话,是能够相应提出一些问题,作出一些自己的思考,提出某些见解或给出某种解释。但即便如此,也仍然谈不上太大的学术贡献,因为他们所使用的仍然是国外学者的概念与框架,所以在理论上仍然没能作出根本性的推进。这一点下面我们还会讲到。其次,更糟糕的是,这会使哲学变得更加"学院化",与现实越来越脱离,越来越没有生气。哲学家们自说自话,其话语传不到圈外,民众也不明白哲学家们在说些什么,或者所说的有什么意义。

这方面现代"新儒学"可说是一个典型。例如,牟宗三哲学所做的一个努力,是要论证从"内圣"能够开出"新外王",即开出民主与科学。而达到这一目的的途径,乃是从道德理性转出"知性",也就是"道德理性(良知)的自我坎陷"[1]。这种说法虽然听起来新鲜,但却没有什么道理。因为现实的情况是,科学与民主是通过思想的启蒙而得到的,对它们的诉求早已成为社会的共识。在牟宗三所处的时代,问题乃是如何更有效地发展科学以及如何建立民主制度,乃至反思民主制度的不足,推进民主制度的完善等,而不是在于如何从"内圣"来开出的问题。这样的问题显然落后于时代,属于书斋里自我想象的问题。此外,科学与民主观念的获得,也并非如牟宗三所认为的那样,"乃是要在自己的生命中生出来的。这是要展开自己心灵的,要开出心灵之角度与方向的。"[2]

---

[1] 郑家栋编:《道德理想主义的重建——牟宗三新儒学论著辑要》,北京:中国广播电视出版社,1992年,第18页。
[2] 王兴国编:《中国近代思想家文库·牟宗三卷》,北京:中国人民大学出版社,2015年,第438页。

因为科学与民主并非道德的自我觉知的产物,从而也不是通过所谓的"内圣"开出来的,而是理性认识的产物,包括人类为了应对自己生存的自然环境与政治环境的产物。

其二,是对哲学的"普遍性"特征缺乏应有的认识,而局限于"特殊性"的立场。哲学是不是普遍的,抑或特殊性是其特征,这同样是如何做好中国哲学的一个基本问题。有关"以西释中"问题的争论,其实质就在于此。哲学的概念与学说是否具有普遍性,构成了能否以西释中的前提。

对于哲学是否具有普遍性这一问题,在"中国哲学"的圈子内,存在着三种有代表性的观点。一是冯友兰的"普遍性"观点。他认为"哲学中有普遍的公共底义理",因此,如果哲学家"受所谓民族性的拘囿"的话,只会使自己受到不必要的束缚。因而"哲学的目的,正是要打破这些拘囿,而求普遍底公共底义理。如果有所谓民族性,哲学家于讲哲学的时候,正要超过之"[1]。与此相关,甚至也不存在哲学语言的民族性问题,因为"某民族的语言,对于这些义理完全是偶然底,不相干底"[2]。二是陈荣捷的观点。他主张的是具有特殊性的中国哲学,认为不应当以西方哲学的模型来处理中国哲学,否则那好比是给中国哲学穿上极不合身的西式外套,是一个极大的错误。三是牟宗三的观点,主张"具体的普遍性",也就是说,由于中西哲学是通过各自不同的文化"通孔"发展而来的,因此它们各有其特殊性,这是由两者各自的历史语境所

---

[1] 冯友兰:《三松堂学术文集》,北京:北京大学出版社,1984年,第432页。
[2] 同上书,第431页。

决定的。不过,"凡是哲学的真理都是普遍的"①。由于中西哲学能够从各自特殊的"通孔"中把握到真理,因而它们也就有了普遍性。因此,这种普遍性是黑格尔意义上的"具体的普遍性"。

诚然,我们所见到的现象都是特殊的,而且大部分的哲学概念可说也是通过对现象的把握而产生的。不过对于哲学的思考而言,在形成其概念时是不必考虑它们的特殊性的。这就像孔子在考虑"仁"的概念时,不必去考虑它是属于鲁国、齐国或是晋国等那样。"仁"的概念对于孔子而言,它意味着"爱人",无论在哪里都是一样的。同理,当休谟思考"因果性"问题时,他也不必考虑它是英国的、法国的或是德国的因果性。"因果性"概念意味着时间上在先的原因决定在后的结果,这同样是在哪里都一样的。

之所以会有"具体的普遍性"的情况的发生,其实并不在于哲学的概念是否普遍,因为概念只要具有广泛的解释力,它们就是普遍的;而是在于对哲学家而言,他们都处于不同的社会与历史语境之中,并且这构成他们各自的发现与把握现象的特殊视角。"仁"的概念是普遍的,但之所以会提出这一"仁"的概念,却是由于当时的社会处于春秋时期的战乱境况中。这种需要加以稳定的社会环境,使得孔子形成了自己的特定哲学,尤其是道德哲学。它的概念系统,如仁、义、礼、智,都是做人所需要的品德,从而也就具有普遍性的意义。道德的概念如此,其他的认识领域、语言领域、心灵领域的概念更是如此;也就是说,即使是在特定环境下

---

① 牟宗三:《中国哲学十九讲》,上海:上海古籍出版社,1997年,第18页。

发现的认识现象(诸如认识上的"分歧"),但一旦形成概念的规定,其普遍性则是不言而喻的。

因此,如果片面地强调哲学思考的特殊性,这实际上也是画地为牢,束缚了自己的思想。与历史、社会研究的个案对象不同,哲学研究的对象是普遍的事物,如实在、意识、语言、心灵等。这类对象的规定性,不论对于中国还是西方都是普遍的,不会因为国别、民族、人种的不同而有差别。因此,我们对这些对象进行思考时,应当从普遍性的角度进行。朱熹曾经用"一月映万川"来比喻"理一分殊"的道理。这个哲学上的"理"乃是一个共同的理,就像天上的月亮乃是一个共同的月亮那样。

假如我们搞清了这样的道理,那么在"以西释中"问题上的争论就不难对待,尤其是不要使这样的问题价值化。如果承认哲学的目标是追求真理,那么其普遍性的意义就不会成为什么问题,如何做中国哲学的问题也就同样变得明了,而不至于有自设的障碍。

其三,通常不能提出自己对问题进行解释的概念,而是只能借用已有的概念乃至整个概念框架。

以金岳霖的《知识论》为例。它可说是一篇殚精竭虑之作,亦有不少闪光的思想。但它存在的不足亦同样明显。首先,这部巨著并不能提出自己的问题,而只不过是重复古老的、柏拉图式的"知识究竟是什么"的问题。[1] 这显示出它未能独立地捕捉认识的现象,把握其问题。它与罗素的《人类的知识》所开宗明义地提

---

[1] 金岳霖:《知识论》,北京:中国人民大学出版社,2010年,第1页。

出的"既然人们和世界接触的时间短暂,观察事物又不免带有个人偏见和局限性,那么人们又是怎样得以获知他们的全部知识的"①问题相比,显然在对认识现象的把捉上、在问题的意识上有着明显的反差。其次,这部著作由"认识""思想""摹状与规律""自然""时空"等概念所组成,在解释的概念上也显得未能有所突破。

如何使用汉语中已有的概念来讲述哲学,形成中国哲学自己的概念系统,冯友兰与金岳霖等都曾做过努力。冯友兰在他的《新理学》等著作中使用了"太极""理""气""两仪""四象"等概念,金岳霖也在其《论道》中使用了"道""式""能""几"等。但这些概念终未能流行。严复在其译著中也曾做过类似的努力。他以"内籀"和"外籀"来分别翻译"归纳"与"演绎",以"连珠法"来翻译"三段论",但他的这些译名却不能被沿用。如果探寻其原因的话,一是可能与西方哲学著作的翻译有关,它们带来了一套新的、不同于传统哲学的概念(语汇)系统,特别是马克思主义著作的翻译,其整套的概念译名通过学校的教育加以推行,并通过各种媒体变成社会的通行话语,自然使得哲学话语更换了一套概念系统。另一是中国本土的传统术语或概念能否适合表达现代的哲学观念的问题。

联系到当今国内做哲学的方式,应当说不论是"以西释中"还是"中西互释",存在的一个根本问题是,它们都依赖于现有的概念系统,而不能提出新的解释概念,更谈不上形成自己的概念系统。另一种可能促进哲学创新的思路是"以今释古"。这里的

---

① [英]罗素:《人类的知识——其范围与限度》,张金言译,《罗素全集》(第九卷),北京:商务印书馆,2012年,第11页。

"今",除了包括既有的概念与学说外,笔者更强调的是能够有新的解释概念的产生。斯特劳森曾经有这样的说法:"任何哲学家只有在用他自己时代的术语来重新思考前人的思想时,他才能真正理解他们。"[1]引文中的"自己时代的术语",我们可以将它理解为新的、具有创造性的解释概念。

当今西方哲学的新观念迭出,仅以知识论为例,什么"内在主义""外在主义""证据主义""可靠主义""命题主义"等,举不胜举。虽然对这些概念的解释有效性如何也还存在争论,但客观上它们的产生更新并丰富了人们对认识现象的理解。例如,"内在主义"概念的提出,有助于理解已经存在的"基础主义"与"一致主义"的思想,因为这个概念能够清晰地刻画基础主义与一致主义所具有的通过信念和信念之间的关系来进行确证的内在性质。[2] 特别是在"外在主义"的概念提出之后[3],作为一种概念上的对比,内在主义所强调的确证的内在性质就表现得更为清楚。

探讨如何做哲学的元哲学问题,对于促进中国哲学的发展无疑具有积极的意义。上述的元哲学上的道统观念以及未能捕捉现象、缺乏对哲学概念的"普遍性"的认识、缺乏自己的解释概念

---

[1] STRAWSON P F. *Individuals: An Essay in Descriptive Metaphysics*. London: Routledge, 1959, Introduction, 1959, p.11.
[2] 根据基础主义,一信念对另一信念的确证,表现为前者作为自身无须确证的"基础信念"对作为上位的"非基础信念"的确证。而按照"一致主义",信念的确证是基于所有相关信念之间的一致关系之上的,也就是这些信念之间具有一种相互支持的关系。
[3] "外在主义"认为,某一信念是得到确证的,当且仅当它来自一个可靠的信念形成过程。这个过程之所以是可靠的,在于它趋向于产生一个具有高度为真的信念结果。这与内在主义的主张正好相反。

这三种情况,在观念与方法上构成了妨碍中国哲学发展的主要障碍。这是因为,以这些方式做哲学,结果只能是画地为牢,使自身停留在既有的哲学系统与概念的水平上,无法通过发现新的哲学现象以及提出新的解释概念来推进哲学的发展。

第三节 哲学的普遍性与中国哲学的发展

哲学要创新发展,首先需要明白它自身的性质。对于当前的中国哲学而言,尤其如此。因为这涉及如何发展中国哲学的根本问题;也就是说,我们究竟是着眼于"特色"来发展中国的哲学呢,还是基于普遍性的立场,追求不受地域性限制的、具有普遍解释力的哲学?曾经有学者将前一种思路比喻为"地方特产"。理由是,就像我们旅游到杭州的话,一定是会购买当地的特产,而不会光顾其他的东西。因此,哲学也是这样,也要追求它的特色。不同民族的哲学,也是由于它们所具有的特殊性而具有价值。不过,这样的观点在笔者看来并不能成立。其不当之处在于:其一,思想与物不同,因此两者无法类比。物当然都是特殊的,而且特殊的东西当然其价值就在于它们的特色。特色越明显,价值就越高。但思想则是以其解释的普遍性为价值;其二,一种思想越是普遍,意味着它的解释力越强,能解释的东西越多,解释的覆盖面越广。某一思想达到了普遍性的地步,就意味着它把握了真理。

孟子论人性,论的是普遍的人性,而并不局限于某个"鲁国"的人性。朱熹讲天理,也并不局限于某个"宋朝"的天理。维特根斯坦研究语言，同样并不使自己局限于某种特殊的语言，如德语或英语。海德格尔论究存在的状况，也并没有把自己局限于德国人的存在状况。以语言哲学为例进一步说，语词是否指称对象，其意义是在使用中，还是在于指称某一对象，这样的解释不论是对于汉语，还是对于英语或俄语，都是一样适用的。

再如知识论。知识是否由"真、信念和确证"这三个要素所构成，这不论对于西方还是东方都是一样的。此外，什么是因果性，它是习惯性联想的产物，还是属于先天性的、用以综合感觉质料的范畴，这一类解释的价值，其差别只是在于何种解释更为合理、更能为人们所接受，而不在于它们究竟出于哪一国家的哲学，不在于它们是否具有民族的特色。

抱有从"特色"的角度来发展中国哲学想法的人，容易引证的一个理由是："越是民族的越是世界的。"在此命题里，"民族的"意味着特殊的，"世界的"意味着普遍的。上述说法的含义是，特殊中自然就有普遍，展现出特殊性自然就具有普遍性。这样的说法从特殊与普遍的联系上来强调由特殊性入手，并把握特殊性的意义。不过，"越是民族的越是世界的"这一说法，本来讲的是有关民族艺术的问题，尤其是弘扬民族艺术的表现形式方面。同一种艺术可以有多种不同的表现形式，例如同样是声乐，可以有不同的唱法："美声的""通俗的""民族的"，等等。它们通过不同的发声与演唱方法，来求得共同的悦耳的声乐美感，体现的是共同的本质。不过，"民族的"就一定会是"世界的"这一命题在艺术领域本身就遭到了质疑。赵本山的"二人转"很够"民族的"吧，可是到美国表演却不受欢迎。可见上述命题是否能够成立,本身是需要一定的前提条件的。就某一艺术作品而言,如果没有能够为其他民族所能接受的表现形式,则也成不了"世界的"。

进一步说,艺术表演追求的特殊性与哲学的研究并不是一回事。艺术追求某种新鲜感,由此可以愉悦人们的感官,从而获得人们的喜爱。但哲学学说的价值并不是通过取悦感官的方式来获得的,从根本上说,它是通过其思想的意义来获得接受。虽然哲学学说可以通过不同的论述方式来传达,如庄子的散文诗般的叙事方式、康德的先验论证方式、维特根斯坦的格言般的论述方式等。然而,判定某种哲学的价值性如何,根本上并不在于它们的表现方式,而是在于它们所阐述的思想内容。而这类思想内容的价值,如我们上面所论证的,取决于它们在解释上的普遍性程度。

上述有关哲学研究的途径的分歧,在早先一些有影响的中国哲学家那里也出现过。这里我们举冯友兰、陈荣捷和牟宗三作为三种类型主张的代表。冯友兰主张哲学的普遍性,陈荣捷持相反的观点,而牟宗三则介于两者之间,提出"具体的普遍性"的概念,主张特殊中有普遍。

我们先来看冯友兰这方面的具体主张。在他看来:"所谓中国哲学者,即中国之某种学问或某种学问之某部分之可以西洋所谓哲学名之者也。所谓中国哲学家者,是中国某种学者,可以西洋所谓哲学家名之者也。"[①]显然,冯友兰认为哲学只有一种,不

---

① 冯友兰:《中国哲学史》(上册),北京:中华书局,1961,第8页。

论是中国还是西方,凡能够称之为哲学者皆是同一的,可以同一的标准来衡量,也就是说,哲学具有普遍性。用他的话说就是:"哲学中有普遍的公共底义理。"①这意味着哲学不分东西,思想不分国界。假如想以语言的不同来论证某一民族的哲学的特殊性,这在冯友兰看来是不成理由的。因为,"某民族的语言,对于这些义理完全是偶然底,不相干底"。② 甚至连民族性本身也不应当成为追求哲学的特殊性的理由,相反,如果哲学家"受所谓民族性的拘囿"的话,那并不是什么好事,不是应当追求的目标。恰恰相反,"哲学的目的,正是要打破这些拘囿,而求普遍底公共底义理。如果有所谓民族性,哲学家于讲哲学的时候,正要超过之"。③由上可见,冯友兰主张的是普遍性的哲学,也就是说在他看来,即使对于中国的哲学家而言,也不应当以追求所谓的"民族性"为目标,不应当以"民族语言"为口实来强调所谓的"特色"。

与冯友兰的上述主张相反,陈荣捷追求具有特殊性的、不以西方哲学为"模型"的中国哲学。他明确提出不应该以西方哲学的模型来处理中国哲学,给中国哲学穿上西方的夹克和极为不合身的西式外套,是一个极大的错误。④ 之所以应当如此,陈荣捷的考虑是,如果在中国哲学中发现的东西全都可以在西方哲学中找到,那么,向西方人讲中国哲学便完全没有意义。因此,为了凸

---

① 冯友兰:《三松堂学术文集》,北京:北京大学出版社,1984年,第431页。
② 同上。
③ 同上书,第432页。
④ Wing-tsit Chan, *Neo-Confucianism*, *etc.: Essays by Wing-tsit Chan*, New York: Oriental Society, 1969, p. 468,转引自周炽成:《从冯友兰与陈荣捷看二十世纪中国哲学研究的方法论》,载《中国哲学史》,2005年第1期。

显中国哲学的价值,以吸引西方学者的目光,陈荣捷便强调它与西方哲学的异趣之处。不过话说回来,将哲学视为普遍性的,并不就意味着需要以西方哲学为模型。理由是:其一,即使认可相同的研究对象,并不见得中国哲学家与西方哲学家的解释就是相同的,譬如对人与自然的关系(天人关系)的解释(西方近现代主流性的观点是,人是自然的目的,人可以主宰自然;而中国从古代以来的主流性观点是天人合一)。并且,即使有相同的主张,其论证也不尽相同。如中西哲学家都有主张性善的,但他们的论证则大相径庭。其二,中国哲学家可努力开拓哲学的研究对象,这样,即使与西方哲学家具有相同的哲学理念(比如认为,哲学是研究真善美的学问),但仍然可以拓展出新的研究领域,就像西方哲学本身曾经拓展的那样(从本体论到认识论到语言哲学转向等。仅以语言哲学为例,也有逻辑语言和自然语言之分)。

比起冯友兰与陈荣捷,牟宗三则有另一番考虑,可称得上是"第三条道路"。牟宗三也认为哲学具有普遍性,不过这种普遍性却是出自中西哲学各自的特殊性,因此中西哲学可以各有自身的普遍性。他的具体论述如下:

首先,中西哲学各有其特殊性,这是由两者各自的历史语境所决定的。它表现为中西哲学是通过各自不同的文化"通孔"发展而来的。由于这种通孔的不同,因此中西哲学各自受到限制,这就形成了它们各自的"特殊性"。[①]

[①] 参见牟宗三:《中国哲学十九讲》,上海:上海古籍出版社,1997年,第18页。

其次，虽然中西两种哲学的开端及其主要课题不同（中国哲学的主要课题是"生命"，而西方哲学的传统则是"科学"），但各自都有其普遍性。关键是要从特殊的"通孔"中把握到真理，从而就有了普遍性。"凡是哲学的真理都是普遍的。"[①]如孔子虽是山东人，但他讲"仁"却是对着全人类讲的；此外，仁既然是个原理，它就有普遍性。

再次，由于真理是多样的，因此与之相关的普遍性也是多样的，也有其独特性。[②] 这属于黑格尔意义上的"具体的普遍性"。正是由于具有这种能够"共通"的普遍性，所以中西方文化是可以交流的。[③]

对于上述牟宗三的论述，有两点应当说明的是：其一，他是从哲学的历史形成的角度（开端）来谈中西哲学所具有的特殊性问题，而不是谈论中国哲学的发展应当着眼于特殊性；其二，他之所以论述中西哲学的特殊性中各有其普遍性，是为了说明这两种哲学之间是可以沟通、可以交流的。对于本节的论题来说，第一点的说明尤其重要。

本来，任何意义上的科学学说，都是具有普遍性的，否则就谈不上是"科学"。哲学自然也不会例外。特别是从思考的性质上，与其他学科相比，哲学尤其是从"普遍"的角度来思考"特殊"的。按照康德给出的解释，哲学的知识是出自概念的知识，它只在普遍中考虑特殊；反之，数学则是从特殊中考虑普遍。[④] 我们还可

[①] 参见牟宗三：《中国哲学十九讲》，上海：上海古籍出版社，1997年，第2页。
[②] 同上书，第19页。
[③] 同上书，第40页。
[④] 参见［德］康德：《纯粹理性批判》，邓晓芒译，北京：人民出版社，2004年，第553页。

把康德的这一解释延伸开去,因为自然科学(如物理学、化学等)也是从可观察的特殊现象中,来归纳、概括出普遍性的规律的。

哲学之所以与数学、自然科学的思维方向相反,这是由它的非经验的性质决定的。哲学的思考起于科学止步之处。譬如,科学研究事物之间具体的因果现象,并使用因果概念来把握这类现象。但对于什么是"因果性"概念,科学本身并不探究。哲学对于这类概念的探究,是以科学使用的概念为前提的,因此这类概念就不表现为通过归纳的方式而取得,而是表现为既有的、"验前的"(a priori,或译"先天的")的存在。这样,当哲学着手对这类概念进行研究时,它们就已经以普遍性的方式出现。哲学思考所进行的,乃是对这类概念的性质、语义、功能等进行分析。比如在康德那里,因果性概念被理解为具有一种先天性,其功能在于对两个在时间上表现为先后相续的感觉现象加以综合,并将它们规定为假言判断的形式,由此使知性形成相应的综合判断。对于诸如"善"之类的道德概念也是如此。哲学并不通过归纳来说明什么是"善",而是把善作为一个既有的范畴来加以分析,以此来理解善的概念的性质及其所包含的要素。

黑格尔以另一种不同的方式论述了哲学的普遍性问题。他指出:"哲学以思想、普遍者为内容。"[①]"哲学的目的就在于掌握理念的普遍性和真形相。"[②]哲学既以思想、普遍者为内容,那么

[①] [德] 黑格尔:《哲学史讲演录》(第 1 卷),贺麟等译,北京:商务印书馆,1981 年,第 93 页。
[②] [德] 黑格尔:《小逻辑》,贺麟译,北京:商务印书馆,1980 年,第 35 页。

要寻求特殊性以作为哲学的思考与发展方向的做法，就显得是悖理的。说中国哲学的思考应当与西方不同，如果指的是中国哲学应当开辟自己的研究领域，而不应当跟着西方哲学亦步亦趋，这是正确的。但如果指的是中国哲学应当可以追求所谓的"特色"，这在学理上则是说不通的。

在笔者看来，如果不从普遍性的角度上着眼，而仅仅局限于特殊性的角度，那么对于发展中国哲学是不利的。它可能产生的一个直接结果是限制哲学家的视野，使得他们对哲学问题的考虑不能具有全球性的眼光。寻求所谓自己的"特色"，往往是"传统"的新包装的代名词。一讲到中国哲学，就局限于传统的旧框架，如"内圣外王""天人合一""仁义礼智"等。譬如牟宗三，他就沿用"内圣外王"的框架，把哲学的使命理解为从"本心仁体"这一内圣开出民主与科学这一"新外王"。但实际上，在牟宗三思考这一使命的年代，对于思想界与理论本身而言，民主与科学已不是能否开出的问题，而是对民主理论本身、民主制度建设的经验本身（如如何保护少数人的权利等），对科学的价值、科学对环境、社会的影响进行反思、检讨的问题。在这样的背景下，停留于谈论由内圣开出新外王的问题，显然是落后于时代的。因此，不能去开拓具有普遍意义的哲学问题与领域，就会妨碍中国哲学的发展。

新儒家的一个根本缺陷恰恰就在于此。他们停留于特殊，执守于儒学的心性论，把它作为"道统"来奉行，作为判断某种学说是"正宗"还是"别出"的标准，继而以正统自居。换言之，"道统"成了中国哲学的"特色"，似乎离开了这一"特色"中国哲学就无路可走。"道统"成了独断论的最好的遁词,成了束缚中国哲学发展的"绳索"。其结果是,越想继承道统,越是失去道统,因为道统在保守中趋于陈旧,从而落后于时代,于事无补。以上述的由内圣(本心仁体)开出新外王(科学民主)的哲学理路为例,一方面,停留于理想化的"本心仁体"状态,把原本只是属于"设定的"的心灵状态当作是实有的,并把它加以绝对化、夸大化;另一方面,停留于"五四"时期对于社会本质的认识,也就是"科学与民主"的认识阶段,而不能深入到更为深层的人的"权利"的根本,其结果是从理论层面到现实层面上下两头的把脉都失准。

由于道统与学统的观念的束缚,使得中国传统哲学缺乏反思与批判的意识。而只有具有这类意识,发现并克服传统思想中的不足与缺陷,传统才能真正得到推进与发展。这就像医生治病的道理一样:假如一个医生只是一味地称赞病人身体好,而不指出他的毛病,其结果只会是害了病人;反之,指出病之所在,帮助病人把病治好了,这才是良医。

这里需要指出的是,倡导普遍性的哲学观念,并不意味着把哲学理解为一元的东西。普遍离不开特殊,它在特殊中得到体现。哲学不过是哲学家们各自所提出的哲学。他们既可以对不同的对象提出自己的哲学,也可以对相同的对象提出不同的哲学,所以它总是展现为多元的、多样的。笔者在本书第一章第六节中曾论述哲学与经验科学、数学的不同在于,它的问题并没有一个唯一的"解"。对语言(如语词的意义问题)的解释如此,对价值概念的解释(如"正义"概念)也如此,因此并不存在唯一的哲学。哲学的多元性，不仅在于对不同的现象领域（如语言、生存、心灵等）的解释可以产生不同论域的哲学，并且在于对相同领域的现象的解释也可以产生不同解释的哲学。这样的说法似乎与哲学具有"普遍性"的说法相矛盾。不过，哲学解释的普遍性在于，虽然对于同一的现象可以有不同的解释，但每一种解释却各有其普遍性，只是这种普遍性的范围有大小的不同或关涉的方面不同而已。例如，语词意义的"使用说"与"指称论"，两者都有其解释的效力，只是后者适用的范围要小些。如"鲁迅"之类的专名，其对象已经不存在了，无法指称了，但这一语词仍然有其意义。再如，对人的本质是"理性"或是"非理性"的解释也是如此。人本身是一种复杂的存在，加上每个人又有其特殊性，因此他在某些方面、某些情况下是理性的，但在另一些方面、另一些情况下则是非理性的。

本人的上述解释与牟宗三的"特殊中的普遍"的解释在结果上有类似之处。只不过两者依据的基础不同。牟宗三依据的是黑格尔的个别与一般的关系的学说，而本人则进一步借助于"多值逻辑"。在笔者看来，各种哲学之所以能够都具有一定的普遍性，这在于它们具有各自的真值。不过由于这些真值分布在"0"与"1"的区间之内，因此它们"真"的程度并不一样。这意味着不同哲学的解释可以具有不同程度的真实性，因此哲学可以是多元的、解释可以是多样性的，并且某种哲学具有的真值度越高，它就具有越大的普遍性。

主张哲学的普遍性与赞成从不同的角度研究哲学是不相矛

盾的,这就像任何问题的研究都可以这么做是一样的道理。从不同的角度考虑问题,有助于使问题的研究更趋全面,而不至于陷于片面性。此外,认同哲学的普遍性,从普遍性的立场来研究哲学,也并不会导致由此而来的成果就没有"特色"。上面提到,冯友兰是赞同哲学的普遍性这一性质的,但他的《新理学》等著作,恰恰是很"中国"的。这是因为他的中国哲学的功底,使得他谈论问题往往会从这一角度加以考虑,加上他又有西方哲学的知识,因而这两者的结合,自然就有了不同于西方哲学的"特色"。因此所谓"特色"的问题,实际上是哲学家们从哪些哲学资源中吸取其思想元素的问题,是他们的"视域"的问题,而并非与哲学本身的性质相关。

哲学的普遍性,应当说在知识论、语言哲学、科技哲学、形而上学等领域中表现得比较充分、明显。因为如同前面提到的,语词是否有其指称,其意义是否在于使用之中,这样的解释只有是否合理的问题,而无具体语言与地域性限制的问题。普遍性的争论一般出现在价值论、道德哲学这类主观性与文化背景色彩比较强烈的论域里。哲学家们受所在的文化传统的影响,容易产生某种价值倾向,乃至产生排他性的哲学认识。此外,国内目前的哲学教学与科研的体制(把哲学分为中国哲学、外国哲学、马克思主义哲学等),也容易产生学科之间的隔阂与分离,形成某种学科壁垒,造成哲学认识上的误区,似乎研究中国哲学就同西方哲学不相容,中国哲学的发展就必定是与西方哲学相排斥的。这样的认识误区是必须予以消除的。

第四节　哲学方法论的问题与反思

对于哲学而言，方法论的重要性是无可置疑的。它直接关系到哲学的思想方式与叙事方式，关系到哲学知识的性质，等等。冯友兰曾经把哲学的方法区分为"正的"与"负的"方法。前者指的是逻辑分析方法，后者指的是直觉的方法。以此为框架，本节拟从中西哲学方法论比较的角度来谈论一些问题，并对冯友兰的"负的"方法提出自己的意见。

一、方法论作为哲学形态变化的助推器

方法论问题在西方哲学中长期得到关注。这与西方文化中的数学（尤其是几何学）与自然科学的发达状态直接相关。几何学的方法为他们提供了一种反思、借鉴逻辑演绎方法的契机，而自然科学特别是物理学的发展则提供了运用实证的方法来研究哲学与人文科学的模式。就前者而言，笛卡儿是大家所熟悉的代表。作为解析几何的创始人，公理系统与演绎方法对于他来说，自是一种科学方法的理想模型。以之为依据并根据哲学思考的特点（它的非经验性）加以发挥，笛卡儿通过普遍怀疑的手段，找到了哲学的一个"不证自明"的出发点，即"我思"，进而演绎出包括"我在"在内的一系列结果，从而建立起了一个类似几何学的哲学演绎系统。后来的斯宾诺莎更是直接借用几何学的演绎方法，包括采用"公理""命题""证明"等定义与推导的方式，来构建他的

《伦理学》。

与笛卡儿相比,休谟思考与构建自己的哲学系统的方法较少为人提及。休谟在哲学上的敏锐,并不仅仅表现在他所发现的"因果性"或归纳推理的可能性问题,以及对"事实"与"价值"的区分上;同样,在哲学方法论的问题上,他也是十分敏锐。他的《人性论》一书的副标题是:在精神科学中采用试验推理方法的一个尝试。这清楚地告诉我们,休谟对于建立自己的哲学系统而言,在方法论上是自觉的。他试图运用一种新的方法,即自然科学的实验与推导的方法来研究哲学。休谟所揭示的这一"精神科学"的特殊方法论问题,后来成为哲学方法论的一个焦点问题,即自然科学与精神科学(人文科学)在方法上的异同问题。在当代西方哲学中,方法论问题更是直接成了哲学形态变化的助推器。所谓的分析哲学、现象学、结构主义等,这些哲学形态的产生都直接与它们的方法有关。分析哲学使哲学转向语言分析,借助的方法是逻辑分析与日常语言分析的方法。现象学之所以能够实现"面向实事本身",方法论上的考虑是一个依据,也就是它使用了现象学"还原"以及"本质直观"的方法。至于结构主义,顾名思义,它乃是运用一种结构分析与建立模型方法的产物。

在现代有关哲学自身的方法论研究中,特别需要指出的是"描述"的方法所具有的特殊地位。因为这方面出现的一个特殊情况是,不论是胡塞尔、海德格尔或维特根斯坦,尽管他们的哲学观念并不相同,分属现象学、存在主义与分析哲学流派,但他们却都一致地将自己的哲学方法界定为"描述"的方法。例如,胡塞尔明确宣称,他的现象学是"一门纯'描述性的'科学"。① 海德格尔也写道:"现象'的'科学等于说:以这样的方法来把捉它的对象——关于这些对象所要讨论的一切都必须以直接展示和直接指示的方式加以描述。"② 维特根斯坦也明确表示,"哲学的确是'纯粹描述的'"。③ 为什么如此？因为一切都"呈现在我们眼前,没有什么要解释。因为隐藏起来的东西……对我们毫无兴趣"。④ 通过描述,我们就可以如其所是地把握语言的事实。虽然在如何描述的问题上,这三位大哲学家的理解有所不同。例如,胡塞尔的描述通过直观进行的,其目的是把握本质;海德格尔对现象的描述还需与"诠释"相结合,因为由此才能解读出现象蕴含的意义;而维特根斯坦则只限于描述本身,因为在他看来,语言现象的背后并没有隐藏什么"本质"之类的东西。但他们都把自己的哲学方法界定为"描述"的,这体现了20世纪西方哲学的一个共同趋向,即反形而上学,使哲学保持在一个可见的,从而是可以言说的领域之内。在这个意义上说,他们的哲学体现了一种共同的"客观主义"趋向。这种趋向具有双面性:一方面,它的积极意义在于使哲学思想具有科学那样的确定性与客观性;但另一方面,哲学则被限制在经验认识的层面上而难以得到提升,这就妨碍了哲学

---

① [德]胡塞尔:《纯粹现象学通论》,李幼蒸译,北京:商务印书馆,1992年,第165页。
② [德]海德格尔:《存在与时间》,陈嘉映等译,北京:生活·读书·新知三联书店,2006年,第41页。
③ [英]鲁斯·里斯(R.Rhees)编:《蓝皮书与褐皮书》,见《维特根斯坦全集》(第6卷),涂纪亮译,石家庄:河北教育出版社,第25—26页。
④ [奥]维特根斯坦:《哲学研究》,汤潮等译,北京:生活·读书·新知三联书店,1992年,第70页。

对人类无限的"精神"世界的追求,而人之为人,其根本恰是在于这种"精神"之中。

二、"理解与解释"方法论之争的意义

上述的诸种方法都是有关哲学研究自身的,也就是说,它们思考的对象是哲学,是如何以一种科学的方法来使哲学成为能够符合知识的"确定性"或"有效性"标准的科学。不过,哲学的方法论还有另一个重要的方面,就是它提供对一般意义上的科学方法的思考,尤其是对人文社会科学与自然科学这两大类学科在方法论上的异同的思考。这一思考集中表现为"理解与解释"的方法论之争,并持续了一百多年之久。不过遗憾的是,这一争论在我国的西方哲学研究中似乎没有得到应有的注意。

这里,所谓的"理解"(understanding),在这场争论中乃是作为人文科学的方法论的代名词,意指的是人文科学有着与自然科学不同的方法论;而"解释"(explanation)则是一种一元论的科学方法的代名词,欲将一切有关自然与人文社会现象的解释,通通纳入统一的科学方法论之下。按照阿佩尔的分法,这一争论经历了三个阶段。第一阶段起于19世纪中叶的实证主义的方法论主张——将自然科学的精确数学化的方法作为一切科学的楷模,以及随之而来的新康德主义对它的反驳,后者主张"价值""意义"这类东西是人文社会现象所独有的,需要借助独特的"理解"方法来获得。第二阶段则是新实证主义占主导地位的阶段,尤以亨普尔的"覆盖率模型"为代表。亨普尔宣称不论是自然的事实,还是

历史的事实,总之一切有关科学的解释都可以纳入这一模型之中。他的覆盖率模型简洁而又富于解释力,堪称模型提炼的一个典范。第三阶段是以新维特根斯坦主义的"理解"论,以及"理解"的解释学占主导地位的阶段。在这一阶段中,一些后期维特根斯坦哲学的追随者,如德莱、温奇等,以维特根斯坦的语言游戏哲学为解释范式,否定亨普尔的覆盖率模型,认为人文社会科学所涉及的概念模式,与自然科学所提供的那种解释是不同的。他们借助于维特根斯坦的"规则"与"标准"来理解社会的行为,把握对象的"意义"。

了解了上述的争论,对于我们理解现代西方哲学的发展是很有助益的。例如,对伽达默尔的解释学来说,为什么他的代表作取名为《真理与方法》?为什么他说自己的这部著作并无意于方法论之争,并不想重新挑起自然科学和人文科学之间那场古老的方法论争论,而是尽管也是在探究"理解如何可能"的问题,但却是要发现"先于现代科学并使之得以可能的东西"?[①] 这些都需要联系到上述争论的背景才能真正有所了解。此外,也只有了解了上述的方法论之争,才能真正懂得哲学对于人文社会科学发展的影响,因为它们的发展在一定程度上得益于哲学观念的影响以及哲学方法论的应用。

上述西方哲学的这些方法论,不论是有关哲学研究本身的,或是有关人文科学的,总之用冯友兰的话说,都属于"正的"方法,

---

① [德]伽达默尔:《真理与方法》(上卷),洪汉鼎译,上海:上海译文出版社,1999年,第5页。

即逻辑分析的,使认识获得客观性并使得概念清晰的方法。这些方法的目的,都是为了使哲学或人文科学成为"科学"。在这方面,这些方法无疑起到了它们应有的作用。不过,对于哲学的另一种形态与功能,即"形而上学"(如"自由"的精神)而言,这样的方法是否同样适用,却只能说产生了一些困惑。因为形而上学的特点在于它们的非经验性、非实证性。假如哲学仍然需要保有形而上学这一领地的话,显然经验性的方法是不适用的。正是在这一背景上,冯友兰提出的"负的"方法,是值得人们加以认真对待的。

三、中国哲学史上所忽视的"正的"方法

假如以冯友兰的"正的"与"负的"方法为标准来考察中国哲学与文化,那么可以看出,中国传统上缺乏的是"正的"方法论,即逻辑分析的方法。冯友兰曾经明确地指出这一点:"在中国哲学史中,正的方法从未得到充分发展;事实上,对它太忽视了。因此,中国哲学历来缺乏清晰的思想。"[1]这一状况不仅对哲学本身的发展造成了不利的影响,而且还妨碍了科学与文化的发展。姑且举这么两个典型的例子。

一是,古代的数学名著《九章算术》,由于不知道定义与证明的方法,所以里面虽然有好些世界数学史上第一的东西,如在世界数学史上最早系统地叙述了分数运算,最早提出负数概念及正负数加减法法则等,但却没有概念的定义与证明。这显然妨碍了

---

[1] 冯友兰:《中国哲学简史》,北京:北京大学出版社,1985年,第394页。

数学的形式化、系统化，结果只能产生出应用型的数学，而未能出现类似公理化的几何学那样的系统等。再如，我们引以为豪的古代"四大发明"（指南针、火药、造纸术、印刷术），都只是"技术"，而不是真正意义上的"科学"。科学应当是理论性的、系统性的。

二是，与此相关，中国传统哲学也是没有系统的。古代哲学大多以"语录""注释"的方式呈现并流传下来，而少有系统性的著作。对此冯友兰曾提出辩护，说中国的哲学思想虽无"形式系统"，但有"实际系统"。牟宗三也认同这一点，认为这样的"思想系统"可以通过"抽绎"而出，包括形而上学系统与道德哲学系统。不过显然，有"实际的"思想系统，这只能说是属于后人的解释工作。但无"形式系统"，则明摆的是缺乏某种逻辑、方法论的结果。由此，我们可以看出缺乏方法论对于中国古代科学与哲学的负面影响。

进入现代阶段以来，中国哲学家们开始关注方法论的问题，并且在逻辑、科学的意义上提出了一些自己的方法论主张，方法论的意识不断得到增强。梁启超较早提出了哲学研究方法的问题。他说："哲学的研究法，大概可分三种：一、问题的研究法。二、时代的研究法。三、宗派的研究法。"[1]并且认为，无论研究东方哲学或西方哲学，这三种方法皆可用。他举例说，问题的研究法，例如性善或性恶。时代的研究法，如把几千年的历史，划分为若干时代，在每个时期中，求其特色。宗派的研究法，如今文学派、古文学派等。可以看出，梁启超所说的这些方法，除了问题研

---

[1] 梁启超：《儒家哲学》，上海：上海人民出版社，2009年，第41页。

究法之外,实际上说的是对哲学史的研究方法,而不是原创性的哲学研究方法。即使是问题研究法,他也没有深入到如何研究"问题"的方法,例如,到底是"描述"的,还是把握"本质"的方法,等等。总之,他并没有能够在逻辑与认识的意义上来论述方法的问题。

四、冯友兰的"负的"方法的欠缺

与之相比,显然冯友兰的想法是远为成熟,也更令人感兴趣的。前面提到,他区分了"正的"与"负的"方法,尤其是论述了形而上学研究的"负的"方法,即直觉的方法,用以与逻辑分析的"正的"方法进行互补,以此来解决哲学思维所要面对的一方面需要满足科学认识的客观明晰的标准,同时又需处理非经验的形而上学思维所面对的"不可言说"的特殊场景。

从冯友兰有关"负的"方法的论述来看,他这方面的思想与对康德哲学的误读有关。他写道:"康德可说是曾经应用过形而上学的负的方法。在他的《纯粹理性批判》中,他发现了不可知者,即本体。在康德和其他西方哲学家看来,不可知就是不可知,因而就不能对于它说什么,所以最好是完全放弃形而上学,只讲知识论。"[①]之所以说冯友兰是误读,首先,康德根本不是要"完全放弃形而上学",而是要通过批判旧形而上学,使之能够被改造为一种"科学的"形而上学。其次,康德并没有"曾经应用过形而上学

---

① 冯友兰:《中国哲学简史》,北京:北京大学出版社,1985年,第393页。

的负的方法",而是区分了"知"与"思"的不同,前者与自然科学的、可经验的现象领域相关,亦即其对象是可直观的;后者则是与本体的、非经验领域相关,其对象是不可直观的。但即使是对于不可直观的本体领域,康德也不是采取所谓的"谁若知道了不可知是不可知,谁也就总算对于它有所知"①的态度,不是采取什么"负的"、直觉的方法,而是采取一种"思"的方法,亦即本体虽不可知,但却是可思的。"知"与"思"的差别在于,前者是概念与直观的结合,而后者则缺乏直观的支持。因此,"知"是建构性的,它能够对对象作出明确的规定,而"思"是范导性的,它通过所形成的思想原则,来对认识进行引导。对于超越于经验之上的"形而上"的对象,即冯友兰称之为"大全"或"大一"者,或者借用康德的用语来说是"无限者",它们是否可以言说,又如何言说,这始终构成哲学的一大难题。西方哲学对此的解决之道,总体趋向是以科学的方式来对待。尽管康德曾经比较合理地提出"知"与"思"的区别,将科学的认知归之于"知(识)"的范围,而将形而上学划归为"思(想)"的领地,但在上面我们提及的胡塞尔、海德格尔以及维特根斯坦的"描述"方法那里,可以看出在现代西方哲学中主导性思想是排斥形而上学的,亦即排斥对经验现象领域之外的事物的认识与思考,用维特根斯坦的话来说是,"凡是不能说的,我们就要保持沉默"。

不过,这样一种实证性的哲学态度在面对形而上学的对象

---

① 冯友兰:《中国哲学简史》,北京:北京大学出版社,1985年,第393页。

时,确实会产生一些问题,也就是只能产生一种拒斥的态度,就像当年的实证主义提出的意义标准一样,将一切不能经由经验验证的命题,统统归之为"没有意义"的。这种倾向造成的一个后果是,分析哲学在西方的发展,落入一种对日常语言的琐碎的分析状态,使得哲学在很大程度上丧失了它原本作为"智慧之学"的魅力,而自贬为某种单纯技术性的工具。这也无怪乎有的分析哲学的代表人物重又回归形而上学,重又谈论诸如"自由意志"这样的传统叙事。确实,假如哲学要担当起化育人文价值、塑造人类灵魂的使命,那么单从经验的层面来讲心灵还是远远不够的。心灵的真正崇高的部分,由此还是不能得到提升,人的精神还不能升华到所谓的"天地境界"之中。然而,这里的问题是,假如真有一种超乎经验的"大全"或"大一"的世界需要哲学来思考,那么冯友兰这一"负的"方法是否能够担当起方法论的重任?

深究起来,冯友兰的"负的"方法是有欠缺的。假如像他所说的那样,对于终极性的"大全"或"大一"这样的对象,我们"不说不可言说的东西是什么,而只说它不是什么",这将会产生如下的问题,即对于不可言说的东西是什么,我们仍然不得而知。因而这样的"大全"或"大一"仍然保留为未决的、神秘的状态。冯友兰以中国画的画法作比喻,认为这种"负的"方法就如传统国画中"烘云托月"的手法,虽然本意是要画月,但画家却只在纸上画一大片云彩,而在所画的云彩中留下一个圆的空白,这空白即是月,或者说,这未画的空白处正是由其不是"云"而显出它是"月"。冯友兰本人颇为欣赏类似并不明说的神秘状态,认为哲学的顶点具有某种神秘的性质。

然而,哲学毕竟与绘画不同。哲学是一种知识,绘画则是一种艺术。在两种不同性质的东西之间进行类比,可能会产生不当的结果。绘画留下的空白,用以引发观赏者的遐想,这是艺术的一种魅力所在。但哲学不能停留于这样的状态,毕竟哲学是一种思想,而思想是要有所言说,且具有确定性的。即使按照冯友兰自己的界定——"哲学是人类精神的反思"①,其目的是确立一理想的人生,这样的反思也不可能只是"不是什么",否则这样的思想就不是什么思想,而只是一种"无"。假如说有什么我们的"思"所无法言说的东西,那只能说是我们对它还没有想清楚。哲学不能成为一种"猜哑谜"之类的东西。神秘主义不是哲学。即使有些一时说不了的东西,我们也要尽量想办法使其成为可说的,这或者是借助其他手段来进行,或者是随着时间的推移让它成为可说的。在德国古典哲学的时代,诸如宇宙起源这样的"无限者"曾经被看作是不可说的,但是现在科学的发展已经使之成为可说的。即使是像冯友兰本人曾经认为不可说的"天地境界",在晚年他也不再把它看作是玄虚的东西,而是更多地从人伦日用方面来看待,甚至把它看作是孔子的"仁"的境界。

此外,冯友兰将"负的"方法等同于直觉的方法,这也并不怎么恰当。虽然在当代哲学中,直觉方法的作用与有效性的问题是有争议的。实验哲学的产生,其动因直接针对的就是哲学对直觉

---

① 冯友兰:《中国哲学史新编·绪论》,载《三松堂全集》第8卷,郑州:河南人民出版社,2000年,第15页。

方法的依赖。但即使如此,直觉方法也并不等于是不界说什么的方法,它是有着肯定的结果、是有所言说的。哲学之"思"可以来自直觉,但其结果必定是有所言说的。不无遗憾的是,假如对于"负的"方法,冯友兰能够进一步思考它的性质,提炼出一个专有的概念来加以界说,尤其是如果能够通过对中国传统哲学思想方法的反思来提炼,那么这种"负的"方法的性质将会得到更为准确的刻画,也更能彰显中国哲学的特色。这同中国哲学虽然有着悠久的"六经注我"的实践史,但却未能提炼出"解释学"理论的遗憾是类似的。

第五节 反"科学主义"与中国哲学重建

任一社会都是有机的整体,其中的经济、政治、文化诸因素都是相互制约、相互影响的。中国当前经济高质量发展以及由此推动的社会发展,必然要求文化方面的相应进步。因此,哲学这一社会发展的目的理念与文化进步的基本价值观念的提供者,在中国特色社会主义新时代的背景下,应当责无旁贷地承担起自己的重负。中国哲学重建的必然性,正在日益为人们所认识并形成一种呼声。

中国哲学重建涉及不少问题,诸如对传统哲学的评价,中国哲学与西方哲学的关系,重建所应遵循的途径,等等。它们都有待于进一步深入的思考。不过在当前探讨的起始阶段,笔者认为对哲学的一些基本问题与概念,诸如其性质与功能,即哲学自身角色的定位问题作一番澄清,是十分必要的。而在为哲学作出本体论上的根本定位时,需要清理一种有碍于这一定位与重建的倾向,即"科学主义"的倾向。这里所说的"科学主义",指的是以科学的认知模式与判定标准移用于哲学思维,从而产生排斥、否定哲学特有的思考方式与人文精神,危及哲学的根本生存基础的思想取向。

一、哲学研究什么

自然科学与社会科学这两类科学的产生,主要发源于人类对生存环境(包括自然与社会的环境)的需要。此外,人还需要研究自己,即需要有关于人的学问,包括对人体、生理、心理诸方面进行研究。人的学科,解答的是"人是怎样"与"人是什么"这两类不同的问题,可以看出,后者关涉的是心灵、精神领域。人是这么一种存在,他除了形体之外,还有心灵;形体服从于心灵。形体是可见的世界,如同外部世界一样,关于它的研究属于事实性的;而心灵、精神则是不可见的世界,关于它的学问属于价值性的。

作出上述区分之后,不难界定出哲学的对象与性质。对于心灵、精神的研究,构成哲学的一个特有对象。哲学的领域固然还包括认识论、方法论、道德论等,但它对于心灵、精神的关注,无疑是最根本的,这是由心灵、精神对于人的重要性所决定的,因而这种研究对于哲学来说是不可或缺、不可取代的。作为人这一理性存在者,他不可能没有希望,或没有理想,或没有信仰,哪怕这种希望很普通,理想很平凡,信仰很一般。另外,由于心灵、精神的不可见性，因而哲学的领域是一个超验的领域。这就决定了哲学对于心灵的研究是一种"思"，它有别于实证科学对于事实的"知"。任何对于心灵的思考，只要它不是自相矛盾的，就是有"意义"的（这里的"意义"，借用的是实证主义的用语）。"知"的根据是事实性，"思"的根据则在思想自身。哲学这种思的性质，又进一步决定了它的方法与判定标准是不同于经验科学的。

这里还应当说明的是，对于心灵、精神的思考，除了哲学以外还有宗教。宗教与哲学的相同之处，在于它们在对象（心灵）及性质（超验性）上有相似性；但根本不同点在于，宗教以象征性的表象思维为方式，以神的存在为前提，设定一个来生的彼岸世界，以灵魂救赎为目的；哲学则以反思性的概念思维为方法，以理想人生为前提，设定一个现世的本体世界，以提升道德人格为目的。概言之，宗教是表征性的，哲学是反思性的。前者示人以信仰，后者给人以信念。信念是对于某种人生价值的认同，它们植根于精神本体。由于人不可能没有信念而存在，因而人不可能没有哲学，不论他是否意识到这一点。信念的不可或缺性，构成了哲学的不可取代性。

二、哲学中科学主义之表现

论述了哲学之不同于科学认识的特定对象、性质与方法，可以确认这么一个判断，即不能移用自然科学的认识模式与方法于哲学之上。反之，就是一种"科学主义"。不幸的是，哲学在现代的发展顽强地表现出这种倾向，其表现形式如下：

第一，以科学的判定标准滥施于哲学之上。

20世纪西方哲学中的科学主义取向的极点，是以逻辑实证主义的"意义的可证实原则"为标志的。它认为判定一命题是否有意义的标准，是看它能否为经验所证实或否证。按照这一标准，逻辑实证主义者将哲学命题划入没有意义的假命题之列。例如他们写道："在形而上学领域里，包括全部价值哲学和规范理论，逻辑分析得出反面结论：在这个领域里的全部断言陈述全都是无意义的。"[①]他们并且宣称，通过运用现代逻辑对语句意义加以澄清的结果，已经能够彻底清除形而上学。

逻辑实证主义的这一证实原则，对于在科学哲学中促进有关科学划界标准的认识，以及在理论研究中排除一些伪科学的做法，特别是在一些社会科学学科中推动有关客观性的意识，是有益的。然而，它以经验上的可检验性作为有意义命题的判定标准，来对待原本是超验的哲学命题，从而把它视为无意义的，要用"奥卡姆剃刀"加以剪除，这就铸成大错。他们不懂得哲学之为哲学，恰恰在于它主要关涉的是不可见的精神世界，即超验的世界。他们片面地把人的意识活动仅仅归结为科学活动，将"理念""无限""本质""自我"等哲学范畴，斥之为无意义的东西。他们不仅没有看到科学也有其价值问题（科学可以造福人类，但假如滥用科学技术不加以必要约束的话，其负面效应亦会遗患于人类），而且也没有意识到反省人生，认识自我的必要，把对于生命的本质、

---

① ［德］卡尔纳普：《通过语言的逻辑分析清除形而上学》，见洪谦主编：《逻辑经验主义》，第13页。

心灵的理念、自我的存在这类思考贬为无意义的命题,欲彻底加以清除。

逻辑实证主义这方面的思想在我国也产生了影响。有的哲学家循此判定标准,把哲学的"本质"认定为"属于科学范围内'活动'的一种学问"①,它的任务不过是对科学概念的意义作进一步分析而已,并且也不存在"世界观"的问题,因为"科学的'世界图景'本身就是一种'世界观'"。这样,科学与哲学之间就被画上等号,"某个时代科学的发展,就是某个时代哲学的发展,某个时代的大科学家,就是某个时代的大哲学家。"②这些说法的片面性是很显然的。首先,大科学家与大哲学家之间并非等同关系,哲学家与科学家相分野的现象越来越普遍;其次,"世界观"不可被狭隘地理解为单纯有关物质世界的认识,而应包括人与世界的关系、人在世界中的位置,等等,因而它应是本体论的一部分。世界观与人生观不可分。况且,仅就科学的"世界图景"而言,各门具体学科提供的这种个别性的图景,其总体意义如何,也是有待哲学作出解释的。

第二,不恰当地限制了哲学的对象域。

我们说哲学是一种"思",其对象是超验的领域,它要解答的是"人是什么"这一命题,这是就哲学的根本对象而言的。"思"所要把握的是一种"理",它不同于经验科学所要把握的是"物"(自然对象)与"事"(社会对象)。哲学所要把握的"理",如果具体说

---

① 洪谦:《维也纳学派哲学》,北京:商务印书馆,1989年,第138页。
② 同上书,第13页。

下去，可以分为这么几个方面。首先是关于人生的，此为"本体论"，即对于生命本体、精神世界的反思；其次是关于认知活动的，此为理论哲学（认识论、方法论），即对于有效认识模式、方法的把握；再次是关于道德行为的，此为实践哲学（道德哲学、行为哲学），即对于道德的根据、规范法则的把握。这三者中，以本体论最为根本，因为它是精神的安身立命之地。假如精神惶惑、形上迷失的人，不但谈不上有正直的道德行为，而且也难以有突出的认识行为。

然而，哲学研究中的科学主义取向以不同的方式来限定哲学，取消本体论这一哲学之"本"。在这方面，分析哲学将哲学归结为对科学进行语言分析，使哲学沦为一种工具。而在国内则有这么一种看法，把哲学等同于认识论。这种观点在近几年的"主体性"讨论中，突出地表现为把主体性界定为认识的主观能动性、实践，而忽略了主体首先是作为社会存在的主体、道德行为的主体。认识论无疑是哲学的一个对象，但哲学并不仅限于认识论，之所以如此的理由，我们上面已经给出。在这方面，可以说西方哲学的发展也已开始"纠偏"。"后现代主义"的一个主要目标，就是反对科学的"专断性"，即反对将科学的认识模式作为其他知识陈述系统的判定标准，也就是我们所说的反科学主义。

第三，混淆不同的真理形态。

把科学主义的判定方式运用于哲学，必然会要求哲学的真观念亦循从经验的形态，这就是说，沿用经验性真理的命题与事实相符，由事实来确证的样式。这样，一谈起真理，受科学主义影响的人们马上就会联想到与事实相一致的符合论。然而实际上真理是依观念的不同而区分为三类形态的。

第一类是形式的、必然的真理,属于数学与逻辑。这类观念是推证性的,其特征是可以单纯通过一些规范性的规则,在观念之间进行演绎与运算。由于它们只是一些观念间的逻辑关系,因而是形式性的真理,其结论是必然的。这类观念系统是自足的,无须诉诸感觉经验。

第二类是经验的(内容的)、非必然的真理,属于经验科学(包括自然科学与社会科学,后者是一种"人文经验")。这里的"必然性",指的是在一切可能世界皆真,其矛盾命题是不可能的,且具有不可修正性。这类观念从总体上说是说明性的(explanatory),其特征是依赖于对时空中的物与事这类感性经验进行分析研究,因果性构成这类事件的最基本关系。

第三类是超验性的、非必然的真理,属于哲学。这类观念是解释性的(interpretive),其特征是超越感性经验世界之上,对心灵、知识与道德作整体性的思考。它与数学、逻辑观念的不同,在于它不能仅仅依靠同一律、不矛盾律的逻辑关系进行推证性思考;它与经验性观念的不同,在于它摒弃了事实性因素,排除了感性的色彩。因此哲学的观念只是"思",而不是"知"。认识探问的是"是什么",哲学询问的则是"为什么"。"是什么"追问的是物与事,"为什么"追问的则是一个"理"。物与事是有形的,理则是无形的、不可见的。由此有形下界与形上界之分,从而真理的形态也有不同。

哲学观念的真理形态是由形而上学思考的性质决定的。形而上学思考是一种先验的思考，其解释性在于，它对于理想的人生状态、道德人格加以解释，设定为一种"终极关怀"，一种价值目标。道德理想必定是要高于现实人生的，否则就不成其为理想。因此这种理想是一种先验设定的目标，而不是出于经验归纳的。

因此，这里表现为这么一种关系。存在者与社会应当符合于他们的理想目标，而不是理想目标应当符合于他们。从而理想目标这一形上的观念，就无法运用经验知识的"客观性"标准来衡量它。这告诉我们必须采用另一种判定标准来确认形上的真观念。我认为，这一标准应当是"合理性"概念。一观念是合理的，必须满足这么两个条件。首先，就该观念本身而言，它必须在逻辑上是无矛盾的，在内容上是有效的解释；其次，就其可能的效果而言，它必须是有益于文明发展的。

形上观念的真，是一种内在的真。一形上观念经过解释与论证并被认为是合理的，我们就把它看成是真的。内在真观念的根据在于解释的合理性，而不在于这种解释是否与对象相一致，因为被解释的对象恰恰是需要在将来依据该观念来产生的。"止于至善"的终极关怀目标，其中的"至善"内涵是被设定的。哲学家并不是从现实中已经有过的行为来抽引出至善概念；相反，"至善"是一种理想中的"应然"状态，它产生于理性的超验设定。形上真观念的这种超验设定性，是道德理想主义的前提。

追寻真理是哲学的目标。区分出形上真理与经验真理的不同类型,有助于我们从根本上了解形而上学反思的性质,为从哲学中排除科学主义提供重要的根据。

三、中国哲学的重建

本节之所以呼吁反对哲学中的唯科学主义取向,为的是返本归真,回到哲学之本。所谓哲学之"本",我指的是哲学对于"人是什么"命题的阐发,对于存在的本体论的探讨,对于生命的关切以及对于精神价值、道德人格境界提升等。而这方面的一条重要途径是阐扬中国哲学的人文精神。

哲学返本归真的迫切性,是由文明的历史进程决定的,特别是对于现时处于新时代中的中国,尤其如此。这表现为如下三个方面:

首先,中国特色社会主义市场经济的运作。市场经济是一把双刃剑。一方面,它使社会充满开拓、活力,推动经济的迅速发展,带来高度的物质文明;另一方面,竞争的无情性,使个人主义高度膨胀,社会变得冰冷无情;科技作为文明发展的手段僭越为目的,价值理性发生危机。西方社会的这些弊病,在商品经济浪潮涌流的当今中国有些已经开始出现,而且在市场规范不够完善的情况下,道德问题更为突显。中国现代化过程要理性化,有赖于弘扬理性精神,使之与感性物欲之间形成张力,为精神文明奠定理性基础,这就需要重建一种高扬道德理想主义的哲学本体论。

其次,我们的目标是实现现代化。"现代化"是个社会学概念,确立的是物质性的标准。但从哲学上看,现代化则表现为理性化的过程。这种理性化首先是价值目标的理性化,其次是由此制约的行为的理性化,以及相应而来的社会理性化,即包括政治与经济的组织及运作的理性化。这种理性化的基础是人的理性精神,即在意识中确立理性本位,因为不论目标设定或行为、社会的理性化,都是理性投射的结果。理性不同于感性,后者是天生的自然倾向,有其内在生理动力;理性则是自觉培植的结果。缺乏这种培植,理性可能被淹没,而它也确实淹没过,例如在各种形态的法西斯主义者那里。

再次,中国与西方社会的一个重要不同之处,在于西方是个宗教社会,而中国则不是。宗教构成西方文化心理与精神依托的一个基本部分,中国则大体上由哲学担负起这方面的功能。因此,中华民族的文化精神过去由哲学所陶铸,今后必也主要由哲学来塑就。

西方社会在物质文明的现代化过程中陷入的精神惶惑、形上迷失的理性危机,曾促使一些不同哲学流派的哲学家们从各自的角度对这一危机作出深刻反省,并发出警告与呼吁。他们或及时地反击实证主义,指出它抹去了对于"真正的人来说至关重要的问题",即"探问整个人生有无意义",并针锋相对地把哲学的根本任务确认为揭示"本体论上本原的东西"①,呼唤理性主义的复归与重建,如胡塞尔的现象学;或要求哲学打破 19 世纪的科学的精

---

① [德]胡塞尔:《欧洲科学危机和超验现象学》,上海:上海译文出版社,1988 年,第 5—6 页,及"译者的话"第 12 页。

神垄断,摆脱将重点转移到所谓认识论范围的偏差,重新恢复西方自亚里士多德以来的"实践哲学"的传统,建立"与人的、社会的存在所具有的根本大法有关"[①]的解释学,如伽达默尔;或抛弃认识的至上性,排除意识与对象相对峙的二元论,以自决性作为意识存在的本质特征,重建揭示价值的起源和本性的本体论,如萨特的存在主义。总之,西方哲学家寄希望于哲学的,是它的本体论,是关于人生的意义与价值的定位,借以在科学的时代重归哲学之本。这一潮流发展的结果,是使西方哲学走向一种"后现代主义"。它的基调是将启蒙运动以来的文化归之为"现代主义"的范畴,认为其主要特征是以自然科学的认知模式作为判定其他类型知识的标准,并在此基础上产生了相应的"理性主义",造成一种主体与客体相对立的二元认识论模式,以及客观主义的真理判定标准。后现代主义因而由反科学的专断延伸到反对现代的"理性""主体性""人文主义"等基本观念,其根源在于前述的西方社会发展产生的一些问题引起的哲学批判的需要。

有如西方社会的现代化在有形的自然界所造成的一些严重后果,如环境污染、生态失衡等负面效应应作为我们的前车之鉴一样,它们在无形的精神界所带来的一些后果同样应引起我们的警觉。现代化不应当使人成为物质文明的奴隶,人应当始终是目的,是价值的主体,而不应当成为手段。这样一种意识应当深入人心,成为社会的普遍意识,成为公众的行为习惯。在这

---

① [德]伽达默尔:《科学时代的理性》,北京:国际文化出版公司,1988年中译本,第2页。

方面，只有哲学的本体论能够为我们提供这种意识与行为的最终根据。

中华文化是一种悠久的文化，有其特殊的品格。这种品格的基调主要是由高扬生命价值与道德理性的儒家所陶铸的。然而由于儒家创始人的经验性思维的特性，因而未能超越于现有世界之上，设定一种先验的理念体系作为现实社会的理想参照系，而是以经验性的"取象"类比的方式，在已有社会模式中寻求理想目标，从而导致一种"向后看"的思想方法，以周礼作为社会的范型，造就了以后的儒家缺乏批判意识、一应认同于已有社会体制的保守性格。此外，单纯着眼于从个人的道德修养（"内圣"）及人伦关系方面建立"礼治"的基础，从而构建有序的社会，而不是同时着眼于法治以及对外部社会的批判与变革，也就是说，只着眼于道德方面的"自律"，而未能并重于法治的"他律"，这也是儒家思想的一个根本失误。随着中国传统社会的衰败，人们在探求其原因时，自然把批判的锋芒也指向作为以往文化与社会的思想基础的儒家学说。这种批判有其历史必然性，它是中国社会接受西方先进思想，实现社会变革的前提条件，因此在当今乃至往后，仍有继续批判儒家思想中落后因素的必要。

然而，随着中国经济的高质量发展，社会转型的逐步成功以及现代化过程的推进，中华文化的重新崛起将成为必然。这意味着我们的文化发展从侧重于吸纳西方文化，逐渐转向融合西方文化，进而发展具有自己特色的文化。这一过程必将要求中国哲学提供民族文化的理念基础，成为民族文化的"领头羊"。而重建中国哲学的使命，必定要求我们摆脱西方哲学中的科学主义的影响，回归哲学之本，并且弘扬中国传统哲学中的人文主义精神。

要重建中国哲学，弘扬其人文精神，首先要面对的，一是这一人文精神如何定位，二是如何弘扬的问题。就前者而言，一般认为是儒家的理想与价值取向，包括生生不已、自强不息的生命进取精神，道德的自我修行与道德人格的培育，天人与社会秩序的和谐观，等等。就后者而言，笔者认为，"弘扬"意味着按照这种人文的精神取向来推进哲学的探讨，或者说以此来规引哲学思考的方向。

因此，弘扬中国哲学的人文精神，重要的是由之确认一种思考的大思路，一种精神探索的取向，认定哲学在现时代的使命，怀抱对生命与存在的关切，对社会理想与价值系统的关切。这里应当提及的是，在对中国传统哲学的发掘，以及将其与西方哲学进行比较研究，乃至力图融合西方哲学，实现中国哲学之重建的目标这方面的努力中，现代新儒家奉献了一些有价值的思想，为中国哲学的重建提供了参考。

要强调的是，我们提出反对哲学中的科学主义，反对的是将科学的认知标准运用于哲学，从而导致的要求取消形而上学、本体论的错误倾向，以使哲学返本归真，达到重建中国哲学的目标。科学主义不等于科学。反对科学主义并不意味着否定科学技术的重要性，也不意味着否定在我们的哲学重建中，应当吸收西方的逻辑分析技术以加强哲学论证的科学性。对此不应当产生误解。

第六节　朱熹研究在西方

一、西方朱熹研究的历史进展过程

西方对朱熹哲学的介绍与研究已有较长的历史。早在1714年,西方即已翻译出版了《朱子全书》中的一些文章、书信和谈话。此后,关于朱熹著作的翻译陆续推出,如 E. C. Bridgemen 在1849年翻译了《朱子全书》中有关宇宙、阴阳、人等的论述部分;Thomas McClatchie 在1874年翻译了论述"理"和"气"的《朱子全书》的第49章;在19世纪后期,又有 De Harlez, J. Perry Bruce, Father Graf 等人翻译了朱熹的著作。

朱熹著作的研究同样也有较长的历史。早期欧洲对朱熹的关注主要是从宗教观念方面着眼的,集中于他的"理"与"气"的哲学,其目的是支持天主教对上帝的信念。后来的研究则逐渐覆盖了朱熹哲学的各个方面,包括形而上学、道德哲学、知识论,乃至自然哲学以及比较研究,如将朱熹与陆象山,与亚里士多德、托马斯阿奎那、斯宾诺莎、怀特海等进行比较研究。

在西方的朱子学研究方面,美籍华人陈荣捷(Wing-Tsit Chan)教授功不可没。早在1946年,H.F.MacNair 在伯克利出版的英文著作《中国》中,陈荣捷撰写的《新儒学》一章,是战后西方首篇论述朱熹思想之作。在1957年,他又发表了《新儒学对恶的问题的解决》和《新儒学与中国科技思想》两篇文章。到了1960年,陈荣捷在与狄百瑞(William Theodore de Bary)、华兹生(Burton

Watson)一起编撰翻译的 Sources of Chinese Tradition 中,即已具体负责了其中共七章的理学部分,内含有关朱熹的一章。当时西方学界还没有研究新儒学和朱子的学者,因此陈荣捷先生"堪称战后欧美朱子研究的先驱"[1]。此外,陈荣捷还于 1963 年编撰翻译了 A Source Book in Chinese Philosophy[2],其中第 34 章为《集大成者朱熹》。该书与冯友兰的《中国哲学史》一起,是西方人研读中国哲学的主要参考文献。

在他的学术生涯中,陈荣捷还出版了一系列的朱子研究著作,如:《朱子门人》《朱学论集》《朱熹》《朱子新探索》《近思录详注集评》等。此外,由中国文哲研究所出版的陈荣捷的论文集《新儒学论集》《宋明理学之概念与历史》,也是主要与朱熹有关的研究成果。在他生命的最后 20 年,陈荣捷更是几乎将其全部的学术关注都集中于对朱熹的研究,以及对国际朱熹研究事业的推动上。这方面特别值得一提的事情,是由陈荣捷筹备组织并担任大会主席的、在 1982 年于夏威夷檀香山举行的"国际朱熹会议"。这一盛会汇聚了全球著名的朱熹研究专家,它的完满举行极大地推动了国际的朱子学研究。

在西方的朱熹研究中,美国的一些大学具有举足轻重的地位。从 20 世纪 70 年代开始,美国在哥伦比亚大学和哈佛大学的推动下,朱熹和新儒学研究一时兴起。特别是它们的一批博士生

---

[1] 陈来:《梦也周程朱陆王——陈荣捷与朱学》,载《光明日报》,2007 年 11 月 17 日。
[2] Chan, Wing-Tsit, *A Source Book in Chinese Philosophy*, Princeton University Press, 1963.

以朱子学方面的内容为学位论文选题,更是为朱熹研究注入了新鲜血液,持续地推动了西方朱熹哲学研究的发展。

按照陈荣捷在 20 世纪 90 年代的说法,近年来美国直接或间接与朱熹有关的著作就达近十种,大学中专研朱熹的课题组有数组。"其他博士论文、志刊论文与会议论文,数亦可观"。这一介绍可使我们窥见当时美国的朱熹研究概况。

二、西方的朱熹研究的主要方面与内容

下面我们从几个具体方面,对西方的朱熹研究作个初略的介绍。

(一)哲学元理论方面

Joseph Percy Bruce,这位被陈荣捷称为西方第一个系统研究朱熹的学者,分别在 1922 年和 1923 年出版了 *Chu Hsi and his Masters*,以及 *The Philosophy of Human Na-are by Chu Hsi*。在这两部著作中,作者把朱熹哲学解释为主要是一种有关终极的"理"的学说系统。这一"理"也就是"太极"与"道",它是超越于世俗的实在之上的。Bruce 不仅将这一系统与其他的"理学"进行比较,而且还与亚里士多德和柏拉图的观念论进行了比较。

德国 Alfred Forke 在其著作 *Geschite der neuren chinesischen Philosophie*(1938)中,也对朱熹的哲学进行了研究。它主要论述的是朱熹的理、气等哲学观念。知名汉学家狄百瑞(Theodore de Bary)在其 *Neo-Confucian orthodoxy and the learning of the mind-and-heart* 等著作中,把宋代新儒学的最重要的特征归结为某种"原教旨主义"(fundamentalism),亦即尊奉传统儒学的基本教义。狄百瑞并且认为,朱熹的全部理论系统和思想方法是以自我为出发点的。Oaksook Chun Kim 的《朱熹与陆象山》(*Chu Hsi and Lu Hsiang-shan*)一书,则否认新儒学的"原教旨主义"特征,认为虽然朱熹致力于恢复传统儒学及其道德,属于保守主义,但这并不是"原教旨主义"或"教条主义"的。

在西方有关朱熹的研究中,陈荣捷先生是位公认的大家,作出了重要的贡献,需要我们特别加以关注。陈荣捷对朱熹以及中国哲学原典的高质量的翻译,为西方的相关研究提供了可靠的文献基础。在他有关朱熹的丰富著述中,其中的 *Chu Hsi: New Studies* 一书,对朱熹的生活、思想及后人的研究进行了全面的论述。按照他自己的说法,该书集中注意于以往朱熹研究中被忽略的一些问题上,并尽量使用一些未被揭示的材料。

在有关朱熹的研究中,陈荣捷极其关注其"仁"的思想,推崇其"生生为仁"的理论。在《儒家的"仁"的概念的发展》一文中,陈荣捷提出这一概念有特殊的意义和普遍的意义两种。前者适用于孔子之前,其意为"统治者对人民的仁慈";后者则是孔子的改造,以仁为全德,使之指称一种普遍性的"道德生命"。孟子将仁解释为人心,也是相同的进路。朱熹则把上述仁说上升为"生生之理",即生生不息的生命及其创造,它体现了宇宙最根本的法则——创造的法则,因而具有永恒的价值和意义。在陈荣捷看来,这些有关仁的普遍意义的学说,阐发了儒学的真谛,亦即"仁"

的道德生命意义。

陈荣捷还注意到朱熹与道家哲学的关系,认为朱熹的仁说吸收了老子的思想,并把其中的"生"的观念归根于老子,论据是朱熹说过,"老子说'柔弱者生之徒,坚强者死之徒',见得是。盖谓之仁之能生,以其为柔,从来儒家绝无此说"[1]。美国一些高校培养出的汉学博士,为朱子研究增添了生力军。艾奥瓦大学的 Oak-sook Chun Kim 在他的博士学位论文《朱熹与陆象山》(*Chu Hsi and Lu Hsiang-shan*)中,对朱熹的"理"与"气"的范畴予以高度关注。他认为,虽然朱熹的理与气这对概念在许多世纪以来被新儒学(Neo-Confucian)的学者所广泛思考,然而"它的哲学意蕴还没有得到充分的阐发"[2]。在他看来,必须对理、气和具体的实在世界之间的形而上关系的含义,以及理与气的描述性定义加以探寻,以便能够理解朱熹这方面理论的真义。他认为,宋代的学者关注理与气究竟是何者在先的问题,朱熹也经常被询问这一问题。与此不同,现代的学者则在一些不同的方式上对朱熹的解释作出自己的诠释,例如,理是在先的,气从属于理;或气在存在的意义上是在先的,而理则在形而上的意义上是在先的。断言理对于气的优先性的命题,蕴含着朱熹对唯物主义的拒绝,而断言气对于理的优先性的命题,则假定了一种形而上学的二元论。不过

---

[1] 陈荣捷:《朱子评老子与论其与"生生观念"之关系》,台北:《清华学报》第十一卷第1—第2期合刊本,1975年12月。
[2] Oaksook Chun Kim, *Chu Hsi and Lu Hsiang-shan: A Study of Philosophical Achievements and Controversy in Neo-Confucianism*, UMI Dissertation Services, 1980, p. 418.

笔者认为,这两个命题都是不准确的,因为朱熹并没有宣称其中哪一个有着形而上学的优先性。他只不过断言在逻辑的或通常的意义上,理是先于气的,并且认为追究这一问题没有什么意义,因为不论理或气都不能离开对方而存在。

加利福尼亚大学的 Joseph Alan Adler,在其博士论文《占卜与哲学：朱熹对〈易经〉的理解》(*Divination and Philosophy: Chu Hsi's Understanding of the I-Ching*, University Microfilms international, 1984)中对朱熹解读《易经》的动机进行了解释。他认为,《易经》对于朱熹的意义,是跟一种与伏羲有关的"宇宙起源"图式论(cosmogonic symbolism)相联系的。《易经》是一种有关自然与文化的表达的记录,亦即从自然世界中创造出人文世界,以及道德与宇宙过程的非二元性质。《易经》的卦象是来自自然的图像,它们包含着指导人们生活的道德原理。因此这些卦象标志着圣人有关中国文化,自然与文化、天与人的相互关系的纯粹的、本原的看法。

在他看来,朱熹之所以要发现周易本有意蕴的目的,并非出自怀古的、守旧的努力,也不仅仅是要维护对圣人传统的接近,亦即维持道统的传承。因为这些动机无法充分地说明朱熹对程颐有关《易经》的解读方式的拒绝。他认为,正是对社会与政治事务的关心,特别是对收复全部被蒙古人所占领的失地的强烈关心,使朱熹使《易经》的看法产生了影响,他把《易经》作为一个接近圣人之心的手段。北方领土的丧失,使他质疑宋朝是否恰当地维持了天命的统治。他认为,朱熹晚年对于宋朝江山朝不保夕状态的反应,可以称之为某种形式的"道德行动主义"(moral activism,或道德激进主义)。他不断地劝说皇帝,要恢复领土的完整需要社会进行一种道德的转变,也就是要按照《大学》所提出的道德纲要来进行,其中"正心"是其本质,并且"正心"要从皇帝本人开始,自上而下地进行。一个道德有序的社会的建立,取决于人们实现自己的道德潜能的努力。

(二) 道德哲学方面

夏威夷大学的 Kirill Ole Thompson 1985 年的博士学位论文:《朱熹道德哲学的探究》(*An Inquiry into Chu Hsi's Moral Philosophy*)[1],从朱熹的教育与思想背景,其道德自我实现理论的发展与成熟,朱熹伦理学的比较研究等几个方面,来阐述朱熹的道德哲学。他认为,朱熹通过对有关道德的自我修养与践履所作出的新解释,从而提出了一种最广泛的、令人信服的伦理学说。作者认为,正是通过这种解释,使得朱熹认为儒家的道德思想需要把"心"看作是意志的所在,并作为人的道德自我决定与责任的核心。因此产生的结果,是朱熹基于"天理",将"心"作为道德自我修养的努力的主要焦点,并由此转换了他的道德学说的关注点,以及形成了他的道德的恰当性的观感与洞见。

他还把朱熹与康德的道德学说进行比较,认为两者都是围绕着道德意志的概念而形成的。他进而对他们两人的意志概念作

---

[1] Kirill Ole Thompson, *An Inquiry into the Formation of Chu Hsi's Moral Philosophy*, UMI Dissertation Services, 1985.

了具体分析。康德的意志是独立于现象界的、能够把握与实现道德法则的、自由决定自身行为的一种能力。康德并把这样的意志概念作为一种普遍的实践哲学的基础。与康德的意志概念相近，朱熹的意志是某种实践理性，它在人们理智的、而不是本能冲动的行为里展现自身。被意志所决定的行为是建立在人们对"理"的把握之上，并通过他们的实践理智而加以实行。因此，康德与朱熹都主张道德的训练和修养，以便能够形成人们的道德眼界。不过在这方面他们的不同在于，对于康德而言，这样的眼界的形成是来自单纯的认识因素的，亦即排除了情感方面的因素。而对于朱熹来说，除了认识的因素以外，"情"的因素也一样重要。

此外，朱熹与康德两者在道德的敬畏感上有其类似之处。康德的道德哲学强调主体对道德的"敬重"（achtung, respect），朱熹也有"敬"的概念。这两个概念首先在语义上是相近的，它们都表示一种对道德的近乎敬畏的崇敬，而不仅仅是一般的尊敬。他认为，这一相似点向我们展现了朱熹的信念，即人们对于自己行为的道德意向必须是纯粹的，由此才能够追求道德的善。不过，作者也指出了康德与朱熹的上述这两个概念的不同。在康德那里，"敬重"主要是在伦理的语境里使用的，强调的是人们对道德法则的情感，以及履行道德的义务；而朱熹的"敬"则是用在道德自我完善的理论里，也就是如何通过"心在""定""虚"等心灵的训练，在格物致知的道德实践中来把握天理。

此外，还有一些有关的论文也值得关注，如田浩（Hoyt Cleveland Tillman）《朱熹思想中的"天"的意识》详细考察了"天心""道心"

等概念之间的联系,以及它们在道德行为中作一种所希求的模式的作用。

(三) 宗教思想方面

在这一方面,特别值得提出的是德国大哲学家莱布尼茨对朱熹与理学的宗教思想的评论。按照《中国对法国哲学思想形成的影响》(*La Chine et La Formation De Lesprit Philosophique En France*)一书的作者维吉尔·毕诺的说法,莱布尼茨是17世纪所有学者中最早、也是以最顽强的精神、最持之以恒地关注中国的人。李约瑟则在他的《中国科学技术史》中,对莱布尼茨的中国研究作了比较详细的介绍。当莱布尼茨刚20岁时,他就阅读了诸如施皮策尔(G. Spizel)的《中国文学评注》(*De Re Littereraria Sinensium Commentarium*)这一类书籍,后来又读了基歇尔(Athanasius Kircher)神父的《中国纪念物图说》(*China Monumentis Illustrata*)。前者是施皮策尔谈论中国字(虽然不多)的一本小书,他认为这些字像是古埃及那样的会意字;书中提到了阴阳、《易经》、五行、算盘和炼丹术。从现存的莱布尼茨给黑森-莱茵费尔斯(Landgraf v. Hessen-Rheinfels)的信中可知,他在1687年读过《中国哲学家孔子》一书。两年后他访问罗马时,遇见了当时正从中国回来休假的耶稣会士闵明我(Grimaldi),后来又曾向他询问一系列有关中国的问题。莱布尼茨甚至与在北京的传教士有通信联系,以此作为了解中国的一个信息渠道。有些耶稣会士的描述在莱布尼茨本人于1697年编印的《中国现状》(*Novissima Sinica*,

Historiam Nostri Temporis Illustratura)上发表过。在1700年时,白晋(Bouvet)神父甚至还寄给他一篇有关《易经》的评论分析。对中国的文化与历史的了解,使得莱布尼茨对中国满怀敬意。他盛赞中国的知识是"一种不可估量的财富"。①

有关朱熹哲学中是否有"神"的观念,在西方曾有过较长时间的争论。在莱布尼茨时代,流行的看法是理学是一种无神论,包括哲学家培尔与马勒伯朗士,都是这样的看法。在1705年,培尔甚至想证明中国的无神论不仅是一小批哲学家特有的教义,而且还是一种占支配地位的哲学理论。马勒伯朗士虽然对中国哲学所知甚少,但仍然断言中国的玄学是一种无神论,与斯宾诺莎的无神论具有明显的关系。不过,与当时的流行看法不同,有一位著名的哲学家却对宋代理学的"理"作出自己独特的解释,认为"理"与上帝本为一体,其属性非常相似,因此理学与基督教非常相似,也是一种有神论。这位哲学家即是德国的莱布尼茨。

莱布尼茨上述有关"理"的解释,是在阅读和评注了当时持流行观点的龙华民神父和利安当神父的论著之后作出的。龙华民认为"理"没有脱离物质,因而不是精神实体,而且"理本身无生命、无主张、无明智",所以不是上帝。针对这样的说法,莱布尼茨在一封《致德·雷蒙先生的信:论中国哲学》的长长的书简中,反复分析了"上帝""鬼神""天"等概念,阐述了他有关"理"的解释,

---

① 转引自[法]维吉尔·毕诺:《中国对法国哲学思想形成的影响》,耿昪译,北京:商务印书馆,2000年,第387页。

以及对中国古代宗教的见解。在这封书信中,他明确提到《朱子》这本书表明了"中国人的理就是我们在上帝的名称之下所崇拜的至上实体"。

莱布尼茨当时关注的是世间的宗教统一问题。他通过对"理"的学说的研究,认为"理"是中国哲学的最高层次的概念,它构成世界万物的本原,"以天地绝对主宰的身份统治一切"。莱布尼茨之所以能够把朱熹的理学解释为一种有神论,关键在于他从自然神论的立场出发,把上帝理解为非人格的最高原因,上帝本身也是一个单子。既然"理"已经被赋予最高的完满性,而且它只能通过"气"这一"原始物质"产生万物,这就证明了理不是物质,而是扮演着第一本原的角色,"气"乃是由它而产生的,这样一来,"理"是否具有"人格"已经不是什么决定性的东西,"理"从而能够被看作是与西方的"上帝"本为一体的,它们的属性非常相似,都是无限、无始无终和绝非后天产生的,都是天、地和其他有形物的思想本原,是道德、习惯和其他精神物的思想本原,因而理学就"是一种非常纯洁的基督教"①。

按照朱谦之先生的说法,莱布尼茨甚至还根据宋儒的"理"建立了他的哲学的基础观念,亦即"充足理由律",并用各种不同的名称来表述它。如"我的大原理""最高秩序之法则""一般秩序的法则""神之主要企图或归宿"②。在论述这一点时,朱谦之所依

---

① 转引自[法]维吉尔·毕诺:《中国对法国哲学思想形成的影响》,耿昇译,北京:商务印书馆,第393页。
② 朱谦之:《中国哲学对于欧洲的影响》,福州:福建人民出版社,1983年,第239页。

据的论据是小林太市郎所著的《中国思想与法兰西》。在这本书中,小林太市郎论述说,莱布尼茨是根据"充足理由律"建立起他的"单子论"的哲学系统的。但问题是,莱布尼茨又是从什么地方得出这一充足理由率的？对此,小林太市郎论证说,莱布尼茨在1670年之前都只是提到"对称律",而在1687年《中国之哲人孔子》出版以后,莱布尼茨读到了书中的《大学》《中庸》《论语》所附有的朱熹注释的拉丁文译本,才发明了充足理由律。由于我们无法看到更多的文献,因此上述论断的正确性如何,难以作出恰当的评判。不过可以指出的是,认为朱熹哲学对莱布尼茨产生影响的,还有其他学者,包括李约瑟。

在莱布尼茨之后,有关理学到底是有神论还是无神论的争论并没有停息。就笔者所知而言,在18世纪后期,Le Gall 在翻译了朱熹的《性理精义》等著作后,坚持认为朱熹哲学属无神论;而在二十余年后,Perry Bruce 则对此加以反驳,认为朱熹哲学属有神论。

到了20世纪早期和中期,西方学者特别关注朱熹对佛教的批判。Perry Bruce 注意到,朱熹在批判佛教时指出,佛学实际上不知道"心"为何物。法国 Galen Eugène Sargent 的博士论文 *Tschou Hi contre Le Bouddhisme*(1955)则从社会的、神学的与历史的等角度,论述了朱熹对佛教的批判。

Oaksook Chun Kim 的博士论文《朱熹与陆象山》也涉及朱熹的宗教思想。在他看来,朱熹之所以将禅宗与一般的佛教加以区别,是因为他认为禅宗放弃理智修练(discipline)和社会关怀的做法,不论对于宋朝的生存还是佛教本身来说都是不幸的。他认为，与通常的看法不同，朱熹实际上并没有抛弃"空"的概念，也并没有因为这一概念而批评佛教。在朱熹的哲学体系里，虽然终极的"理"被界定为本质上是非物质的，不具有实体性；但另一方面，在世上所有的具体存在中，理又是与"气"相统一的。

（四）比较研究方面

这方面的内容比较丰富，有不少西方学者从事这方面的研究。除了 Oaksook Chun Kim，Carsun Chang, Alfred Forke 等人的朱熹与陆象山、陈亮与佛教、道教思想等的比较研究外，更有借鉴意义的还在于他们对朱熹与西方的哲学家，包括亚里士多德、托马斯·阿奎那、莱布尼茨、斯宾诺莎、怀特海等的比较研究。如 P. Bruce 指出朱熹哲学中的太极有着阴、阳这两种物质力量，这与斯宾诺莎的"神"的概念中具有"natura naturans and natura naturata"是相似的。Graf 神父也认为朱熹的"天"与斯宾诺莎的"神"有相似之处，并且认为他们两者的哲学都以至高的"善"为最终目的，因此都以"德行"为知识的目标。E. V. Zenker 将朱熹与亚里士多德、莱布尼茨进行比较；Forke 则认为朱熹与托马斯·阿奎那最为相似，他们都属于集大成者。Kin Ming Au 的 *Paul Tillich and Chu Hsi*（2000），将朱熹和蒂利希作了比较研究，认为尽管他们由于不同的宗教和文化传统而在思想上有诸多差异，但两人都关注人性偏离和生存困境问题，都试图通过对存在论来分析揭示人的生存结构，寻求人性由异化状态向本真状态复归的途径。

（五）自然哲学方面

李约瑟断定理学的根本性质是一种"有机主义哲学"，并对此极为推崇，甚至认为它给了欧洲科学以灵感。他引用莱布尼茨的话来论证这种"有机自然主义"观念的重要性，并提出这样的观点："自 17 世纪以来，为了克服欧洲神话活力论和机械唯物论之间的二律背反而作的综合努力中，欧洲至少有负于中国的有机自然主义的是一种非常重要的刺激，中国的这种有机自然主义最初以'通体相关的思维'体系为基础，公元前 3 世纪已经由道家作出了光辉的论述，又在 12 世纪的理学思想家那里得以系统化。"他还认为，中国的这种宇宙图式经过朱熹等理学家们加以系统化之后，其有机论的性质就经由莱布尼茨而传入西方的哲学思潮，并且这一影响的重要性"怎么估计也不会过高"。由此李约瑟得出的一个结论是："也许，最现代化的'欧洲的'自然科学理论基础应该归功于庄周、周敦颐和朱熹等人的，要比世人至今所认识到的更多。"[①]他还把莱布尼茨本人的"单子论"与"先定和谐说"看成是与中国传统的有机主义哲学思想相一致的，并且强调这种明显的一致性是"不容忽视"的。

此外，自然哲学方面的研究，笔者所见到的还有金永植（Yung Sik Kim）的 *The Natural Philosophy of Chu Hsi*（2000）。在该书里，作者对以往未被涉及的朱熹自然哲学进行了研究，尤其是"气"作为宇宙间的物质的聚集，如何被朱熹用来解释自然现

---

① ［英］李约瑟：《中国科学技术史》，第 2 卷，北京：科学出版社，1990 年，第 538 页。

象,及其在朱熹哲学中的重要位置。作者据此得出这样的结论：由于在朱熹哲学中物质与生命之间并不存在间断性,因此它不同于西方这方面的物质与精神相对立的理论。

第七节　《道论》的叙事方式及"客观性"问题

一、《道论》的叙事方式

哲学可以有两类不同的叙事方式,一是从"……是什么"入手,另一类是从"……如何可能"入手。

从总体形态而言,中国哲学的叙事方式通常是从第一种方式入手并展开的。如孔子的"仁"是什么,老子的"道"是什么。特别是对于儒家哲学来说,由于儒家的经典著作主要是采取语录、注释汇编的方式(如《论语》《孟子》《朱子语类》以及朱熹的《四书集注》,等等),而不是系统的哲学的论述,因此不仅其自身没有形成一个逻辑的体系,而且它们所造成的影响,是难以形成一种"问答"的解释学逻辑,这种逻辑的特征是从提出问题入手。

与中国哲学相反,西方哲学则通常是从"如何可能"的方式入手,如康德的"形而上学如何可能"、胡塞尔的"哲学如何能够成为严格的科学"。[①] 这种叙事方式往往蕴含着一个预设,就是所论及的对象是迄今尚未完善的、尚未建立起来的(如康德心目中的"未来的、作为科学的"形而上学、胡塞尔的"作为严格科学"的哲

---

① 这样的例子还可以再举出一些,如狄尔泰的"人文科学如何可能"、伽达默尔的"理解如何可能"。

学,等等),因此这同时意味着它采取了一种批判性的立场。此外,这种叙事方式的一个优点,在于它自然导向对所涉及的问题(事物)的根据、条件的追寻,因为某种对象之所以可能,总是依赖于某些根据或条件的。我们不妨把这类叙事方式称为"否定性"的叙事方式,或者更准确地说,"由否定到肯定"的叙事方式。

反之,"是什么"的叙事方式一般意味着对事物的肯定,趋向于从正面对事物进行探讨,因此它容易形成的传统思维习惯,是非怀疑的、非批判性的。由于总是顺着先前的话语往下讲,因此在儒家那里,就集中表现为一种"道统"的观念。后来者不对先行者说"不",不提出质疑,不加以否定。与上述叙事方式相对,这类方式可称为"肯定性"的叙事方式,或更准确地说,"由肯定到肯定"的叙事方式。

因此自然地,"是什么"的叙事方式易于导致问题意识的不足,妨碍对事物的可能性根据的深入追寻。假如孔子在提出仁者爱人的基础上,进一步追问仁者爱人"如何可能"的问题,那就可能进入到这一问题的根据,诸如有关人的本体论的规定(人是目的、人的固有权利等)。[1]

中国哲学的这种叙事方式至今还有着潜在的、广泛的影响。《道论》等三本书大体属于这种叙事方式。作者学贯中西,学养深厚,唯因作为接续性的叙事,故在寻找某些问题作为切入点方面,我们似乎还可以有更高的期待。

---

[1] 参见陈嘉明:《仁者为何应当爱人——兼论哲学的形而上发问的意义》,载《哲学分析》,2011年第3期。

二、对《道论》论及的"所与"和"客观性"问题之我见

《道论》从内在性和外在性的统一来回答这两个问题。它认为,"所与和所得具有内在的统一性问题"①,并引用杜威的观点,提出直接的认识材料(所与)"同时也是能知从所知中的一种获得(taken)",因而"所与和所得具有内在的统一性",它"为客观性提供了具体的担保"。② 进而,作者提出:"自康德完成哥白尼式的革命之后,认识论中的主体性一再被强化,与之相联系的则是客观性原则的走弱。……从某种意义上看,近代以来,主体性、主体间性已浸浸然压倒了客观性原则。"不过,这样的趋势是作者所要反对的,杨国荣教授的结论是:"不能因此而放弃或否定客观性原则。"③

确实,"所与"中主体的因素不断得到强调,纯粹事实性的"所与"概念被讥为一种"神话",所与被认为是已有主观概念的介入。单纯的知觉是不存在的,实际上它和思维不可分。知觉中包含有借助概念对其本身进行解释的成分,也就是说,包含有思维的因素。例如,当我们"看见"某个所谓"红色的"和"三角形的"东西时,这也意味着我们"想到"这个东西是红色的和三角形的。这里,"红色的""三角形的",乃是属于概念的东西。此外,按照塞拉斯(Wilfred Sellars)的说法,即使是对于所谓的"事实",也"需要

---

① 杨国荣:《道论》,上海:华东师范大学出版社,2009 年,第 104 页。
② 同上。
③ 同上书,第 109 页。

某种标准来区分'知道'或'似乎知道'"的不同;也就是说,需要一种能够界定出有关认识是"一种关于某物所是的正确的、有事实根据的思想"的标准。例如,在"约翰看到在他面前有一个红苹果"这一知觉经验中,实际上已经包含了一个"推论",即"想"到有一个"好的理由"来相信我面前有一个红苹果。这里,不论是知觉中渗透的"概念"因素,还是"理由"因素,都是属于"主体"方面的因素。因此,对所与论的反驳,体现的是知识论中的强调主体性因素的趋势。

与此相关,客观性原则也不断从主体性方面得到解释。问题是,这样的认识趋向有没有合理性?是否这样就是放弃或否认客观性原则?我们应当怎样看待"客观性"?

《道论》就此问题提到诺齐克(Robert Nozick),认为他以独特的方式将客观性问题重新提了出来。但诺齐克的"客观性"界定实际上是建立在"主体间性"概念之上的,把客观性解释为主体间的一致同意:"我们可以对一个判断 P 的客观性解释如下:存在知识 K,以致每一具有这一知识的人都同意 P 这一判断是真的(而且期望其他具有这一知识的人也会同意 P 这一判断是真的并会有与这极为相同的期望),同时也不存在进一步的、在对 K 作出补充时会从根本上损坏(undercut)同意判断 P 的知识。"[①]诺齐克的上述界定,实际上是康德思想的一个翻版。从主体间性方面来界说"客观性"的做法,可以说是从康德那里开始的。在《未来

---

① Robert Nozick, *Philosophical Explanation*, Cambridge Mass.: Harvard University Press,1981, p. 728.

形而上学导论》中,为了论证主观、先天的范畴能够使经验判断具有客观有效性,康德提出了普遍必然性和客观有效性是可以互相换用的思想,声称"如果我们把一个判断当作普遍有效的并且同时是当作必然的,那么我们就懂得了客观有效性"。① 这种普遍必然的有效性,他解释为是一切判断之间的"彼此互相符合",是"对任何人都有效"。②

从罗尔斯的客观性论证中,我们同样也可以看到康德上述思想的影子。在《政治自由主义》一书中,罗尔斯提出,不论是合理的直觉主义、康德的道德建构主义还是他自己的公平正义的政治建构主义,它们的客观性观念虽有不同,但都共有五个根本要素,即必须确立思想框架、具体规定正确判断的观念、规定理由秩序、对主体之间的判断一致作出解释,等等。这里面的核心思想也是从主体方面来界说客观性。③

罗蒂的客观性概念的核心,也是康德式的"一致性":"对实用主义而言,渴望客观性并非渴望逃避本身社会的限制,而只不过是渴望得到尽可能充分的主体间的协洽一致,渴望尽可能地扩大'我们'的范围。"④

此外,一些哲学百科、词典也提到从主体间的普遍同意、一致性来界定客观性的观点。例如,《剑桥哲学词典》里的"伦理的客

---

① [德]康德:《未来形而上学导论》,庞景仁译,北京:商务印书馆,1978年,第64页。
② 同上书,第63页。
③ [美]罗尔斯:《政治自由主义》,万俊人译,南京:译林出版社,2000年,第116页。
④ [美]罗蒂:《哲学和自然之镜》,李幼蒸译,北京:生活·读书·新知三联书店,1987年,第410页。

观主义"词条,在对"主观地"与"主体间性地"断定事实两者进行区分之后,说:"某些思想家认为主体间性是客观性所能恰当地意味的东西。"这里,对事实或对象存在的"主观的"断定,指的是它是在思想中被断定或存在的;对事实或对象存在的"主体间性的"断定,指的是它在某种程度上是为所有的思想主体所认可的,尽管这一事实的断定或对象的存在并不是独立于他们对于这些事实或对象的思想。此外,该词条还认为:"一个关于事实的客观问题的更加流行的用法是,客观的是指可以预期(expected)所有理性的人都会同意的东西。"①

为什么上述学说会对客观性作出这种理解? 在本人看来是有其道理的。首先,如果把"客观的"与事实相联系,虽然是应当的、合理的,然而由于实际情况的多样性、复杂性,因而受到如时间、空间、事物类别(如行为)等诸多条件的限制,在许多情况下难以做到。例如对于道德、政治这样的规范性学说而言。作为一种提出的新规范,其目的是要改变已有的、不能令人满意的现实,因此从时间的维度上说,它们主要是关涉未来的;而未来的东西是尚不存在的,也就是说,规范所设想的状态是一个还未存在的客体,它需要通过理论与实践的建构来产生。

其次,对于诸如"目的构成事物的根据"的情况而言,例如在行为领域,由于人的行为是依据其"目的"而作出的,"目的"构成行为的动因与根据,而不是所谓的"事实"构成行为的根据,因此

---

① *The Cambridge Dictionary of Philosophy*, edited by Robert Audi, New York: Cambridge Press, 1995, p. 244.

不可能从"事实"方面来解释行为的客观性。然而目的显然是主观性的,这样一来,情况变成是:主观的目的构成行为的客观根据。这方面一个显然的例子是"幸福指数"。我们如何来判断哪个地方的生活是"幸福"的呢,为此专家们编制了"幸福指数"这样的东西,它们显然是主观的,一旦某个指数方案被接受,它却成为"客观的"评价标准。有关调查就据此来采集数据,作出评价。

指明这些情况与问题,有助于促使我们对"客观性"的本质进行新的思考。可以说,假如我们只是从通常的意义上来看待客观性,在上述语境下就无法从与客体的关系、从事实性方面来解释它,或者说,难以像《道论》所说的那样诉诸"从本体论上"来"担保知识的客观有效性"[1],而只能转换一种视角来作出解释。

因此,为了使"客观性"概念能够适用于各种不同的语境(时态、状况),本人对它提出一种新的解释,即客观性意味着理据(理由、证据、确证)的恰当性。某个理由是恰当的,意味着它正确地把握了对象的性质,从而支持了有关的命题。"理据"概念既包含了"理由",也包含了"证据"。

比如新闻的客观性。一条新闻的客观性如何,实际上也就是它的理据是否存在。有根据的新闻就是客观的新闻。比如说,有关"本·拉登已被击毙"的新闻报道,真正到过现场,见过拉登本人已死这一事实的记者,可以说至今还没有。如果我们质疑这样的新闻的客观性何在,那么媒体就会说,它们依据的是美国总统

---

[1] 杨国荣:《道论》,第 105 页。

奥巴马的讲话,依据的是官方发布的现场照片,依据的是拉登的女儿的讲话,等等。不过,即使是这样,依然会有人质疑说,报纸上刊登出的死去的拉登的照片是假的,等等。此外,对于历史上的事情,如"秦始皇的生父是不是吕不韦",我们现在再也不可能诉诸所谓"事实",因为历史不可能再现。我们只能依据史书上的记载即作出分析等来作为给出判断的理由。再者,诸如是否对征收遗产税之类进行立法,是以求得社会公正或其他目的为依据的。假如不追求有关的目的,那么社会的现实即使再不公平,也会被立法机构或政府所不许。

上述例子表明:第一,我们是很难见到真正的事实的,并且许多事实属于"知者不必言,言者不必知"的状况,因此很难依据事实、依据是否为真来确认某个陈述的客观性。第二,但"客观性"的要求又是需要满足的,因而在未能给出事实的情况下,理由(证据)就成了判定某个陈述、判断乃至"一般陈述"和"未来断言"的客观性的依据。第三,对于行为而言,更是不可能以所谓的符合"事实"为客观性的标准,因为行为从根本上说是以"目的"为动因、为根据的;与之相关的"事实"只是行为本身所产生的结果。因而主观性的目的,实际上构成行为的"客观性"的根据。

我们还可以从其他方面作出进一步论证。对于"一般陈述"而言,由于对"一般"的东西我们不可能提供全部的事实,也就是说不可能完全地枚举,因此给出充分、恰当的"理由",就凸显其重要性。对"未来断言"而言,由于未来的东西是尚未出现的,因此有关断言(思想、学说等)的客观性如何,更是完全取决于理由。

例如对于未来的社会规划之类的东西，即是如此。此外，一个陈述的理由如果是充分的、恰当的，它就能为人们所普遍接受并形成共同信念，从而也就在普遍同意的意义上具有客观性。

不过，应当说明的是，由于理由的恰当性如何是需要得到验证的，因此与理由相依存的客观性乃是一个相对的、程度性的概念，仅在某陈述、学说的理由得到完全的验证之后，其客观性才得到最终的确认。因此说到底，"事实""真"是判断陈述、学说的客观性的最终依据。只是如同我们已经说明的，要诉诸这样的最终根据并不容易，而且假如因为不可靠的乃至虚假的理由而接受某种学说，特别是社会学说，那往往是要付出代价甚至是巨大代价的。

《道论》认为客观性是内在性与外在性的统一，认为不能放弃或否定"客观性原则"。对此本人是赞同的。不过，客观性的这种统一，在我看来正是体现在"理据"之中。一个恰当的理由或证据并非来自单纯主观的臆想，而是综合了事实的、逻辑的、价值的等多方面的因素。这些因素的综合产生的正是主观的内在（逻辑的、价值论的）因素与客观的外在（存在的、事实的、经验的）因素的统一。此外，如果像《道论》那样，诉诸"从本体论上"来"担保知识的客观有效性"，在许多情况下是难以做到的，尽管从最终的意义上可以是如此。然而由于受时间空间、行为的目的性等各种因素的制约，人们的判断与行动往往不能或无法等待最终结果如何才来作出，因此把客观性建立在"理据"的基础上，或许是一种更为恰当、更为合理的解释。

第一章　比较视野下的中国哲学

第二章　知识的观念与思维方式

第三章　中国哲学的发展问题

第四章　现代性对中国哲学的挑战

第一节 引 言

自20世纪90年代以来,对现代性的研究构成了国内学术界的一个热点,其论争的焦点关涉到两个根本的问题:一是有关中国国情及其相应的现代性性质的判断,二是有关西方启蒙思想与价值观念的普适性问题。现代性研究方面的困惑,说到底在于我们无法从哲学的层面上提供一种概念框架,以帮助人们从学理上将"问题语境""普适性"之类的难题说清楚。

现代性的核心是什么,国人经历了一个认识的过程。五四运动喊出的口号是"德先生"与"赛先生",这已经是在启蒙上迈出了巨大的一步。但今天反思起来,应当说仍未能深入到事情的根本。科学与民主都是手段,理性与自由是比科学与民主更为根本的东西,它们构成现代性的本质要素。有理性的思维才可能有科学;有自由的权利才可能有民主。

中国正在形成过程中的现代性自然与西方的不同,有着自己的特殊形态。如果将自清末起,中国开始现代化的追求以来所先后出现的认知理念与价值理念开列出来,似乎"图强""维新""革命""科学""民主"(反封建专制)"发展""和谐"等相继构成中国现代化追求过程的主题词,从而有关中国现代性的解释框架可以从对它们的反思中进一步求得,从中挖掘出中国现代性的基本精神与特征。

韦伯的"理性化"框架不应成为解释当代中国的现代性的基本工具,因为中国的现代性研究的出发点和文化与社会背景,与西方社会有着根本的不同。而"人性化"应成为揭示中国现代性的一种合理工具。对于中国的现代性而言，虽然也需要一个培育理性精神，使经济、政治与社会行为理性化的过程。不过，就我们的现代性问题的症结而言，却主要不在于理性化的程度如何，而是在于现实中非人性化的现象太严重，这也就是为什么"理性"与"理性化"概念（相比于"民主"与"科学"概念）在中国不曾、也不会成为主导性的观念的根本原因。

在理性化之后，"人性化"已然成为一个世界性的潮流。从学理的层面上来看，就人性化与理性化两者的关系而言，理性化只是手段，不是目的，它只是为了达到某一目标的手段。而这样的目标应当是社会的人性化。人性化是人类社会从古至今的一个根本发展趋势。人类从不自由的状态到自由的状态，从另一种意义上来看，也就是从非人性状态到人性化状态的转变。因此与"理性化"相比，"人性化"显然是一个更高的范畴，它应当包含"理性化"的概念在内。从一般的意义上看，"人性的"必然是"合理的"，但"合理的"未必是"人性的"。可见，"人性化"是一种比"理性化"更为根本的价值。现代性应当也必须包括作为一种手段的"理性化"在内，成为自身的一个重要环节。现代性作为一种价值，必须超越理性化，达到"人性化"的更高层面。

第二节 "现代性"研究的回望与反思

有关"现代性"的研究，是改革开放以来学术界的一个"热点"。20世纪70年代以后,虽然也有过关于人道主义、主体性、市民社会、人文主义精神等问题的探论与争论,但尚没有一个概念能够像"现代性"这样,提供了一个容纳对当今中国的思想、文化与社会的各个方面进行探讨的概念空间。正因为如此,现代性概念才引起了学人们的普遍关注,从而引发了各领域对现代中国的全面思考。目前,这方面的研究形成了学科涉及面广、参与的学人众多、争论的问题激烈、持续的时间长久等特点。本节拟对国内学术界有关现代性的研究状况进行一番回望,特别是对民间思想界的有关争论进行反思,这或可从一个侧面有助于了解我国哲学研究走过的路程,同时,也有助于了解其中所包含的进步以及存在的问题。

一、现代性研究的简略回顾

虽然我们难以确切地说,自1978年以来,到底是谁以及在什么文章中首先使用"现代性"概念,但对这一问题的研究流行于1990年代,并以汪晖的文章《当代中国思想状况与现代性问题》为争论的契机,使这一研究达到一个高潮,则是一件确凿无疑的事情。有关这一问题的研究之所以能在中国"热"起来,自然有其社会与思想方面的背景,其原因可以归结为如下几个方面。首先,显而易见的是,中国社会本身自改革开放以来便进入了现代化的加速进程,它所带来的经济发展、社会转型的巨大变化,使中国正在成为一个"现代"国家的事实,无疑刺激着学者们对中国的"现代性"究竟如何以及将来应当如何的问题进行探讨。其次,由对这一现实问题的思考的进一步延伸,产生了对中国历史上的"现代"想象(包括观念、意象、图景等方面)进行梳理的需要[1],以及对深刻影响着中国这一现代性进程的西方有关学说进行探讨的需要。另外,"后现代主义"思潮的引进、介绍,以及它们对现代性的批判,也从特定的角度激发了人们对现代性问题的兴趣——无论这种兴趣是出于肯定或否定的态度。最后,现代性研究也可说是"现代化"研究的一种自然延伸。"现代化"研究作为一种侧重于从经济与社会发展指标方面进行的有关社会现代化问题的探讨,它的进一步深入,自然要前进到现代社会形成的哲学与文化基础的层面,包括人的观念("人是什么"),基本的价值系统(如自由、平等、民主、正义等),思想与行为的方式(如合理性)等深层问题。

与此前中国社会科学界曾经发生过的关于异化问题、主体性问题、市民社会问题[2]等的讨论相比,"现代性"概念是一个涵盖面更广、理论含义更深刻、内容更丰富的概念,因此它为学者们提供了更为广阔的探讨空间,也由此吸纳了更多学者对其进行研究,并产生了一批反映当今中国社会科学研究水平的理论成果。这些成果可大致分为如下几个方面。

---

[1] 按照一些学者的看法,正是对于"现代性"的追求,构成了"近代以来中国文化发展演进的历史进程"的"基本的思想主题"。李翔海:《民族性与时代性》,北京:人民出版社,2005年,第420页。
[2] "市民社会问题"的探讨,亦可说是属于问题研究的一个方面,因为国家与社会的关系问题,按照有的学者的理解,其也属于"现代性"问题研究的范畴。邓正来:《现代:法律与立法——哈耶克法律理论的研究》,载《现代性与中国》,广州:广东教育出版社,2000年,第3页。

一是学术意义上的梳理工作,包括对中国以及西方的现代性思想进行梳理。在中国现代性思想的梳理方面,汪晖的《现代中国思想的兴起》(2004),2卷4册140多万言,视野开阔,内容丰富,堪称一部力作。该书从思想史的角度,尤其从"天理世界观"与"公理世界观(科学世界观)"的概念出发,试图提供对"现代中国"与"现代中国思想"的内涵的解释,包括地域观念、主权意识、知识体制、现代认同等,以求最终达到对于中国现代性问题的理解。高瑞泉的《中国现代精神传统——中国的现代性观念谱系》(2005)把"进步、竞争、创造、平等、民主科学、大同式的社会理想和平民化的人格理想"等解读为中国的现代精神传统。它要追问的是,在当代文化与古代文化之间发生断裂之后,其断裂带后面的新生代文化有哪些被保存了下来?它们又是如何结成贯穿一个多世纪的思想链条,从而活跃在当今社会生活和人们思想中的?

西方现代性思想方面的梳理工作,包括了启蒙学说、现代性理论、后现代主义对现代性的批判等内容,以及对马克思、韦伯、福柯、利奥塔、哈贝马斯等思想家的专门研究。这方面的代表作有:刘小枫的《现代性问题的累积》(1998),该书的主要旨趣在于探究"现代结构"的要素与特征,个体信念及其言说与知识学及其社会性的关系,现代性论域中的"怨恨"问题,以及宗教与两种不同的民主政体(自由民主与人民民主)的关系问题等。陈嘉明等的《现代性与后现代性》(2001)关注的则是哲学的层面上的,叙说从以康德为代表的"现代性态度的纲领"开始,经由尼采、海德格尔等对现代性哲学的批判，哈贝马斯的辩护，直至全球化背景下的后现代性哲学思潮的产生，由此勾勒出了一幅从现代性到后现代性的观念演变的图景。

二是对当今中国现代性状况的研究。这方面的研究仍是以汪晖为代表。他先后发表了《当代中国的思想状况与现代性问题》（以下简称《状况》）、《韦伯与中国的现代性问题》《中国现代历史中的"五四"启蒙运动》等论文，其中尤以《状况》一文反响最为强烈。该文是作者多年来潜心研究现代性问题的结果，先是发表于韩国，后刊登于《天涯》杂志。该文在国内发表后赢得了一些评论者的赞誉。有人称赞它对中国问题的反思是"全面的和发人深省的"[1]；有人则给予了作者高度的评价，认为虽然参与现代性问题讨论的学人不少，"但客观地说，相对真正达到系统性和深刻性的，也就汪晖一人"。[2] 但该文的发表更多地是引发了一场民间思想界的论辩，这一论辩形成了1990年代中国现代性研究的高潮，甚至造成了民间思想界中自由主义与"新左派"的分野与交锋。

此外，值得一提的是翻译方面的丰硕成果，它们为现代性研究提供了宝贵的文献资源。这其中包括：周宪等主编的《现代性研究译丛》（2003—），曹卫东翻译的哈贝马斯的《现代性的哲学话语》（2004），徐向东等翻译的《启蒙运动与现代性》（2005），汪民安

---

[1] 汪丁丁：《启蒙死了，启蒙万岁！》，载《知识分子立场——自由主义之争与中国思想界的分化》，长春：时代文艺出版社，2000年，第238页。
[2] 姚新勇：《深刻的反思抑或实际问题的放逐》，载《社会科学战线》，2000年第5期，第194页。

等主编的《现代性基本读本》(2005)，等等。

二、现代性研究的主要论争之点

在这场有关现代性研究的热潮中，思想火花的产生大多来自围绕上述汪晖的《状况》一文进行的论辩。这场论辩关涉的根本性问题，一是有关1990年代的中国国情及其相应的对现代性性质的判断；二是有关西方启蒙思想与价值观念的普适性问题。前者构成了理解当代中国问题的前提，后者则关涉理解中国现代性的立场与观点。

(1) 中国的国情及其相应的现代性性质

由于现代性原本就是一个西方的概念，加之中国现代化过程的发生也是"外源性"（也有称为"植入型"）的，因此有关中国现今的特定国情如何，中国的现代性是一种什么性质的问题，很自然地就成了学界探讨的一个焦点，并且它构成了1990年代国内现代性反思各派的主要分歧所在。

中国社会的思想、文化与制度状态，曾经一直是比较单一的，可以简单地给它们冠以某种"主义"类型。往昔的奴隶社会、封建社会皆是如此。不过到如今这一状态已变得大为复杂了。赵汀阳曾经这样叙说当代中国社会的复杂情况："当下中国社会是一个尤其难以理解的社会，是一种难以置信的组合，它有着从接近远古的社会、传统社会到发达的近代社会的各种生活和生产方式，有着从前现代、现代到极端后现代的精神和观念；有着古代的各种权术和现代的各种骗术，有着从自信到自卑、开放和保守、自由和专制、贵族和民主……甚至,中国人比美国人更关心伊拉克、南斯拉夫和爱尔兰问题,德里达、哈贝马斯和布尔迪厄在中国比在西方更出名,如此等等。最大限度地胡乱包容着许多时代和各种生活,这种情况产生了荒诞而真实的中国经验。"①

赵汀阳的上述看法具有一定的代表性,他使用的是散文式的笔调来描绘当代中国社会。同样,我们在汪晖那里也可以看到类似的叙说。他认为,"当代中国的社会进程进入了一个极为复杂的历史时期"。从思想的层面上看,问题的复杂性表现在,首先是许多产生于现代化的过程之中的文化危机和道德危机,使得我们已经不能简单地将这类问题视为中国传统的腐败;其次是在中国经济的所有制结构发生根本性变化的情况下(市场社会基本形成,国有企业比例大为下降,仅占国民生产总值的30%),使得我们已经不能简单地将中国问题归结为社会主义的问题;再次,全球化已经成为当今世界最为重要的现象,中国的社会主义改革已经将其经济和文化的生产过程纳入到了全球化的市场之中。在这样的历史条件下,中国的社会文化问题,包括政府行为本身,已经不能在单一的中国语境中加以分析。在汪晖看来,正是由于中国现象的这种复杂性,才导致了这样一个结果,即"知识群体对社会问题的看法也变得含混起来"。②

---

① 赵汀阳:《现代性与中国》,广州:广东教育出版社,2000年,前言页。
② 汪晖:《当代中国思想状态与现代性问题》,载《知识分子立场——自由主义之争与中国思想界的分化》,长春:时代文艺出版社,2000年,第85页。

同样,也正是由于中国现代性问题的复杂性,一些学者才采用了不同的表述方式,认同了辨析这一问题的重要性。例如,有学者将1990年代中国知识界的立场和观点的分歧与对立概括为两个问题,其中第一个是"中国目前情况如何",其次是"中国未来应当向何处去"。而汪晖则使用了另一种比较具体的表述方式,即中国道路的独特性的讨论"最终要回答的问题"在于,有没有偏离资本主义的历史独特性而产生的现代社会,或者有没有对现代化具有反思意义的现代过程?[1] 陶东风也认为这方面的有关争论,乃是"需要解决的关键所在"。[2]

我们先来看看汪晖对上述问题的考虑。汪晖意识到,当代中国问题的复杂性,使得我们"显然无法用资本主义或社会主义这样的概念来简单地加以解释"。[3] 在他给出的分析中,他也力图分辨出当今中国社会所包含的各种不同成分,包括现代化的马克思主义意识形态,以及纳入全球性的经济领域的市场化,等等,从而把中国社会解释为具有多种不同要素的复合体。在他看来,这种复合体一方面是"以实现现代化为基本目标"的"中国社会主义运动",它构成了"中国现代性的主要特征"[4];也就是说,他认为"社会主义"仍然是中国现代性的基本性质,虽然这种社会主义是

---

[1] 汪晖:《当代中国思想状态与现代性问题》,载《知识分子立场——自由主义之争与中国思想界的分化》,长春:时代文艺出版社,2000年,第425页。
[2] 陶东风:《现代性反思的反思》,载《知识分子立场——自由主义之争与中国思想界的分化》,长春:时代文艺出版社,2000年,第448页。
[3] 汪晖:《当代中国思想状态与现代性问题》,载《知识分子立场——自由主义之争与中国思想界的分化》,长春:时代文艺出版社,2000年,第111页。
[4] 同上书,第88页。

"必须重新定义的"。但另一方面,他又认为"中国……已经是一个资本化的社会",中国的现代性问题"已经成为全球资本主义的一部分"。① 这或许意味着他认为中国的现代性问题已经属于资本主义的范畴。

诚然,对于当今中国的社会形态,汪晖作出了现象上的描述,但是这样一种复合体在总体上究竟是什么呢? 作者是否能够像韦伯那样概括出某种"理想类型"式的概念(如"资本主义精神""新教伦理""传统主义"等)来加以解释呢? 汪晖其文汪洋恣肆,只可惜概念抽象力不足,在这方面略显逊色。② 因此导致的结果是,面对复杂的现实,他难以自如地从理论上加以驾驭,而表现出某种力不从心的状态,因此,对于当今中国的社会形态问题,汪晖依然需要借用已有的"社会主义"或"资本主义"概念来加以解释,而不能在概念上给出新的概括,提炼出新的概念,从而在中国现代性的特殊性质这一他视之为"最终"的问题上,他本人最终还是没能给出明确的回答。应当说,这种局限于现象层面的描述,而不能上升为概念层面的把握,是当今中国社会科学研究的一个普遍缺陷。

有部分学者批驳汪晖对这类分析的根本错误在于不是从事实出发,而是从理论出发,这种做法产生的一个结果是,汪晖刻意

---

① 汪晖:《当代中国思想状态与现代性问题》,载《知识分子立场——自由主义之争与中国思想界的分化》,长春:时代文艺出版社,2000年,第106页。
② 叶隽曾批评汪晖"仍让人觉得他的思想'原创力'不够"。(叶隽:《思想史的崛起——读〈现代中国思想的兴起〉》,中国书评,第40页。)在笔者看来,这种"原创力"的不够,说到底还是在根本上缺乏某种自己的"元概念"。

把中国社会的性质说成是"资本主义"的,把"对中国问题的诊断说成是同时也是对日益全球化的资本主义及其问题的诊断",因为只有设定这样一个前提,汪晖才能将西方新左派和新马克思主义对资本主义的诊断和批判套到中国的问题上来。

与汪晖的判断不同,这些学者认为,中华人民共和国从1949年成立以来直至20世纪80年代,它全然不是汪晖所看待的那种资本主义状况,而是仍然属于社会主义的,虽然这些人也认可中国社会发生了"巨大的变化"。对国情的这一性质的不同判断,在他们看来,是中国的自由主义者与"新左派"的"分歧关键之处"。

这一分歧是关键性的,这是由于它会导致对社会存在的主要问题的认识不同,进而导致社会关注与批判目标的不同。作为对国情误断的逻辑结果,汪晖"把批判的视线从中国社会内部引开",使之指向某种资本主义问题,从而实际上造成一种"舍近求远、避实就虚"的结果。因此这部分学者提出,研究当代中国问题需要特别注意的是这么两个方面。一方面,要看到权力在适应市场时的灵活善变,并从中捕捉到它的新表现形式;另一方面,也是更重要的方面,就是要考虑市场与列宁主义—斯大林主义模式结合的可能性,它以一种畸变的形式支撑和延续着这个模式。这两个方面说到底,都是要防止"在社会主义名目下搞极左的一套"。

在对国情的认识上,王思睿提出的是另一种主张,王思睿的基本思想是不谈"主义"。在他看来,汪晖所谓站在批判"全球资本主义时代"的理论高度的做法,实际上是一种"大而化之的批判态度"①,它掩盖并消解了真正的中国问题。王思睿主张,真正的中国问题是大量有待解决的社会现实问题,诸如混合经济问题、社会保障问题、农村土地问题、直接选举问题、报刊民营问题,等等。在他看来,中国学术界对于中国问题的研究建树甚少,"主要原因并不是在引进批判学派等西方时髦理论方面努力不够,而是自身调查研究的功力不够,以及其他方面的因素。"②

王思睿的思路不免使人联想到胡适的主张:少谈些主义,多谈些问题。不过,固然那些具体、现实的问题需要研究,但"观察渗透理论",如果要深入地谈问题,实际上仍避免不了"主义"。以"农村土地问题"为例,土地是公有还是私有,是集体经营还是个人承包,背后都离不开"主义"。以研究现实问题来否定对诸如中国国情、现代性的性质之类的大问题的研究,这样的否定说不上有什么道理。实证性的研究固然重要,但中国向何处去的问题又何尝不重要呢?实际上,中国的社会科学在基础理论研究方面的落后状况对中国社会进步产生的阻碍,远比具体问题研究方面的落后要来得严重。且不说自近代以来,中国人一直需要向西方寻求真理,即使是现在的现代性研究,借用的仍然是西方的理论框架与概念。

在由国情而引发的"主义"问题上,中国的一些学者都或多或少地受到了国际上吉登斯、布莱尔等人的影响,从而引发了他们

---

① 王思睿:《现代化与人类文明主流》,载《知识分子立场——自由主义之争与中国思想界的分化》,长春:时代文艺出版社,2000年,第304页。
② 同上书,第305页。

对"第三条道路"的憧憬。学者们之所以产生这方面的设想,一方面是源于自由主义与社会民主主义的价值与主张有其重合之处的看法,另一方面是基于对中国特定国情(社会主义市场经济的现状)的判断以及如何化解学术界中自由主义与"新左派"之争的考虑。在这方面,就国内自由主义与"新左派"的争论而言,有的学者(如许纪霖)认为,从整体上看,"自由主义"因为只信奉哈耶克的保守主义,因而显得太"右"了;而"新左翼"又拒斥自由、宪政的所谓"资本主义"的价值,又显得太"左"了。但就西方的自由主义与"新左翼"本身所追求的目标来说,它们并不是完全不相容的,"在这两者之间,完全有可能走出一条超越其间的'第三条道路'"。在许纪霖看来,这样的结果也已被社会实践过程中的"资本主义逐渐地融合了社会主义",以及理论发展过程中的新自由主义和社会民主主义这两极的相互内化与融合的"历史经验所证明"。[①]

在思想上认同某种"第三条道路"倾向的还有秦晖。除了同样肯定自由主义与社会民主主义具有重合的价值之外,更重要的还在于他强调之所以需要这种合二为一式的选择,是中国所面临的特定"问题情境"使然。在他看来,时下中国的这种问题情境"近似"于"自由秩序建立前的沙俄",这就是,"自由的缺乏不是因为社会民主太多,社会民主的缺乏也不是因为自由太多"。因此类似地,从中国现实的"问题情境"出发,我们现在面临的并不是自由主义太多或是社会民主主义太多了的状况。这就意味着,在

---

① 许纪霖等:《寻求"第三条道路——关于自由主义与'新左翼'的对话"》,载《上海文学》,1999年第3期,第78页。

自由秩序建立之前这两个立场的"价值重合面"是很大的。因而秦晖提出,要坚持自由主义与社会民主主义都肯定的那些价值,而反对自由主义与社会民主主义都否定的那些价值。至于那些为自由主义所肯定而为社会民主主义所否定的东西(如"纯粹市场经济"),以及那些为自由主义所否定而为社会民主主义所肯定的东西(如"过分强大"的工会),则由于就目前中国的情境而言,这类现象尚未产生,因此还轮不到谈论它们的时候。这也是为什么秦晖认为中国现在需要寻求在追求更多自由的同时,也追求更多平等的、可视为"第三条道路"的原因。

最后,笔者想要提及的是有关中国现代性判断方面的一种特殊观点,即宣称中国的现代性"已经终结",中国已进入"后现代"的所谓"后学"观点。一些论者已经指出这是由于受到西方的后现代主义与后殖民文化观念的影响,而生搬硬套于中国现实之上的不当解释。确实,在笔者读了中国"后学"方面的代表作[1][2]之后,深感它们应属于现代性研究中的说法浮夸、逻辑混乱之类的文章。这里仅举两点以证之。首先,就这类文章的核心论题"现代性的终结"而言,它们所给出的主要理由是中国经济的市场化与"小康"目标的提出。在这类文章的作者看来,市场化"并不意味着对'现代性'设计的全面认同,而是面对后工业文明的新的选择",也就是说,它是一种"后现代"的东西。但实际上,市场经济恰恰被理解为现代性的要素之一。此外,作者还将"小康"看作是

---

[1] 张法,张颐武,王一川:《从"现代性"到"中华性"》,载《文艺争鸣》,1994年第2期。
[2] 张颐武:《现代性的终结:一个无法回避的课题》,载《战略与管理》,1994年第3期。

"一种跨出现代性的、放弃西方式发展梦想的方略",亦即它是一种"超越"了现代性的"发展观"。众所周知,在改革开放中,"小康"这一用语原本指的是到20世纪末实现国民生产总值翻两番,按人均计算达到800至1000美元这样的经济指标,亦即达到某种初步富裕的社会发展阶段,这当然是一种中国式的表达,但它与"放弃西方式发展梦想"又有什么相干呢?从这样的经济指标上,我们又如何能得出它的"跨出现代性"的结论呢?显而易见,"后学"作者给出的这些理由,不但不充分,而且还适得其反,属于以其矛攻其盾的东西。

不仅如此,这类文章中还有一些相当随意的说法,如:"西方他者的规范在中国重建中心的变革运动中,无意识地移位为中国自己的规范,成为中国定义自身的根据。在这里,'他性'无意识地渗入'我性'之中。"并且作者认为,这就不可避免地导致了如下事实:"中国的'他者化'竟成为中国的现代性的基本特色所在,也就是说,中国现代变革的过程往往同时又显现为一种'他者化'的过程。"[①]令人疑惑不解的是,西方的规范怎么可能"无意识"地"移位"为中国的规范?这里且不说是否西方的规范成了中国的规范,单就"无意识"的说法而言,就显然已经违背了常识。"规范"之为规范,就是指人为设定、建立的——不论是道德的、政治的、还是经济的,人所共守的东西。既然是"人为的",就应当属于人的有意识所为,而不可能是"无意识"的。说规范是无意识的结

---

① 李陀:《让争论浮出海面》,载《读书》,1997年第2期,第11页。

果,就好比说法律来自梦幻。再者,说"中国的'他者化'竟成为中国的现代性的基本特色所在",作者又何曾举出什么事实根据?这种定性式的根本判断,又岂能既不经事实的归纳,又没有概念的分析,就能随便说说的?①

这类文章一出手就是"宏大叙事",说什么中国的知识型从古代到现在是两种类型:古典型与现代型,而今在经历了所谓的从"技术主导"到"文化主导"的五个阶段之后,"现代性"的知识型在中国文化中的地位已经式微和终结,于是"水到渠成",新的知识型——"中华性"便应运而生了。殊不知这种构造宏大叙事的方式,正是"后学"们所推崇的后现代思想所要特别加以颠覆的东西。现今中国学术为人所普遍诟病的最大问题是"浮躁",中国"后学"的这些文章,可以作为这种学术病症的例证。

(2) 西方的启蒙话语是否具有普适性

西方的现代性问题是在启蒙的价值观念哺育下产生的,因此,只要谈论现代性,就必定得面对启蒙话语的有效性问题。在国内有关现代性问题的论争中,由于启蒙思想在国内学术界所具有的影响力,因此启蒙观念的普适性问题就构成了论争的一个重要方面。

国内这方面的论争在很大程度上与汪晖作出的中国"新启蒙

---

① 我们还可以顺手举出更多的例子,它们同样带有很大的随意性,在概念与表述上都是经不起推敲的。如:"'国民性'不是一个对中国本质的真实刻画,而是西方话语通过中国知识分子进行的文化的'他者化'"(张颐武:《现代性的终结:一个无法回避的课题》,载《战略与管理》,1994年第3期,第106页);"救亡则是建立民族的自我本质……的策略"(同上,第108页);"'现代性'的终结不是一个西方文化的问题,而是我们自身的语言'生存的产物'"(同上,第109页);等等。

思潮的历史性衰落"的论断有关。在《当代中国的思想状况与现代性问题》一文中,汪晖在肯定了诉诸西方启蒙思想的、活跃于1980年代的中国"新启蒙思潮"的历史作用,即它作为"中国当代最有影响力的现代化的意识形态",对封建传统进行了有力的批判,与其他思潮一起"为中国现代化提供了合理性和合法性的证明"①之后,对新启蒙思潮加以否弃。这一否弃基于如下的判断:由于现代国家体制、政党政治、工业化过程,以及由之产生的社会不平等"主要是一种'现代'现象",特别是中国的现代性问题"已经成为全球资本主义的一部分",因此其问题的复杂性,包括"无处不在的资本活动和极为真实的经济关系",既非简单地用传统/现代的二分对立框架所能分析,也非诉诸某种人文关怀的"道德姿态"所能解释。因而他断言,曾经是中国最具活力的思想资源的启蒙主义日益处于一种"暧昧不明的状态",并逐渐丧失了批判和诊断当代中国的社会问题的能力。他把产生这种状况的原因,归结为中国社会现实的根本性变化,这就是,"中国的启蒙主义面对的已经是一个资本主义化的社会。……正由于此,启蒙主义的抽象的主体概念和人的自由解放的命题,在批判传统社会主义时曾经显示出巨大的历史能动性,但是在面对资本主义市场和现代化过程本身的危机,却显得如此苍白无力。"因此他的结论是:"在新启蒙思潮的历史性衰落之后,我们看到的是思想的废墟。"②既

---

① 汪晖:《当代中国思想状态与现代性问题》,载《知识分子立场——自由主义之争与中国思想界的分化》,长春:时代文艺出版社,2000年,第100、117页。
② 同上书,第118页。

然启蒙主义的概念与命题被断定为已不适用于对当今中国现代性的诊断与批判,因此汪丁丁将汪晖的上述论断归结为这么一句话——"启蒙死了"。①

然而,汪晖的上述论断激起了一些反对之声,它主要来自持守自由主义理念的阵营。

汪丁丁就此专门对汪晖的文章作出了回应,其标题鲜明且醒目——"启蒙死了,启蒙万岁!"

汪丁丁主要是从对启蒙精神的三个方面的意义来作出回应的。首先,启蒙被解释为一种批判精神,一种"对待传统的永恒的批判态度"。因此在这一意义上,只要有传统存在,就需要有启蒙的批判精神,即使是西方文化融入我们自己的传统,也需要有这种意义上的启蒙批判。所以,在批判传统的意义上,"启蒙的精神是长存的"。② 其次,就真理与自由的关系这一"核心问题"而言,汪丁丁是以"个体主义"这一自由主义要素来作出回答的。他认为,自由只能是个体的自由,真理也只能是对"特定立场"的个人而言的真理。这样,自由与真理就在个人的基础上达成了一种不言而喻的内在联系。进一步言之,之所以要选择个人主义,理由是它比"集体主义"要好。最后,是启蒙的"'普遍主义'理性"问题。汪丁丁坚持认为它们"在当代中国困境中……仍然适用"。理由很简单,因为选择"普遍主义"比选择"民族主义"要好,后者

---

① 汪丁丁:《启蒙死了,启蒙万岁!》,载《知识分子立场——自由主义之争与中国思想界的分化》,长春:时代文艺出版社,2000年,第323页。
② 同上书,第270页。

显得"狭隘、小气、懦弱",它会导致"对人的异化"。① 不过,拿"普遍主义"来作为"民族主义"的对立概念进行比较和选择,似乎并不很恰当,因为民族主义属于政治学的概念,虽然对它有着不同的界定,但从汪丁丁的用法上,可以看出它是被用来指一种褊狭的、从民族本位而不是从世界视角来看待事物的观念。而"普遍主义"则属于哲学,尤其是道德哲学的范畴,意指的是道德命题、原则的普遍适用性。美国哲学家黑尔(R. M. Hare)曾把它表述为,"凡是对某人来说是正确的(或错误的)事情,它对于任何处于相同处境下的人来说也是正确的(或错误的)"。

启蒙思想可以说在国内有着相当的影响,持守启蒙主义立场的学人不在少数,且旗帜鲜明。单世联就曾毫不客气地指责所谓鼓吹后现代主义的"小后主"们,以传道自任的"后学家"们,以及"无政府主义和保守主义"者们携手合作形成了对"本来就极为孱弱的中国启蒙思潮的合围"。② 有些学者则从学理上来论述启蒙思想对于中国至今仍然具有的意义。王宾在《自由主义的双重含义》一文中,着重从"问题框架"的角度论述了这一点。文章认为,虽然中国有自己的国情,并且对国情的认识又有分歧乃至对立,但自由主义的理念是否具有普适性,这取决于它的"问题框架"是否适用。在王宾看来,构成自由主义"问题框架"的是如下这些问题:如何保证个人自由不在整体幸福中失落;如何解决"本体自

---

① 汪丁丁:《启蒙死了,启蒙万岁!》,载《知识分子立场——自由主义之争与中国思想界的分化》,长春:时代文艺出版社,2000年,第271页。
② 李陀:《让争论浮出海面》,载《读书》,1997年第2期,第52页。

我"和经验个体的矛盾；如何整合不同性质的个人权利；如何反抗社会对个人的不合理压制，同时又要坚守社会先在性原则等。他还认为，当今中国已经进入这样的问题框架中，或者说，"三个时期自由主义理念争执的核心问题已在中国出现"，这是"不辩自明的事实"。[1] 因此，他的文章的核心思想是，知识分子的"当务之急"，是通过凸显、突出自由主义的问题框架，来为"自由主义正名"；而且为达到这样的目的，自由主义的"启蒙者"甚至还需"接受自由主义的再启蒙"。[2]

纵观这一二十年来的国内现代性研究的基本状况，总体来说，还是属于借用西方的有关概念与框架来分析问题的阶段。就像我国在现阶段仍大量派遣留学生到西方学习一样，中国社会科学的整体水平，目前也仍然处于这样一种向西方学习的阶段，亦即当年鲁迅所说的"拿来主义"那样的状况，这种敢于"拿来"，能够"拿来"的状况，相对于曾经的禁止"拿来"、诋毁"拿来"，已然是社会开放的一个结果。

从上面对国内现代性研究、论争的介绍中，我们已经看到来自西方的诸多概念，如"现代性""启蒙"（自由主义等）、"理性化""全球化""后现代"，等等。至于中国思想界的许多争论，实际上围绕着的是如何理解、是否接受这些舶来品，亦即如何运用它们来解读中国现实所产生的问题。这样的争论在有关"自由主

---

[1] 王宾：《自由主义的双重含义》，载《知识分子立场——自由主义之争与中国思想界的分化》，长春：时代文艺出版社，2000年，第458页。
[2] 同上书，第459、461页。

义"思想的实质及其对当代中国的意义的理解上显得尤为突出。批判自由主义思想的人,指责自由主义与极权主义具有必然的联系,并认为自由主义导致权力市场化和社会不公。而捍卫自由主义思想的人则否认上述联系,强调个人自由在中国具有特殊的意义,以及市场作为民主的必要条件;他们认定不公正、不平等的现象在中国的凸显,不在于自由太多,而在于自由太少,等等。

客观地说,即使在这些概念与思想的理解和阐释上有所不同,乃至有激烈的争论与对立,但也正是由于这些概念与思想的引入,才使得我们的社会科学研究能够在拓展思维空间、开辟新的观察和分析问题的视点、引入新的认识论与方法论等方面,迅速地推进着我们的研究。就像经济与技术的发展有其不可逾越的阶段性一样,社会科学的发展同样也需要一个过程。特定的社会现实状况为理论提出了需要解释的问题,反过来,当社会还未进入某种现实状况之前,相应的问题及其解释一般也难以产生。中国目前的社会科学还不够发达,是与它的经济、社会发展水平相一致的。在这种相对落后的情况下,引进、学习国外的社会科学理论,同引进技术的需求一样,都有其必然性。

然而借鉴国外的理论,由于语境方面的差异性,有关的困惑与争论也会相应地产生。从上面所介绍的现代性研究的状况可以看出,这种困惑与争论正是集中出现在"问题语境"和"普适性"问题之上,具体来说就是有关当代中国的国情与现代性的性质的认定,以及西方的启蒙思想是否具有普适性的问题。这方面的困惑,或许是源于康德意义上的"判断力"问题,亦即为具体事例寻找适当的理论的能力,或者反过来说,把已知的理论运用到具体情况之上的能力。由于争论各方的作者之判断力的差别,因此即使是拥有相同的思想资源,但对事实、情况给出的判断(解释)也会有所不同。

不过在笔者看来,现代性研究方面的困惑,说到底还在哲学层面上,也就是说,由于我们自己无法提供类似"语境论"、"特殊"与"一般"之关系等方面的哲学新理论,因此也就无法提供一种哲学框架,以帮助人们从学理上将"问题语境""普适性"之类的难题说透彻、弄清楚。对造成这种状况的一个解释或许在于,时下的中国只有"哲学史家"(在不同程度上了解西方的哲学思想),而没有真正意义上的"哲学家"(未能具有自己原创的哲学思想体系)。虽然我们对早在黑格尔那里就有的、如今德里达还在声称的"中国没有哲学"的言论表示不满,但我们能否令人信服地说,不仅在古代我们有自己的哲学,而且现在也有自己的哲学呢?

最后,虽然笔者在本节的开头已对这场持续的现代性研究所取得的成果作出了肯定,但是总体上这一研究仍处于起始阶段。有些或许出自某种顾忌而导致的"避实就虚"式的研究,妨碍了对中国现代性的真实性质与面临问题的读解。总之,在已发表的论著中,深入、严谨的研究成果有限,浮于表面的论著居多,甚至有些被批评为"趋新骛奇、泛言空谈",乃至还有"胡言乱语"一类。这其中的原因,固然可以找出一些,但主要的根源其实早已有所共识,即它们都是来自学风上的浮躁与空疏。

第三节 理性与现代性

从哲学的意义上看,现代性主要是一套思想观念与行为方式,它们既促成现代化的形成,同时又在现代化的过程中表现为它的结果,并相应形成现代人的特有人格,以及社会在经济、政治与文化等方面的特定属性。这其中,理性与自由是现代性的两个基本要素。理性作为启蒙哲学所认定的人的本质,它是现代的精神与灵魂,不仅构成现代价值观念的来源,同时还以"理性化"构成现代历史进程的方向与准绳。自由则是人的基本权利,它是现代人与社会得以生存与发展的第一前提,构成现代人与社会同以往社会的根本分水岭。本文拟就"理性"这一概念的内涵,理性化的实质、表现与错谬,对理性与理性化的批评等问题进行学理上的分析,并由此论及当代中国现代性的建构问题。

一、"理性"与"合理性"概念

"理性"是一个大家所熟悉的概念,本节拟从近代西方哲学发展的角度,以一些经典哲学家的著作为依据,对理性概念的内涵及其在现代性中的地位与作用进行一番分析。

在古希腊哲学那里,理性概念已经产生并得到运用,例如,柏拉图的感性认识只能把握变动不居的现象世界,并只能产生没有必然性的意见,而理性认识则把握的是本质性的理念世界,它所获得的是普遍性的知识与真理。在近代哲学中,一提到理性,人们总是将它追溯到近代哲学的始祖笛卡儿那里。笛卡儿把理性看作是一种我们与生俱来的思想能力,称之为"理性之光"或"自然之光",它能使我们认识到最深刻的科学奥秘。由于理性与感觉在认识层次上的这一差别,因此对于哲学来说,首要的任务在于能够"引导心灵离开感觉",使之上升到理性思维的层面。在斯宾诺莎看来,理性作为一种高级的认识能力,表现在它能够"如事物所是的那样真实地"感知事物。莱布尼茨也把理性看作是一种与生俱来的能力,他同笛卡儿一样也拥有"自然之光"的观念,认为理性高于感觉之处在于它能够使我们认识普遍必然的真理,反之,虽然感觉能够勉强让我们知道是什么,但它们无法让我们知道必定是什么或不能够是其他的什么。在这里我们看到,近代早期的理性概念首先是一种与感觉相比较的能力,它是高于感觉的、能够把握事物本质与普遍必然真理的认识能力。此外,当时的理性概念还有另一方面的含义,它在把自然界看作是一种有秩序、有规律的体系的基础上,相信人的认识能够建立起完备、统一的知识体系。

随着18世纪启蒙运动的推进,哲学家们对理性的实质与作用也有了更深刻的认识,这一认识集中体现在康德与黑格尔那里。我们先来看康德。众所周知,康德写下了著名的三大批判以及其他论著,系统地对理性的能力与作用进行了思考,使理性与现代性有了明确的关联,成为现代性的基本构成要素。这集中表现在如下两个方面。

首先,理性的运用是启蒙发生的前提,而启蒙则是现代性产生的先决条件。在康德看来,启蒙的目的是使人摆脱其思想的不成熟状态,而所谓的"不成熟状态"则是指如果不经别人的引导,就无法运用自己的理智,也就是处于一种蒙昧的状态。而要进行启蒙,就"必须永远有公开运用自己理性的自由,并且唯有它才能带来人类的启蒙"。①

其次,理性是认识之源,价值之源。从认识上说,这一方面表现在统觉的"我思"是一切认识的最高条件,它是对感性质料进行综合的最高根据,另一方面表现在经验认识的规则先天地在于理性自身中,也就是说,理性自身能够提供有关经验判断的系统规则或原理,正是依据这些原理,有关现象世界的科学认识才得以可能。此即康德的人为自然立法,或曰他的认识论上的"哥白尼式的革命"。从道德伦理上说,一方面实践理性的本源根据作用表现在它能够提供一种绝对的道德律令,并以此作为人的道德责任,使之在道德判断与行为上实现自律,另一方面这一道德律令提供了一种善恶的价值标准,符合这一道德法则的动机及其行为就是善的,否则是恶的。

继康德之后,黑格尔把理性概念推向最高峰。首先,他以展示一种从意识、自我意识再到理性的"精神现象学"的方式,来证明理性是所有人类精神意识的最高表现与成就。其次,他进而把这种理性的精神发展史,以先后相继的方式展现为一个严格的概念体系,并证明这本身就是一种历史与逻辑相统一的思维逻辑。

---

① [德]康德:《历史理性批判文集》,何兆武译,北京:商务印书馆,1991年,第24页。

最后,也最为重要的是,他为事物建立了一个理性标准:"凡是合乎理性的东西都是现实的;凡是现实的东西都是合乎理性的。"①这一标准的重要性,突出表现在韦伯那里,"合理性"成为衡量现代资本主义以及现代社会的经济、政治、法律等各方面的进步性的标准,"理性化"并因此成为现代社会及其现代性的标志性符号。

在德国理性主义的思想背景下,韦伯对现代社会的分析突出了两个概念——"理性"与"理性化",前者在他那里演化为"价值理性"与"工具理性"这一对对立、冲突的概念,后者则成为他用来描述、刻画与评判现代资本主义的经济、政治和法律等行为规范的特定概念。资本主义现代化的过程,在韦伯的这种分析中表现为一个全面理性化的过程,而理性化也因此成为"资本主义精神",亦即资本主义的现代性。在经济行为方面,这种理性化表现为精确计算投资与收益之比的"簿记方法",在政治行为方面,表现为行政管理上的科层化、制度化;在法律行为方面,表现为司法过程的程序化,在文化行为方面,表现为世界的"祛魅"过程,即世俗化过程。

但是,这种"形式"方面的行为合理性,造成的结果只是一种"工具合理性",即运用某种手段来达到某种特定的目的,而不顾及行为在"内容"的合理性,即它所应有的道德价值考虑。然而,社会本应以"公正""善"等价值为指归,因此现代社会在"形式合理性"与"实质合理性"方面发生了分裂,这不仅意味着形式合理

---

① [德]黑格尔:《法哲学原理》,范扬等译,北京:商务印书馆,1961年,第11页。

性所蕴含的"工具理性"成为纯粹功利主义的东西,而且意味着形式合理性已走向理性的反面,成为一种非理性的东西。西方的现代性由此蕴含着一个内在的冲突。

韦伯这方面的分析,特别是他所运用的"工具理性"与"理性化"这两个概念,比较深刻地把握了西方现代性的特征与问题,因此,它成为有关现代社会分析的经典学说,构成后现代主义产生之前的有关现代性解释的基本概念系统与分析框架。西方的现代化过程与现代性的形成,基本上循此被解释为一个理性化的过程。他的"工具理性"的论说,则被西方马克思主义,特别是法兰克福学派用来作为资本主义社会与现代性的弊病的一个主要符号,从而成为他们进行"技术理性"批判的一个主要概念根据与话语源泉;从霍克海默、阿多诺的社会批判理论,到马尔库塞的发达工业社会的研究,再到哈贝马斯的"交往行动理论",莫不如此。

二、对理性的批判与重建

对人的本质是理性这一观念的最猛烈的冲击,应当说来自弗洛伊德的精神分析学说,它把人的本质认定为一种性本能的冲动,即所谓的"力比多"这种性力,而在心理意识方面,最深层的结构表现为一种非理性的"无意识"。按照弗洛伊德自己的说法,这一学说是继哥白尼的日心说、达尔文的进化论以来的对人类自尊心的第三次最严重的打击,因为它从根本上改变了对人的本质的看法。在哲学方面,对理性本质论发起的较有力的冲击,来自叔本华与尼采的非理性的唯意志论,他们把"意志"认定为人的本质。在叔本华那里，理性是服从于意志，作为满足意志、求生存的手段，而在尼采那里，生命意志不仅仅是求生存的东西，而是一种要发挥、创造、增强生命力的意志，即"权力意志"。而理性主义的主张，在他看来，由于设定了一个超感性的价值世界作为真实的世界，以之否认现实世界，将它作为一个不真的世界，这就导致了一种"虚无主义"，其结果是生命的萎靡与意志的颓废。

20世纪西方哲学后来虽遍布对理性的批判，但并没有再提出用以替代理性作为人的本质的东西，因此对理性的反对就没有像弗洛伊德学说与唯意志论那样根本。海德格尔曾提出人的本质在于"生存"的观点，但生存并不是人心灵方面的一种属性，因此与理性并不属于同一层面的问题，而只能说海德格尔提供了一种关于人与世界的关系的新解释，从人是处于"在世之中"的角度来认识人，反对理性主义将主体与客体相分离、相对立的观点。它为思考人是什么提供了一个新视角，但并无法提供一种有关人的理性本质的替代学说。至于后现代主义，也只是从不同方面提供了对理性的批判，如福柯批判的是法国历史上出现的理性对非理性（疯癫的病人）的压迫，以及否定存在一种先天的、孤立的理性，指出理性在根本上是历史的，它是历史地与权力联系在一起的。这类批判总之反对的是对理性的错误界定，而未能从人的本质、社会规范的源泉与标准等根本方面，来颠覆理性在现代性形成中的基本作用，否认现代性形成的理性化性质。

不过，虽然对理性与理性化的批判林林总总，但持续年代最长，影响最大，在现代性问题上也最值得我们关注的，则是对"技术理性"("工具理性"的另一种相近表达)的批判。上面我们已经提及韦伯对只求物质利益的后果,而不顾人类需要珍视的一些价值理念的工具理性的批判,这方面类似的批判,我们还可以追溯到更早的尼采那里。虽然尼采并没有使用"工具理性"这样的概念,但他从生命作为被科学文化所压抑的他者的角度,批判机械论的科学真理观把我们的世界变为一个无意义的世界。他认为,作出绝对真理承诺的科学文化不仅使科学自身丧失了自我批判的能力,而且压制了意志的自我创造,造成了生命的萎靡。尼采与韦伯这方面的批判,后来成为范围广泛的"技术理性"批判的思想源泉。

投入这一批判洪流的,几乎囊括了 20 世纪西方哲学的所有主要流派,包括胡塞尔的先验现象学、舍勒的价值现象学,雅斯贝尔斯、海德格尔、马塞尔、马丁·布伯的存在主义,伽达默尔的解释学,马尔库塞、哈贝马斯等的法兰克福学派,直至当今的利奥塔、德里达等后现代主义。

这些哲学派别虽然不同,但它们对技术理性批判的共同点,在于认为随着现代科学技术的迅速发展,科学技术在促进社会生产与提高物质生活水平的同时发生了异化,它取得了决定一切的主宰地位,成为一种新形式的"意识形态",技术理性成了具有合法性的社会统治力量;这导致科技至上的非人性化的控制形式,结果一方面人的生存的意义被遗忘了,人成了失去超越维度与批判维度的"单向度的人",另一方面,在人与自然的关系中,人对自然的统治导致对自然的掠夺,其结果是自然反过来对人的报复。

上面这些对工具理性的批判,一般而言,都是纯粹否定性的,也就是说，它们只是停留于批判的立场上，而没有提出建设性的解决方案。与此不同，哈贝马斯则尝试提出一种"交往理性"。不仅用以对工具理性进行批判，而且还用它来取代传统理性，亦即他所谓的被作为现代性原则的"主体中心理性"。这一做法是以他对待现代性的态度为前提的，哈贝马斯认为现代性是一个尚未全面完成的构想，需要通过克服其缺陷来继续加以推进。因此他反对全盘否定理性的做法，而是要在指明主体中心理性的错误实质，即一方面被局限于对自我意识的反思分析，另一方面局限于某种自足的理性主体对客体的征服关系的"意识哲学"范式之后，来实现一种"范式的转换"，也就是用他的"交往理性"，一种程序性的理性或日常生活中的规则意识，来作为现代性重构的理性基础。这种交往理性以主体间的相互交往，通过协商对话达成理解，并形成非强迫性的共识为目的。哈贝马斯将社会区分为两个层次的结构，一是维持社会物质再生产的社会功能系统，它是由工具理性所调节的，另一是由文化、社会与个人所组成的"生活世界"，它是由交往理性所调节的。现代性的问题在他看来就是由这两个"系统"与"生活世界"的起源与关系问题所构成的，只有生活世界（它与社会正义、自由等理念相关联）实现了合理化，系统的合理化才具有前提与可能；而生活世界的合理化本身则是以交往理性的相互沟通与理解为前提的，因此交往理性能够构成现代性重建的基础。

此外，这里还值得一提的是，在重构现代社会的理性基础方面，罗尔斯则从政治哲学的角度提出了一种"公共理性"的概念，来补充传统的个人理性概念。这一概念提出的考虑，乃是基于现代社会是一种由具有不同思想观念、不同利益的个人与群体所组成的多元、互动的社会，这一社会中的公民由于他们所信奉的各自不同的宗教学说、哲学学说和道德学说而产生了深刻的分化，因此应当以一种什么样的解决方式，才能使这样的多元社会达到长治久安的目的？[1] 对此，罗尔斯提出首先要在公民中实现一种"重叠共识"，即对基本的社会正义理念达到某种共识，其次，这种共识的取得是以公民的"公共理性"为基础的。所谓的公共理性，是与"个体理性"相对的，它之所以是公共的，首先在于它的目标是公共的善和根本性的正义，其次在于它在本性上和内容上是公共的，即是说，它关涉的是包括"宪法"与基本正义等根本性的内容，这些规定着公民的自由等基本权利。

罗尔斯这一公共理性概念之所以有意义，首先在于它是基于现代社会的观念与利益的多元对立乃至冲突的现实之上的，其次在于它准确刻画了建立合理的社会秩序所需要的理性的种类与性质。为保证社会的正义与稳定，仅仅个人的理性是不够的，特别是对于社会公共规范领域，需要的恰恰是公共的理性。这一点，是我们在谈论当代中国的现代性建构时可资借鉴的。

三、理性与当代中国现代性的建构

这是一个很大的课题，需要学者们付出艰苦的努力进行探

---

[1] ［美］罗尔斯：《政治正义论》，万俊人译，南京：译林出版社，2000年，第13页。

讨,这里本节拟从"理性"概念的角度提出一些自己的思考。

其一,关于中国现代性的概念解释框架问题。由于现代性是一个来自西方的概念,因此使用西方哲学这方面的概念框架(集中表现为理性与理性化等概念)来分析中国的现代性问题,就有一个这样的框架是否适用的问题。有的学者对此提出了否定意见,认为"理性"与"理性化"概念是西方的语言规则的抽象物,"它们在欧洲的语境中与所涉及的对象至少有历史的约定关系,而在中国的语境中,甚至这种约定关系也不存在,存在的是一种强势文化对弱势文化的语言支配"。[1] 这样的说法我认为是不成立的。无疑,任何概念都是某种语境的产物,而这同时也意味着,只要类似的语境出现,相关的概念也会应运而生。此外,进一步说,某一概念的语义的变化,是随着一定的语境的变化而发生的。以"理性"概念为例,西方哲学赋予它的作为认识能力和认识之源、价值之源的含义,在中国古代哲学也能找到类似的说法,比较典型的有如王阳明的"致良知"说,"良知只是个是非之心,是非只是个好恶",将"良知"界定为是非与善恶所从出的本原及其辨识的标准。只不过随着西方社会的发展,这一概念演进出与现代性相关联的含义,而这样的社会语境在当时的中国并没有出现,因此自然也就不会产生相应的语义。但是,如今随着现代性这样的对象与现实摆在我们的面前时,假如我们找不到更准确、更合适的概念来刻画、解释它们,那么运用理性与理性化概念来解释有关

---

[1] 汪晖:《韦伯与中国的现代性问题》,载《汪晖自选集》,桂林:广西师范大学出版社,1997年,第32页。

的对象与事实,就成为自然的、不可避免的了。这也意味着相同的语言游戏必定产生相同的语词与语义,以前不存在的游戏并不意味着它永远不会发生;而一旦相同的游戏得以产生,寻找最佳游戏规则的驱动,会使它寻求借用已有的有效规则,包括使用相关的语词。弱势文化假如自己找不到更好的规则,而又不借用强势文化证明是有效的规则,历史证明它们玩不好这样的游戏;再者,从另一方面说,借用了强势文化的规则,并不意味着弱势文化永远会处于弱势,相反,这里也同样通行"青出于蓝而胜于蓝"的道理,历史事实一样能够证明这一点。

其二,讲中国的现代性建构问题,首先涉及的是对现代性的认识。对现代性的核心是什么,国人经历了一个认识的过程。五四运动喊出的口号是"德先生"与"赛先生",这已经是在启蒙上迈出了巨大的一步,比起清朝末年的中体、西体的体用的争论已不可同日而语,但今天反思起来,应当说仍未能深入到事情的根本。科学与民主都是手段,其背后需要有"人"这么一个运作者,假如此类人是愚昧的,就无法运作起来;此外,假如此类运作者没有权利的保障,也无法运作起来,因此,理性与自由是比科学与民主更为根本的东西,它们构成现代性的本质要素。有理性的思维,才可能有科学;有自由的权利,才可能有民主。

中国对现代化与现代性的认识,由洋务运动时期的器物技能不如人,欲求"师夷长技以制夷",到"中体西用"的制度层面的争论,再到五四运动时期的进入对"科学"与"民主"的认识,再到20世纪80年代新启蒙时期对"主体性"亦即人的价值的认识,直到如今全面对现代性进行反思,将理性与自由认定为现代性的根本,这是一个逐步把握现代性本质的过程。因为现代性首先是人的现代性,是人的思想认识到社会变革的目的所在,据之确定了行为所追寻的价值,从而按照这样的目的与价值来变革社会,并作出从经济、政治到法律等一系列的制度安排。

其三,反对思想愚昧,培育人的理性精神,早已被一些思想家视为改造中国旧文化的一个根本途径。五四时期思想家鲁迅的通过对民众的启蒙,达到"国人之自觉",以改造国民性的想法,其实质可以看作是要培育民族的理性精神。鲁迅毕生的一个努力目标,就在于此。他为此塑造了阿Q等愚昧、麻木的形象加以鞭答,写出了匕首投枪式的杂文进行呐喊,欲唤起昏睡的国民。他欲以国民人格的转变,带来社会的变革,即由"立人"而"立国"。愚昧的反面就是启蒙,就是理性精神。虽然鲁迅深入到人格的层次来认识社会的变迁问题,在有关现代化的技术与经济,思想与文化,人格与心理这几个层面中,属于深层的认识,不过遗憾的是他在对哲学的认识上存在一个误区,认为它是一种"大而无当"的东西,这使他的思想未能上升到哲学反思的层面。

现在我们面对的一个问题是,在当今中国以及世界已经变化了的语境下,还需不需要培植理性精神?由于"理性"在当代西方哲学中饱受批判,以及后现代主义传入中国,这使得理性成了一个被质疑的符号,似乎要成为前卫的思想,就必须反理性。不过本人认为,中国现在还不是奢谈"后现代"的时候,因为社会的发展有一个循序渐进的过程,一些阶段是无法跳跃的。在现代性

第四章　现代性对中国哲学的挑战

的进程上，无疑我们与西方社会之间存在一个时间差。现代性的许多规范，我们还未建立或完善起来。而规范是需要理性来建立与完善的，这里的理性，既包括个人行为的理性化，也包括在建立社会基本规范上所需要的公共理性。因此我们的民族在构建现代性的阶段上仍然需要大力培育理性精神。当然，后现代主义哲学对主体中心理性、技术理性的局限性（如对非理性的压制，对自然的掠夺等）的一些揭露和批判，我们应当加以吸取，避免重蹈这样的覆辙。

　　无论是从历史还是现实的状态来看，培育理性精神的必要性都是显然的。我们国家脱离封建社会以及半封建半殖民地社会的时间不长，加上传统文化中，尤其是儒家哲学中缺乏一些现代的价值观念与思想方法，如自由、个人权利等观念，以及归纳演绎、分析综合等逻辑方法，这些制度、观念与方法上的缺陷对我们建设现代文明造成了严重的障碍，使得公民的生命、财产、思想等权利遭到漠视乃至侵犯，社会的道德伦理水准现在仍然不高，法治文明也尚在艰难建立中，这一切最终反映为我们的"生活世界"与现代性的文明规范还有相当距离，文明的习惯还未积淀为日常的习俗。理性精神的标志是行为（包括个人行为与社会行为）的理性化。仅从近期发生的一些事情看，如股市投机性的爆炒暴跌，福建福安的民间"标会"，湖南岳阳的地下六合彩，等等，这些突出地表明我们社会中一些行为相当的非理性，一些明明是风险极高，而又得不到法律保障的事情，市民也会因利益的驱动不惜铤而走险，呈现为典型的"社会无意识"状态。

培育理性,除了个人理性之外,更重要的是还要培育公共理性。本节所理解的"公共理性",范围要比罗尔斯的来得广,它关涉的不仅是最高意义上的国家立法,而且凡是有关公共权力的立法与决策,也都属于公共理性运用的范围。公共理性所对应的是公共领域,它通过思想的表达、意见的交换来形成某种公共意见。公共理性所关涉的核心,是公共权力领域的立法与决策的合理性、科学性。这意味着在公共权力领域的立法与决策的问题上,都应当实行民主与公开的原则,允许人们理性地思考和公开地表达意见,而不是出于一己私利的考虑,去迎合潮流,举顺风旗。此外,它还意味着对行事者的素质的要求,如果行事者缺乏应有的知识与能力,那就根本谈不上什么理性的思想。由此关联到的一个情况是,各级人民代表大会中的人民代表,尤其是全国人民代表大会的代表,身系商决国是、为国立法的重任,因此我们的社会是否存在公共理性,以及公共理性的程度如何,在这一方面集中体现在他们身上。这就要求他们除了必须要有德性及责任感外,还必须熟悉有关的事务和法律法规,而不是简单地举举手,做个表决机器而已。要使全国人民代表大会真正发挥它的最高公共理性的功能,对人民代表的资格就应有知识化、专门化的要求,而且为了使他们能够胜任如此重要的工作,人民代表或至少常务委员,应当专职化,以使他们能有时间与职业上的保障,能够对所要立法的问题,所要表决的政府工作报告,进行必要的研究、听证等,使国家最高的立法与决策,能够达到完善的理性水平。

其四,虽然我们要建设的是社会主义的现代性,它不同于资本主义的现代性，但现实的经验表明，我们在现代性建构的过程中，同样也遇到"实质理性"与"形式理性"的对立与冲突。比起资本主义的精于获利计算的形式理性（工具理性）来说，社会主义既然是要超越资本主义，在社会制度上比它更有优越性，这种优越性就应当体现在它所追求的价值上，也就是说，社会主义的一个宗旨是要改变贫富不均的不平等状况，这种价值追求实质上是一种"实质理性（价值理性）"，一种追求社会公正、社会正义的理性精神。然而，在这种价值追求的引导下所作出的制度安排，曾经极大地排斥了形式理性。这表现在与韦伯所列举的形式理性的表现相反，我们曾有的计划经济制度缺乏追求经济效益的"簿记"精神与方法，我们社会的民主与法制不完善，我们的行政管理制度未能实现理想的专业化、技术化、科层化，等等。

以上，本节从"理性"的角度兼论了有关中国现代性的一些问题。尽管东西方现代性的语境有所不同，但事物毕竟有其共同的规律性，本节所论及的，就是从其不同之处作出的一些思考，未能兼及其余。

第四节　中国现代性研究的解释框架问题

研究中国的现代性问题，首先不可避免地遇到解释框架的问题。要建立起这种解释框架，我认为应注意如下几个问题。

其一是现代性与现代化的不同。现代性是一种价值观念与文化精神，思维方式与行为方式。它属于"质"的范畴，其状态如何只可描述而不可测度;现代化则是社会从传统农业社会向工业社会乃至信息社会的转变,是现代性观念在经济、政治、科学与文化方面的运作。它与"现代性"概念相对而言,属于"量"的范畴,其状态是可以量化的,如人均GDP多少,农业、工业与服务业三个产业各自的产值与所占比例是多少,平均每万人有多少医生和病床,每百人里大学生有多少,等等。不过,现代化与现代性虽然是不同的范畴,但两者却是相辅相成的,就像是一个钱币的两面。现代性观念为现代化提供着目的论、价值论与方法论,现代化则使这样的观念成为现实。此时现代性体现为现代化的结果,即一种广义上的文化心理与形态。

现代化可以有不同的道路,而且世界上一些国家的现代化过程也确实表现了这一点。即使同在西方,同属资本主义国家,英、法、德、美等国的现代化道路也不同。但这些国家尽管现代化的道路不同,它们的文化对现代性的认同则是一致的,都受相同的启蒙观念的引导,把现代性看作是以理性和自由为根本,表现为理性化、世俗化的过程。这一情况向我们显示,不同的现代化途径可以表现为相同的现代性,它展现为一种"理一分殊"的状况,亦即不同的现代化表现中有其共同的"理"。这自然引申出一个问题,中国的现代化道路与西方国家的不同,但是否中国的现代性也会同西方的相一致?

这一问题的答案,首先应当到启蒙的观念中去寻找。有如上面提到的,西方国家的现代性的相同性,在于它们享有相同的启蒙观念,而不在于它们是否有共同的现代化方式。因此,分析中国的现代性与西方的异同,看来也应当从中国的启蒙观念分析起。这就使我们转向了下面的第二个问题。

其二,中国的五四新文化启蒙(这里且不提此前的启蒙)所批判的对象与提供的思想观念与西方不同,所产生的结果也不同。中国与西方的现代性观念都是由各自的启蒙运动所提供的,并且在共同的意义上,启蒙都是要使民众的思想摆脱愚昧的状态。五四新文化的启蒙用当时的话来说,叫作"开民智",启发民众的觉悟,以达到"新民"的目的;西方的启蒙用康德的话来说,是要使民众"有勇气运用你自己的理智"达到思想自由、敢于运用理性的目的。但不同的是,西方的启蒙针对的是宗教迷信所造成的蒙昧,而五四的启蒙针对的则是世俗的儒家封建文化,特别地,五四的启蒙面对的是一个处于危亡中的中国,它首先是一个爱国救亡的群众运动,负有救亡的使命。

另一个重要的不同是,西方的启蒙不仅是现实的、政治的,而且也是学术与学理的,是一个持续的学术文化建设过程。它以"理性"与"自由"为口号,着眼于"理性"精神与"自上"等人权的确立,以之作为人的根本,社会与文化的根本。五四启蒙的口号则是"科学"与"民主",它主要是救亡的,经世致用的,从根本上说并非学术的、学理的。这么说的根据是,中国的启蒙并没有产生像孟德斯鸠的《论法的精神》,康德的《纯粹理性批判》等三大批判著作和黑格尔的《法哲学原理》等这样的既是启蒙的、同时又是学术原创的传世经典。这一事实也可促使我们更深刻地反省、认识学术研究对于社会进步的意义与作用。

与"科学""民主"属于实证的、"现象世界"的范畴相比,理性与自由属于"形上"的"本体世界"的范畴。科学是理性认识的一个工具,民主是实现自由的一个手段。因此,理性与自由是"体",科学与民主是"用",只讲"用"而不讲"体",是认知上的不到位。只讲科学与民主,就还没有进入根本的层面,即现代意义上的"人是什么"的层面,人的"主体性"的层面。现象世界的价值是由学理性的哲学文化来给定、确立的;现实的思维方式与行为方式,也是由学理性的哲学文化来哺育与培植的。仅仅单纯的思想启蒙而未能进行学术的建设,启蒙的观念就还不能成为民族的文化,还不能内化为民族的精神与"国民性"。现代性在根本上是人的现代性,即人在观念与行为上的现代性。只有通过具有现代观念的、理性的人的支撑,社会才能真正发展起科学与民主。

由此来看,中国的启蒙与西方的启蒙相比,显现出它在现代文化底蕴上的欠缺,这种欠缺是在文化底层上的,亦即有关理性与自由的价值。理性是思想自由、科学认知的心灵基础。具体说来,理性意味着自由地思想,科学地思想,合理地思想,批判地思想;它尤其意味着不盲从、不迷信;它在本质上是质疑的、批判的。这样的理性精神不从根本上建立起来,社会就还有造"神"的蒙昧基础,尤其是在封建传统文化依然以风俗习惯等方式产生着影响的中国,就会容易陷入韦伯所说的"卡里斯马"式的统治,亦即一种依靠个人权威的、非法理规范的统治方式。

当然,中西启蒙的这种差别是由其所处的历史背景决定的。中国的启蒙为什么没有进入理性与自由的深层,乃是由于国家危亡、局势紧急所迫。对此孙中山有着透辟的说明:"如果是拿自由平等去提倡民气,便是离事实太远,和大家没有切肤之痛。他们便没有感觉,没有感觉,一定不来附和。"①启蒙后来的发展是转为革命,革命接续了启蒙,从此中国开始了一连串的革命。从民国的"国民革命"到推翻国民党政权的"新民主主义革命"直到建立新中国后的"社会主义革命",历史行进在一个特定的革命时期中。革命特有的意识形态作用及其话语掌控,产生的通常是"革命"的文化,例如革命的文艺,其主旨是要为工农兵服务的,而不是为全社会、全体公民服务的,它具有强烈的价值取向。这与学术所需要的氛围正好相反。学术必须是客观的、价值中立的。

不同的启蒙观念产生不同的结果。五四新文化运动的启蒙观念所造就的积极结果,一个明显的表现是形成重视科学与教育的意识与习惯。自改革开放以来国家把科学技术视为第一生产力,采取了一系列的举措来振兴科学与教育,制定了"科教兴国""人才强国"的战略,并不断寻求用科学的发展观来指引自己的现代化道路。

从消极的方面看,启蒙上的"理性"观念的缺失,在经济建设上的表现是主观冒进,缺乏理性的思考,由此产生了一系列非理性的行为与后果,其中最为典型的是极端无效率的组织管理方式,不能合乎理性地组织生产,只能是属于"前现代"的东西。

在政治方面,从理性化的角度看,一系列激进主义的政治行

---

① 转引自李泽厚:《中国现代思想史论》,北京:东方出版社,1987年,第33页。

为也可以被归结为非理性化。中国社会主义的民主制度建设，一方面曾受苏联政治模式的影响，大搞"无产阶级专政"与阶级斗争；另一方面又搞乌托邦式的"大民主"的群众运动。本来，民主的一个特征就是程序化，而程序化意味着理性化。不建立起规范程序的民主，就是无规范、无理性的民主，从而也不可能是真正的、可依赖的民主制度。

其三，由于启蒙观念的不同以及所产生的结果的不同，中国正在形成过程中的现代性自然与西方的不同，有着自己的特殊形态。如何对中国的这一现代性进行解释，尤其是构建出有关的解释框架，这是研究者们首先面临的问题。这一框架的构建无疑有其相当的难度，这是因为，如何界定"中国的现代性"，认定它包含哪些基本的观念，并不是一件容易的事情。西方的现代性观念基本上是由启蒙运动所提供，虽然启蒙也有思想的分歧，但理性主义、自由主义构成其主流。而中国的启蒙从清末开始、经历五四运动及其以后，随着革命的相继发生，社会制度的接连更迭，现代化过程也表现为一种革命型的震荡式推进，其间模式多次变换。这使得中国当今有效推进现代化的社会主义社会与以往的诸种话语之间发生着某种"断裂"。如果我们在现代性研究中把在近现代曾经发生的、有所影响的观念都作为中国的"现代性"观念加以陈述，虽然这有助于了解现代性观念的纷争，但却使我们难以把握中国现代性的主要发展线索及其核心的价值观念。

对革命所产生的同先前的制度与文化之间的断裂的估计不足，使得我们在以往的文化研究、现代性研究中，过多地局限于现代—传统这一对解释框架,过于突出了传统的影响。传统的影响固然存在,但已退居其次。中国现代化进程的最终成功启动与推进,是在"建设有中国特色的社会主义道路"的思想指导下取得的。它的现代化目标所要改革的,并非是什么传统的东西,而恰恰是教条式的苏联社会主义制度模式。本来,经典的马克思主义就是一种现代性的态度,其主旨是寻求超越与建立一种不同于以"自由"为主导价值的资本主义现代性,建立一种以"平等"为核心价值的现代性。

基于上述的分析,可见解释中国现代性的困难还在于,在现有的西方现代性与经典马克思主义现代性的两个理论话语系统中,都不存在能够现成移植来解释中国现代性的框架。这样,在中国这一因革命的巨变而出现断裂的现代化过程中,如何能够既注意到中国现代性的现实性(中国式的马克思主义及其社会主义制度),同时又注意到它的历史连续性(从清末以来的观念启蒙与理想追求),从中把捉前后相续的、实际构成中国现代性的基本理念,笔者认为应当有一个基本的判断标准,这就是,基于现代性与现代化概念两者之间的不可分割的联系,这样的理念必须是驱动中国现代化的认知理念,是形塑中国现代社会的思想意识与行为方式的价值理念,它们在现代化的进程中起着范导性的作用。

按照这样的思路来进行反思,本人的初步想法是,如果将自清末起,中国开始现代化的追求以来所先后出现的认知理念与价值理念开列出来,似乎可以说,"图强""维新""革命""科学""民主"(反封建专制)、"发展""和谐"等,相继构成中国现代化追求过程的系列主题词,从而有关中国现代性的解释框架,可以从对它们的反思中进一步求得,从中挖掘出中国现代性的基本精神与特征,刻画出中国现代性的基本性质。在上述理念中,"图强"(追求民富国强)与"发展"尤其构成中国现代化的基本目标取向与价值定位。如果说从清末以来追求国家的"富强"是中华民族所认可的基本价值,那么从改革开放以来,"发展"的价值已取而代之,成为当今中国现代化的核心价值,它并将决定着中国现代性的基本品格。

在上述理念中,"富强"的观念起着特别重要的作用。对于从贫穷中开始现代化起步的中国人来说,它是民心所向,构成巨大的创业动力,是现代化的强劲无比的"引擎"。在改革开放初期,对"贫穷不是社会主义"的认识,以及"使一部分人先富起来",最终达到共同富裕,建成"小康社会"被设定为改革开放的目标,这样的利益驱动在有效的政策支持下,通过竞争释放出了社会巨大的生产力。

不过我们也应当看到,以追求富强为目标的取向,其负面的影响是容易激发起人性中的"贪欲"。与西方现代性的走向世俗化特征相反,中国本来就是一个很世俗的国家,几乎不存在平衡欲望的宗教神圣性,亦即韦伯所称的新教禁欲主义的生活态度。现代化的发动以追求富强为目标,并且市场经济的转向开启了许多致富的机会,这难免勾起人们的物欲与贪欲,"一切朝钱看"成为一种社会趋向,"暴富"成为最狂热的梦想。在这样的趋向中,部分企业的改制成为大肆侵吞国有资产的机会,甚至连原本在人们心目中有着文明与清高之光环的医院与学校,有些也沦为舆论所指斥的敛财工具,成为当前大受抨击的社会问题。此外,敛财的欲望同样也筑成官员腐败堕落的渊薮。因此,以富强为价值取向的中国现代性,其存在的一个突出的社会威胁是感性物欲的侵扰,这使社会依然处于马克思曾经痛斥的那种"金钱拜物教"状态。"和谐社会"概念的提出,可以视为是对追求"富强"导向的一种匡正,它是中国现代性理念的一个提升。

第五节 "理性化"或是"人性化"

有关现代性的研究,学术界盛行的是韦伯的"理性化"的解释框架,其内涵大致是:现代性是一个理性化的过程,它带来了世俗化的结果,产生的是工具理性与价值理性的对立与冲突。这一框架为法兰克福学派所继承。该学派并突出了韦伯的"工具理性"概念,以之作为其批判资本主义现代性的主要概念依据。而通过对韦伯的上述思想与法兰克福学派的批判理论的引进,这一"理性化"的解释框架在某种程度上成了国内解释现代性的流行话语乃至"经典"理论,不仅被用于对西方现代性的解释,而且也被应用于对中国现代性的解释。

在回顾思想解放与中国学术 30 年的时候,应当说这种借用西方理论作为一种解释框架的情况,在国内学界这 30 年里是一种普遍存在的现象。现代性研究上的韦伯框架问题,正是这种现象的一个反映。鉴于此,本节想另辟蹊径,提出有关中国现代性的另类解释,这种解释将完全不同于韦伯上述框架的解释。本节拟依据我国的历史背景与现实状况,从"人性化"的独特角度来解释中国的现代性问题,将"人性化"看作中国现代性的特征,并将它视为中国现代性应有的、符合世界潮流的发展目标。

一、中国现代性研究的出发点

我们对中国现代性问题的考虑应当以如下的事实为出发点:

第一,中国的现代性是后发的现代性,这一事实决定了中国的现代性可以在先前国家的现代性经验的基础上取得借鉴与选择,可以吸取其他先行国家的可资借鉴的宝贵经验,避免一些不必要的失误与代价。

第二,中国的现代性的文化与社会背景,与西方的背景有着性质上的不同,这种不同主要表现在:

(1) 西方的前现代社会,主要是以宗教文化为背景的社会,因此需要以"理性"来替代"神启",作为道德与法律等社会规范的价值来源,作为社会批判的法庭与判定事物合理性的依据。由于有着这样的背景,因此,西方的现代性过程具有韦伯所刻画的"世俗化"的特征。世俗化是相对于宗教的"神圣化"而言的。与西方不同的是,由于中国不具有西方那样的宗教社会背景,所以,中国的现代性相应地也就不可能具有类似的世俗化的特征。虽然相对于皇权的"神圣性"的衰落,在这种意义上中国的现代性也可以说有着某种程度上的世俗化的属性,即祛除对君王、统治者的迷信与膜拜,祛除他们头上的神秘光环,相信人人都具有平等的权利等。但总体来说,与西方的社会背景有着根本的差异。

(2)在中国,长期的宗法封建专制社会的存在的历史与传统,决定了中国问题的特殊性。这种社会的性质使得中国曾经经历过最为极度的中央集权与最为严酷的对人性的摧残。例如,在明朝这样一个由于皇帝的直接控制而被看作"好像一座大村庄而不像一个国家"的高度强化的专制体制里,恐怖政治的实施使得某种含糊的道德上的罪名即可置人于死地(据专家估计,因此而丧生的人数不下十万人)。① 皇权制度对工商业阶层及其一切财产还具有生杀予夺的大权。

1980年代,"主体性"迅速成为一个共通感的概念,"伤痕文学"成为流行的文学,人道主义成为流行的口号,翻译的《人论》会成为畅销书(发行30多万册)。仅因为它们直接带有一个"人"字,更符合人性的要求,因此能引起社会的强烈共鸣。

上述事实构成了中国现代性特有的历史语境,决定了中国的现代性进程的焦点不可能是以理性来对抗神性,而应当是以人性来对抗非人性,尤其是以人的权利的确立与保障来建立起新的现代性文明秩序。

这里,我们把本节所论说的"人性化"概念的内涵加以适当的界定。"人性化"是指:其一,价值理念上的"以人为本",对人的尊重与关怀。人的权益成为一切问题考虑的出发点。其二,对人的政治、经济、社会等方面的各种权利(自由、生命、财产、教育与

---

① 黄仁宇:《中国大历史》,北京:生活·读书·新知三联书店,1997年,第200—203页。

就业、享受应有的社会保障等)的制度性保护与保障；其三,最大限度地实现社会公正的目标。社会越是公正,不公平的现象越少,就意味着社会越是人性化。

二、理性化之后的"人性化"潮流

韦伯作出的有关资本主义"理性化"现代性的论断,是在20世纪初。时至今日,在长达一个世纪的历史长河的变迁中,世界各方面的情况已经发生了很大的变化,从人的价值观念到社会的现实都是如此。韦伯所视为资本主义现代性的三个方面的表现：其一,经济行为上的理性化,它的典型表现是资本主义经营的簿记方式；其二,政治行为的理性化,表现为行政管理上的科层化、制度化；其三,文化行为的理性化,表现为世界的"祛魅"过程,即世俗化过程,都越来越不宜作为解释中国现代性的理论框架。在这三个方面的表现中,前面我们已指出"世俗化"的解释不适合我国的语境。而就第一方面来说,它们主要涉及的是企业的经营管理。就此而言,应当说在当今世界上,管理的潮流已经转化为"人性化"的管理,以之作为管理水平的一个提升和现代管理的象征。韦伯所视为资本主义精神的一个象征的"簿记方式",现在也已经无法再作为资本主义的经营管理的标志。在当今世界进入"知识经济"的时代里(它更加需要生产者的主动创新精神),在个人权益意识大为普及与高涨的社会中,取而代之的"人性化"的管理理念与模式,已成为提高效率所必需的途径；"簿记方式"则下降为仅仅是一个必要的环节,而不是问题的关键所在。因此,处于这种不同时代背景下的现代性研究,如果还继续局限于韦伯的分析框架,显然是无法恰当地解释当今变化了的社会状况的。

此外,社会的公正问题,比起官僚制的专业管理的有效性问题,已经远远凸显为社会的突出问题。可以说在今日世界上,无论是什么类型的国家,它要实现社会公正的目标,远比要求得到管理上的高效率更困难得多。另外,从两者的社会重要性的比较上来看,假如要问,当今社会到底是社会公正更重要呢,还是行政管理的效率更重要?无疑,答案必定是社会公正更重要。并且在实际上,对社会公正问题的关注,已成为一个社会普遍的呼声。对于我们国家而言,在引进市场经济制度之后,劳动生产率得到了有效的提高,经济得到了迅速的增长。然而,在社会财富的"蛋糕"迅速做大之后,社会资源的分配问题迅即集中在"社会公正"之上。一些不公平的社会现象普遍发生,如拥有支配资源权力的强势者,利用手中的权力为自己谋私利,即所谓"掌勺者私分大锅饭",乃至"掌勺者私占大饭锅"的现象;而弱势者则在征地、拆迁、企业改制、医保改革等环节,成为被侵占乃至剥夺的对象。这些社会现象的普遍存在,对于我们来说,"社会公正问题已经成为中国思想界90年代后期以来关注最多的问题之一"。[1] 最基本的社会公正意味着实现对人的一些基本权利的有效保障。因此,努力实现社会公正的目标,同时也意味着正在实现人性化的目标。

如果我们仔细审视一下20世纪50年代以后的世界状况,就

---

[1] 吴敬琏:《当代中国经济改革》,上海:上海远东出版社,2003年,第396页。

会发现,在理性化之后,"人性化"已然成为一个世界性的潮流。例如,美国的马丁·路德·金领导的黑人争取平等权利的运动及其取得的胜利;"存在主义"思潮的兴起与人的生存状态成为从思想界到现实社会普遍关注的焦点;国际对人权问题的普遍关注,对社会贫困问题的关注以及社会保障事业的普遍发展;管理方面的人性化观念与模式,等等,这些都可说是"人性化"潮流的具体表现。

三、为什么人性化会成为一种社会潮流

人性化为什么会成为一种普遍的社会潮流？分析起来,作为社会潮流的人性化是如下因素所形成的合力的结果。

一是历史的合目的性进程的结果。目的是社会事物的概念根据。历史的合目的性最终在于,它是以人为目的的,以人的自由与幸福为目的的。历史虽然在表面上呈现为各种不同的目的追求与利益争夺,但民心之所向,则是制约与决定历史走向的根本。而人莫不愿自身能够得到自由与幸福,因而与此民心相适应,历史发展的趋势体现为更多的人获得更多的自由与幸福,亦即越来越普遍的自由与幸福。正所谓世界潮流浩浩荡荡,顺之者昌,逆之者亡,这即为历史的规律使然。虽然中间会有曲折、反复乃至倒退,但从人类历史发展的几个阶段和总的发展方向上来看,这一合目的性的趋势是明显的。即使从马克思历史唯物主义关于生产力与生产关系的辩证关系的角度看,生产关系之所以必须适应生产力的发展,也是因为只有生产力发展了,才能满足人民

日益增长的物质需要,以及以之为基础的精神需要。所以,即使单从发展社会生产力的角度看,人性化也是属于某种合目的性的。

二是人的权利意识的普及与深入人心。这主要得益于第二次世界大战以后世界范围内的现代教育特别是民主、人权教育的不断普及与进步(为越来越多的人灌输了人权、民主的理念,形成具有共通感的民意)、信息传播手段的现代化(使信息难以有效封锁,从而使愚民政策难以实施)、不断延伸的全球化的浪潮,使得世界各国之间的相互开放程度越来越高,来自国际社会关于是否人性化的舆论监督也越来越有影响力等。

三是经济方面(工业、商业)的竞争,使得企业的增长、利润的获得已不再主要地依靠韦伯意义上的资本主义的"簿记方式",在知识经济的年代,转变为直接依赖于知识与有效信息的积累和利用,变成主要依靠人的自身素质的提高、知识的创新和主动性精神来获得。在这种背景下,人性化越来越占据重要的社会位置。

四、中国现代性的人性化趋向

对于中国的现代性而言,无疑也需要一个培育理性精神,使经济、政治与社会行为理性化的过程。不过,就我们国家的现代性问题的症结而言,却主要不在于理性化的程度如何,而是在于现实中非人性化的现象太严重,人的自由、生命、财产等基本权利由于传统与现实的原因,特别是由于缺乏法制的基础而得不到有效保障,因此,权利的缺位容易造成社会的严重失序,导致一系列严重的社会后果。而这一切的根源,在特定的意义上说,源自一种非人性化的文明秩序。权利没有保障,一切创造财富的个人空间皆被封杀,现代化自然也就无法进行。

正是针对这一问题的症结所在,中国的经济改革由此切入,亦即从保障人的劳动致富的权利入手。这也正是为什么我国的改革由此而能够取得巨大成功的人性基础。众所周知,中国为推进现代化进程而实行的改革,是从农村家庭联产承包制开始的,而这即是从农业领域开始了一个人性化的回归过程。城市中的国有企业的简政放权等改革,也属于相同的范畴。而后,介于国家与个人之间的"市民社会"的兴起,更是为个人打开了能够进行自由竞争的经济活动空间,人们能够正当地追逐自己的经济利益,从而造就了"私利公益"(私有经营者的财富增加,同时社会的经济也得到增长)的蓬勃兴旺的社会局面。

市场经济体制由于顺应了人性,所以能够发挥其蓬勃的活力。从计划经济向市场经济的转型之所以能够引发我国经济的腾飞,这固然有多方面的社会因素起着合力的作用,但从哲学的人性观上来说,是由于它回归了人性,从而使人们长期被压抑的创业能量火山似的爆发出来,成为中国经济快速增长的强大动力。

显然,以上论及的中国经济改革的成功经验是与人性化紧密相关的。反之,从负面影响上来看,在社会主义改革进程中出现的尖锐社会问题,如上面论及的社会不公问题,也是从根本上关涉到是否人性化,而不是是否理性化的问题。

前面说过,理性化问题并不构成中国现代性的症结,这也是为什么"理性"与"理性化"概念（相比于"民主"与"科学"概念）在中国不曾、也不会成为主导性的观念的根本原因。孙中山先生在《三民主义》一书的《民权主义》第三讲《平等的真谛》中说："如果专拿自由、平等去提倡民气，便是离事实太远，和人民没有切肤之痛，他们便没有感觉；没有感觉，一定不来附和。"自由平等的概念尚且如此，那么比自由更为远离现实的"理性"概念，则必定更是不会得到民众的响应。这一点也反证了中国现代性语境与西方的不同之处。

五、人性化高于理性化

从学理的层面上来看，就人性化与理性化两者的关系而言，理性化只是手段，不是目的，它只是为了达到某一目标的手段。而这样的目标，应当是社会的人性化。人性化是人类社会从古至今的一个根本发展趋势。人类从不自由的状态到自由的状态，从另一种意义上来看，也就是从非人性状态到人性化状态的转变。

马克思对资本主义现代性的批判，是从关怀人性、维护人的尊严、追求人的自由与解放为目标的，因此，从根本上说这是一种人性化的目标。对理性化的进步伴随着的人的异化现象的发现，使得马克思以此为突破口来批判资本主义的现代性，并探寻建立一种以人的解放、人的自由而全面发展为目标的新型的现代性。这种建立在以"平等"为首选价值的基础上的现代性构想，可以说是马克思意义上的人性化的现代性。

韦伯曾经揭示了工具理性与价值理性的矛盾。但若从学理上分析，这一矛盾实际上还不是最根本的。如果我们深究下去，就会发现在其深层隐藏着的人性与人性化的矛盾。工具理性说到底，是人的自利本性的表现。人为追逐私利，讲求的是利己的效益与效率，而不顾或只是兼顾社会的价值目标。而价值理性则是一种人性化的诉求，是人为实现以自身的权利为核心的价值追求。换句话说，人类值得珍视与追求的价值归根结底乃是以人为目的、以人为本的。这样，假如我们把韦伯的工具理性与价值理性的冲突视为一种"悖论"的话，莫若把这一悖论进一步认识为人性与人性化的冲突。社会的价值目标在根本上是为了人的，而人却是追求自己的私利的存在。不论我们是在吁求道德，还是在吁求民主与法制的时候，实际上已经是这一悖论的体现——为了人的整体而必须教化个人、约束个人乃至制裁个人。

因此，在人性化的过程中，人的自利自爱本性与现代性的人性化目的之间存在着一个内在的冲突与张力。这是比韦伯的价值理性与工具理性的冲突更为根本性的冲突。人性化的目标是以人为目的，实现社会公正，达到对人的各种权利的保护与保障的社会目标。但人的本性却又是自利自爱的，它对自身利益的追求虽然在某种程度上能够带来"私利公益"的结果，但这一追求从根本上说是与社会的整体利益存在距离的，甚至是构成冲突的。这样的事实使得社会加强对人的道德教化、加强法制建设成为必然，因为上述因素是构成现代社会不可或缺的基础。

韦伯所揭示的价值理性与工具理性的冲突，也恰恰证明了这一点。这即是说，在社会现实中，理性在个人身上往往表现为工具理性,而价值理性则表现为社会的目标。个体理性与社会公共理性之间的冲突,使得社会需要对个体进行道德教化,以正面的教育来提高人的道德感。另外,还需要进行规范的法制建设,对恶行进行惩治,达到去恶扬善,保护人的正当权益的社会效果。

与"合理性"相比,"人性化"显然是一个更高的范畴,它应当包含"合理性"的概念在内。从一般的意义上看,"人性的"必然是"合理的",如"以人为本"是合理的,至少是在价值论上是合理的。但"合理的"未必是"人性的"。例如,产出大于投入的"效益",以工具理性的标准衡量是合理的,但如果这是以诸如非法延长劳动时间、损害生产者的合法利益所取得的,则是非人性的。

"现代性"概念与"现代化"概念之不同,在于前者是一种价值,而后者是某种现实。作为价值概念,现代性集中体现为某种"意义"的认同。"人性化"即是一种比"理性化"更为根本的价值。现代性应当、也必须包含作为一种手段的"理性化"在内,成为自身的一个重要环节。但作为手段,理性化不应当、也不能成为目的。现代性作为一种价值,必须超越理性化,达到人性化的更高层面。

在我国,如今"以人为本"的社会共识已大体形成,并且正在深入人心。对社会和谐的追求,正是这一共识的集中反映,它们一起构成了中国现代性的人性化趋向。由此可证,就中国社会当前的现实来说,对"人性化"的认同远远高于"理性化"。诚然,目前的中国,人性化还只能说是一种趋向,因为真正人性化的现代性的实现,我们还只能说是任重而道远。

第六节　人性、人性化与中国的现代性

本节拟从"人性"与"人性化"的角度来谈论中国现代性问题[①]；想要阐明的一个观点是，人性的回归，自利或自爱的人性的释放，是中国经济快速增长的强劲助推器，并且它构成理解与解释中国现代性的一个重要因素；"人性化"的目标，应当构成中国现代性的目标取向。

所谓"人性的回归"，指的是对人的追求自身利益的肯定，以及对这方面的权利的保护。中国的经济改革的切入点——农村的"联产承包制"与企业的"放权让利"，其实质是符合人的本性，允许人对自身利益的追求，从而为中国改革的现代化轨迹奠定了一个成功的起点。但人性的"双刃剑"作用的结果，在追求自身利益并带来社会公益的同时，在市场竞争中造成了贫富的两极分化等社会问题。为平衡公平与效率之间的冲突，解决社会分配与保障等方面的问题，建立一种公平正义的现代文明秩序，中国的现代性应当坚持"以人为本"，以人性化为目标，形成一种与西方的

[①] 对"现代性"概念有不同的理解和使用，不过笔者认为，我们可以简要地从"价值"与"事实"的区分方面，将现代性看作属于"价值"的范畴，现代化属于"事实"的范畴。此外，就"现代性"本身的规定性而言，迄今的用法主要有三个：一是指某种对尚未出现的未来（现代）社会的"规划（方案）""想象"或"图景"；二是指主导现代社会的某种时代精神与文化价值；三是指作为现代化结果的某种现代文明秩序。这三者实际上都可归属于"价值"的层面，而与"现代化"的"事实"层面相区别。但不论如何界定，这三者之间有着内在的联系。"时代精神"离不开某种理想（想象、图像）的追求，文明秩序离不开某种精神与价值的形而上学基础。本文所说的现代性，主要是在第二种意义上使用的，但自然地，它也与其他两种意义有关。

第四章 现代性对中国哲学的挑战

"理性化"不同的现代性特征。在本节中,"人性化"这一概念,包含着以人为本,保护人的基本权利,以及最大限度地实现社会公正的目标这三项基本含义。

西方现代性的"理性化"结果虽然产生了世俗化、理性的文明秩序,带来了生产与管理方面的规范与效率,但它所招致的一个广泛批评,是"工具理性"的盛行。与"理性化"相比,"人性化"乃是更高的价值取向,它作为时代的共识与潮流,应当成为后发的中国现代性的目标。

之所以重提人性问题[①],强调它作为建立现代文明秩序的认识基础的重要性,这除了基于中国经济改革所取得的成功事实之外(这一点下面会有说明),还在于世界历史所提供的正反两方面的重要依据。

从正面说,人类迄今最为有效可行的两个制度——自由竞争的市场经济制度与权力相互制约的宪政制度,是建立在对人的自利乃至为恶趋向的认识基础上的。[②] 对人的这一本性的解释,为市场经济提供了理论根据,从而对具有活力的经济秩序的建立与发展作出了卓越的贡献;同样是基于对人的这一本性的认识,为权力必须相互制约的民主宪政体制的建立与发展作出了卓

[①] 与历史上的性善论与性恶论不同,笔者提出的观点是,人性是自利或自爱的,但并不认为这样的人性是恶的,也不主张性恶论。人追求自己的利益并不等于恶;相反,在他追求自己利益的同时,也可能通过捐赠等善举来帮助别人。所以,追求私利与行善并不是不可统一的,甚至还可能通过各种高尚的举动来展现出人性的光辉。但是,如果运用不当的手段(如利用所拥有的权力,使用非法暴力等)来追求私利,则显然是一种恶。

[②] [英]斯密:《道德情操论》,北京:商务印书馆,1977年。

越的贡献。①② 从反面说,"福利国家"("福利社会")的实践表明,高福利的结果助长人性趋于懒惰,诱生出一些力图躲避劳动的"懒人";而高税收的结果则使人千方百计避税乃至逃税。它们共同作用的结果是腐蚀着社会的道德风尚。如果我们在反面例证上走得远一点,可以再举儒家为例。儒家以孟子为代表的主流人性论是"性善论"。它引导人们进行人格的自我完善与道德的自律,有其积极的教化的功能。但是这样的人性论却不利于考虑防范性的制度安排,无法作为一个演绎出制约性制度的前提。它无异于设定了一种现实中并不存在的"君子国",其结果是疏于防范,反倒是造就了"小人国"。反之,如果以"小人国"的设定为前提,设计出一套防范"小人"的制度安排,其结果却有可能形成"君子国"。

因此,不论是国内与国际的经验,还是现实与历史的事实,都证明人的自利的本性,是任何有效的文明秩序规范所必须考虑的出发点。

上述市场体制与宪政制度这两个历史所提供的例证,已是无须置辩的事实。这里,仅对人性与中国经济改革的关系问题作点解释。1979年以后,中国农村改革的成功,是以实行家庭联产承包制为突破口的。这一承包制的实质,是农民的生产与自己的个

---

① 亚当·斯密明确地把自利看作是人的本性,以此奠定了自由主义经济学的基础:"毫无疑问,每个人生来首先和主要关心自己;而且,因为他比任何其他人都更适合关心自己,所以他如果这样做的话是恰当和正确的。"([英]斯密:《道德情操论》,北京:商务印书馆,1977年,第101—102页。)孟德斯鸠则间接地指明了为何需要权力制约的人性论基础:"一切有权力的人都容易滥用权力,这是万古不易的一条经验。"([法]孟德斯鸠:《论法的精神》,北京:商务印书馆,1982年,第154页。)
② [法]孟德斯鸠:《论法的精神》,北京:商务印书馆,1982年。

人利益直接挂钩。由此一来,农民的生产积极性受到有效的刺激,农业生产马上改变了面貌,农副产品的供应随之大量增加,很快就扭转了短缺的局面。

企业方面也是如此。从国有企业的放权让利(给予企业对新增收益部分享有所有权,增加工资,发放奖金),到后来的企业的承包制、股份制改革,其实质也是顺应人的自利本性,通过建立劳动激励机制,将经济收益与劳动付出直接挂钩,借以调动劳动者的生产经营积极性,从而达到提高生产率的目的。这一系列改革的结果是,工业生产高速发展不仅满足了国内市场的需求,而且出口大量增加,成为世界第三大出口国。此外,自改革开放以来,中国的非国有经济的增长显著快于国有经济,其原因在于非国有企业的经济激励显著优于国有企业。这一点也是对人的自利本性及其作用的一个有力证明。

上面,本文将中国经济改革的成功,从哲学的意义上解释为一种人性的回归。为了有助于说明问题,对于什么是人性,我们有必要在这里进行一番论究。

人性是一个古老的话题,不论是哲学还是宗教,都有着关于人性的学说。笔者大体上赞同康德的说法,把它视为一种人的本有趋向,一种基于理性的选择与接纳的趋向,把某种行为的主观准则作为自己行动的根据。不论是行善或者作恶,都只是人的一种禀赋或趋向。在这个意义上,人的自利的本性,意味着人总是趋向选择有利于自己本身的准则作为行为的根据;简言之,自利的本性意味着人的有理性的选择趋向。在没有外部强制、或者这种强制力不足以使他改变上述趋向时,他总是按照这样的准则行事。按照这样的解释,"人性"概念与"理性"概念是一致的,或者说,人性是理性的,不论是自利或利他,也不论是行善或作恶,总之都是出自理性的选择,以某种准则作为自己行为的动机。同样,按照这样的解释,所谓人性也就不致被无意地误解或有意地曲解为与生俱来的东西,而是应当被理解为与理性有内在关联的东西;这也就是说,人在本质上是理性的,能够自我选择的,而且这种选择的趋向是自利的。

假如说在康德那里,人性概念主要还是思辨性的,那么人类历史发展至今已发展出足够的经验事实,让我们能够对人性概念进行归纳和总结。"计划经济"体制在苏联与东欧社会主义国家的失败,就是这样的一个事实。在政治权力集中的国家、更不用说是专制与独裁的国家,"权力导致腐败"已经成为尽人皆知的事实。因此,完全可以断言,人性的这种本性或趋向,是为经验所证实了的;人性的概念,实际上是一个可以经验的概念,而并非某种仅仅属于"预设"性的、先验的概念。

对于这一点,我们还可以进一步从中国先后实行的计划经济与市场经济体制的对比中看出来。计划经济时代由于基本上封闭了人们在经济活动方面的自由空间,也就是说,压制了人的自利的本性,使人们无从正当地在市场上追逐自己的利益[1],因此

---

[1] 以笔者自己当年作为插队"知青"在农村的经历为例,农村政策瞎指挥的结果是,农民连选择种什么样的水稻的权利都被剥夺,甚至连养几头鸡鸭都要受到严格限制。一户农民养的鸭子若超出三只,即被视为"走资本主义道路",要被"割资本主义的尾巴"。

造成的是一种"短缺经济",物质匮乏到缺吃少穿,连火柴、肥皂都要凭票供应的地步。这种问题的症结所在,实际上高层决策者也看得很清楚,因此在农村实行人民公社体制的年代,一旦农业陷入困境,政府就放开"包产到户",且一放就灵,使农业摆脱困境。而当它被作为资本主义因素来批判并取消之后,农业旋即又陷入困境。

上述对比活生生地证明,人性并非只是某种思辨的理念或预设。相反,人性是一个经验存在的事实,为历史与现实经验所证明了的事实。市场经济体制由于顺应了人性,所以能够发挥其活力;而计划经济体制则由于压制人性,尤其是封杀根源于自利本性的自由竞争,所以导致社会生产效率低下,最终陷入经济崩溃的边缘。向市场经济的转型之所以能够引发我国经济的腾飞,这固然有多方面的因素起着合力的作用,但从哲学上说到底,是由于它回归了人性,使人们长期被压抑的追逐自己利益的能量火山似的爆发出来,成为中国经济快速增长的强大助推器。

一方面,中国现代化进程在现代经济方面的成功与人性的回归有关,但另一方面,中国现代社会转型时期所遇到的基本社会问题与障碍,则是人性这一"双刃剑"的负面的结果;也就是说,在人们追逐自己的利益的同时,虽然这增加了社会的财富,但竞争的结果,在效率提高的同时,也带来了贫富差距拉大的后果。

西方的现代性理论,以韦伯为代表,把效率与公平的矛盾冲突解释为在理性化过程中,理性的自我分裂产生了"工具理性"与

"价值理性"的对立,并且追求功利的"工具理性"压制了追求理想目的(诸如"公正")的价值理性,成了社会的主导。

虽然中国目前的现代性还没有达到"理性化"的程度,不过韦伯所分析的这种现象,在某种程度上也存在。为了首先使"蛋糕"做大,改革的目标取向按照这样的分析框架属于"工具理性"的,以"效率优先"为首选原则,其次才兼顾公平。这样做的结果,一方面使经济迅速增长,财富迅速增加,在很大程度上改变了中国贫穷的面貌;但另一方面则导致了贫富两极分化的结果,使得中国的基尼系数从1978年的0.16,扩大到2007年的0.473,超过0.4的国际警戒线,居于亚洲之首。这造成了社会的不公平结果,而公平本是社会主义的首要价值。

韦伯有关工具(目的)理性与价值理性的对立的学说,使得它们同"效率与公平"问题有了对应关系,并且还进一步与"市场经济与计划经济"问题有了对应关系。按照韦伯这样的解释,这三类对立的根子,最终在于理性,并且社会在理想价值与追求功利的手段之间是难以调和的。这里,本文提出的问题是,既然理性化的结果不可取,那么,是否存在破解这一"韦伯悖论"的可能呢?一个可供选择的答案似乎是:中国的现代性不能、也不必以理性化为目标,而应当走"人性化"的道路。

韦伯的这一分析后来引发了对"工具理性"的广泛批判,"工具理性"在某种意义上甚至成了西方现代性的代名词。霍克海默与阿多诺在激进地批判启蒙思想时,曾经断言工具理性对人性的压制作用,甚至断言西方的现代性并不是进步,而是历史的倒退,

第四章　现代性对中国哲学的挑战

堕落到一种新的野蛮状态。①②　马尔库塞也曾以"单面人"的比喻,来形容在理性化现代性的情况下,人的异化的生存境遇与状态,并称现代西方社会的人为新的"奴隶":"发达工业文明的奴隶们是升华了的奴隶,但毕竟还是奴隶"。③　这些批判的益处在于揭示出这样一个道理:如果只讲理性而不讲人性,可能形成的结果是以手段支配目的,使得目的与价值迷失,陷入一种不合理的非人性状态。

不过,在笔者看来,这样的批判有简单化、绝对化之嫌,虽然工具理性的存在及其与价值理性的冲突是一个存在的事实。实际上,按照这样的分析框架,在韦伯之后,西方也有过非常"价值理性"的时期,"福利国家"的理念与实践就是一个例证。只不过这种实践的结果也带来了一些负面的效应,验证了人性的本质。但要是从"工具理性"与"价值理性"这一对立的概念框架说,如果真是工具理性压倒了价值理性,则根本不会有"福利国家"的政策与实施。应当说,真实情况是,工具理性与价值理性之间确实形成一种矛盾关系,效率与公平之间确实构成难以解决的矛盾。

与对工具理性的批判相伴随的是"存在主义"思潮的兴起,人的生存状态成为哲学普遍关注的焦点。"二战"之后,国际对人权问题的普遍关注,与这类思潮的流行显然有着直接的联系。此

---

① "……人类不是进入到真正符合人性的状况,而是堕落到一种新的野蛮状态。"见[德]霍克海默、阿多诺:《启蒙辩证法》,洪佩郁等译,重庆:重庆出版社,1990年,导言第1页。
② [德]霍克海默、阿多诺:《启蒙辩证法》,洪佩郁等译,重庆:重庆出版社,1990年。
③ [德]马库塞:《单面人》,长沙:湖南人民出版社,1988年,第28页。

外,对社会贫困问题的关注以及社会保障事业的普遍发展,管理方面的人性化观念与模式等,这些都使"人性化"概念成为时代的主流思潮。

对本节的上述说法可能产生的一个疑虑是:既然人性是自利的,那么主张"人性化"是现代性的一个目标,这是否意味着鼓励、支持人的自利的本性?这一问题在本人看来,实质上是人与社会关系的根本矛盾所在,它恰恰是始终困扰人类社会的一个根本问题。人类社会的一切麻烦,毫不夸张地说,都是出自这里。假如人性是善的、利他的,那么一切的恶行皆不会产生,从而也就不会有善恶的问题产生,也就不需要有什么道德与法律的规范,也从不会有什么冲突与战争,社会自始至终都会是一个和平幸福的"伊甸园"。然而,恰恰由于人性不是这么一回事,所以历史才会有如此的艰难曲折,理论上也才会产生这么多的纷争。基督教的"原罪"说与"自由意志"说从源头上把握了这一问题。造成人类的麻烦的根源,正是在于人性并非利他的,而人又具有自由意志。孔孟主张性善说,但若以此作为基点逻辑地推演下去,则其结果是人类只需依靠道德上的自觉,而不需依靠法治。这样一种思路造成的结果,历史已经给出了雄辩的证明。到了后来,特别是在朱熹那里,才进行了"修补篱笆"的工作,提出了"天命之性"与"气质之性"的区分,用前者来维持性善论,而用后者来进行修正,论证人性虽善,但由于气质上的不完备,所以也存在恶的根源与可能。

然而,尽管人性是自利的,但社会毕竟是以人为基础,由个人所构成的。假如没有了个人的自由与幸福,这个社会也就没有存在的价值。从另一方面说,假如社会不能促进个人的自由与幸福,那么这个社会更是失去了存在的价值,它便是一个不文明的社会,与人们之所以联合起来形成社会的目的相悖。为了促成人的自由与幸福,社会必然需要是人性化的。

因此,一方面,人是自利的,追求自己功利性的目标;另一方面,社会又必须是人性化的,以公共的价值追求为目的。这样的一对矛盾,实际上正是韦伯用"工具理性"与"价值理性"的冲突所刻画的矛盾。不过比起韦伯的这对概念来,"人性"与"人性化"这对概念所揭示的,则是更为深层的矛盾;也就是说,工具理性的问题,根源在于自利的人性中。工具理性说到底,是人的自利本性的表现。人为追逐私利,讲求的是利己的效益与效率,而不顾或只是兼顾社会的价值目标。而价值理性则是一种人性化的诉求,是人为实现以自身的权利为核心的价值追求;换句话说,人类值得珍视与追求的价值归根结底乃是以人为目的、以人为本的。这样,假如我们把韦伯的工具理性与价值理性的冲突视为一种"悖论"的话,莫若把这一悖论进一步认识为人性与人性化的冲突。社会的价值目标在根本上是为了人的,而人却是追求自己的私利的存在。不论我们是在吁求道德,还是在吁求民主与法治的时候,实际上已经是这一悖论的体现——为了人的整体而必须教化个人、约束个人乃至制裁个人。

因此,在人性化的过程中,人的自利自爱本性与现代性的人性化目的之间存在着一个内在的冲突。这是比韦伯的价值理性与工具理性的冲突更为根本性的冲突。人性化的目标是以人为目的,实现社会公正,达到对人的各种权利的保护与保障。但人的本性却是自利自爱的,它对自身利益的追求虽然在某种程度上能够带来"私利公益"的结果,但这一追求从根本上说是与社会的整体利益存在距离的,甚至是构成冲突的。这样的事实使得社会加强对人的道德教化、加强法治建设成为必然,它们构成现代社会的不可或缺的前提条件。

韦伯所揭示的价值理性与工具理性的冲突,恰恰证明了这一点。这意思是说,在社会现实中,理性在个人身上往往表现为工具理性,而价值理性则表现为社会的目标。个体理性与社会公共理性之间的冲突,使得社会需要对个体进行道德教化,以从正面教育上来提高人的道德感;以及需要进行规范的法治建设,对恶行进行惩治,达到去恶扬善,保护人的正当权益的结果。

与"理性化"相比,"人性化"显然是一个更高的范畴,它应当包含"理性化"在内。"人性的"必然是"合理的"。如"以人为本"是合理的,至少是在价值论上合理的;但"合理的"未必是"人性的"。例如,产出大于投入的"效益",以工具理性的标准衡量,是合理的,但如果这是以损害生产者的利益获得的,如非法延长劳动时间,则是非人性的。

就中国目前的现代性状况而言,若以"理性化"的标准来衡量,应当说还有相当的距离。部分行政管理方面让公众很为不满的低效率,股票市场的暴涨暴跌等,都是这方面的显证。

中国的理性化程度之所以较低,其原因在于,"理性"的观念与意识在中国始终没有强盛到占主导性的地位。众所周知,"五四"思想启蒙运动的口号是"科学"与"民主",而非像西方那样是"理性"与"自由"。即使到了1980年代以后的新启蒙,引起思想界震动与共鸣的是"主体性",而不是"理性"。之所以如此,在本章第四节中,我曾引用孙中山的如下见解来解释为什么中国的启蒙没有以"理性"与"自由"为旗帜,尽管这两个理念比起科学与民主来说要更为根本:"如果拿自由平等去提倡民气,便是离事实太远,和大家没有切肤之痛。他们便没有感觉,没有感觉,一定不来附和。"①"自由平等"的观念尚且如此,更不用说离事实更远的、形而上学的"理性"了。

与此相关,中国现代化的发动在根本上并非得自理性的启蒙,更不受益于某种宗教的精神。中国现代化的驱动是很世俗的,是由经济与社会的现代化目标所驱动的,即工业、农业、科技、国防的"四个现代化"。虽然中国也经历过"五四"这样的思想启蒙运动,但这种启蒙并不构成现代化的直接动力。此外,不论是从价值观念还是从制度设计上,中国的现代性进程都不是来自某种理性的先行设计,不是来自理性原则的主动建构,而是走的经验主义的路子,采取"实用主义"的方式。"摸着石头过河"是这种思维方式与行为方式的典型表达。

不过,虽然我们国家现在的理性化程度不高,但就现代性的目标而言,作为后发的现代性国家,我们却不必、也不可仅仅以

---

① 陈嘉明:《中国现代性的解释框架问题》,载《华东师范大学学报》,2006年第3期。

"理性化"为标准,而应当以"人性化"为目标。"理性化"固然不可少,但比起"人性化"来,它还不是根本,还属于手段性的范畴。我们应当以理性化的行为,来达到人性化的目标;或者说,以理性化的手段,来达到以人为本的目的。这方面的道理,不论从价值与事实来说,都是如此。

从价值方面说,"以人为本"已经成为社会的一个共识。从人道主义的争论开始,到讨论生产的目的(是否为了满足人民群众日益增长的物质需要)直至近年来对有关医保改革结果的批评与质疑,对有关加大对弱势群体的社会保障力量的呼吁等等,这些都表明了社会在"以人为本"的价值观上的共识。从事实方面说,本文前面所论证的中国的现实经验以及西方历史上的正反两个方面的事实,都是这方面的有力证明。

以"人性化"为现代性的目标,对于我们国家来说有重大的意义。人性的回归,对于中国而言能够构成社会进步的强大助推器。这既是国内的民心所向,同时也顺应了时代的潮流。

从哲学的角度加以审视,中国现代性的形成在中国社会的特殊背景下,可以解释为一个人性回归的过程,人的生命、自由、财产、就业与教育等权利得到逐步的保护,人性化程度逐渐提高的过程,而不是西方的理性化的过程,虽然其中也包含着理性化的成分。作出这样的解释,旨在指明人性因素在中国改革与现代化进程中的重要作用,指明人性化对于中国现代性的重要意义。

国际与国内、历史与事实的经验告诉我们,人性不仅曾经构成卓为有效的经济与政治的经典理论的前提,而且人性的回归构成了中国经济改革成功的一个基点。虽然就目前的状况而言,中国人性化的程度依然有限;但反思中国改革开放与现代化的经验,总结在这一人性回归的基础上所取得的经济上的成功,有助于人们认识这一人性化回归取向的巨大价值,同时也有助于我们思考中国现代性的目标取向。

第七节 现代性对哲学提出了什么样的挑战

马克斯·韦伯曾经把西方资本主义的发展所带来的文化上的变化归结为某种"世界图像的理性化",其特征是世界的"祛魅",亦即一种世俗化的过程。他这方面的论述现在被广泛引申为关于现代性性质的界说。就此,本节提出的问题是,现代性的这种世俗化结果,对哲学提出了什么样的挑战?

在笔者看来,这一挑战主要表现为如下三个方面。

(1) 哲学何为?是否形而上学应被否弃,进入"后哲学时代"?

在世俗化潮流的冲击下,对于从古至今不断变换自己的研究对象与话语的哲学来说,是否也经历着一个类似世俗化的过程?在这样的变换过程中,哲学如何找到一个适合自己的恰当位置?

对哲学也在经历着类似世俗化的过程的洞见,早在19世纪的孔德那里就已给出。如人们所知,他把哲学史的过程区分为"神学的""形而上学的"以及"实证的"阶段。孔德所描述的这一哲学发展过程在一定意义上是一个从"先验"(神学的、形而上学的)到"经验"(实证)的过程。哲学走向现象、走向经验,具体表现为走向"事物本身"(胡塞尔)、走向"存在"(海德格尔)、走向语言经验(分析哲学)、走向"生活形式"(后期维特根斯坦哲学),等等。伴随着这种经验化乃至自然主义(以"生活形式"概念为代表)的世俗化趋向,是"哲学终结"的呼声不绝于耳。

以后期维特根斯坦哲学为例,它思考的目的是对所谓的"哲学病"进行诊治。其"药方"是改变哲学的思想方式,即哲学不为它的对象提供任何基础或根据;哲学所能做的一切,只是限于"描述语言的用法"。它甚至不进行"解释",也不进行"演绎",只是"让一切保持现状"。

这样我们看到,哲学至20世纪它的最后一位大师留给人们的训诫是,哲学不能去寻找什么事物的隐藏的根据或基础。显然,与现代性的世俗化过程相应,哲学也已经世俗化乃至自然化了。哲学被指引向顺从自然的语言经验,确定性的根据在于稳固的"河床"——我们的日常生活形式。于是,盛行的是日常语言哲学,它所要教导人们的,是如何正确地使用语言。

由此本文所引出的问题是:哲学何为?答案似乎有两条可能的选择道路:一是沿着维特根斯坦等人的思路继续走下去,走向现象、经验乃至常识,使哲学保持一种"形而下"的、经验性的状态,乃至成为某种"常识哲学"。另一种是"反形而上学",重新思考哲学的性质、功能与方法,使哲学回到"形而上"的维度,重新思考与肯定先验哲学的价值与意义。在我看来,第一条道路固然是趋势使然,但第二条道路也不可偏废。撇开认识中的先验层面

第四章　现代性对中国哲学的挑战

（如意向性、范畴与规则）不说，仅从价值论的角度而言，有如康德所指出的，先验性的理念是无法从经验中归纳得出的，因为过去的经验如何并不能告诉我们将来"应当"如何。未来的"应当"属于目的论的设定与价值论的演绎，而不是经验的归纳。此外，从时代精神的角度讲，在世俗化的过程中，文化与哲学中应当有一种"非世俗化"的东西，它将构成文化中的"形而上"维度，与世俗化的东西形成一种张力，其中最基本的是有如"真、善、美"之类的价值理念，用以升华人性，整合民族精神。

（2）现代性是一元或是多元的？哲学如何提供相关的解释根据？

如果我们面对现代性研究中出现的一些理论问题，包括现代性的同质化与非同质化、一元或多元的现代性以及是否现代性只是一种"关系"等等，就能够进一步说明哲学不能不进行解释，不能不提供解释的根据。

在对现代性的性质及不同文明国家的现代性的解释上，大致有这么几种主要的说法。福山的《历史的终结》所要论述的是世界的同质化；而与此相反，亨廷顿的《文明的冲突》强调的则是全球化进程带来的并非是一个同质化的世界。针对这两种观点，艾森斯塔德提出第三种论断，将当今的世界看作是一种多元现代性的世界。在《反思现代性》一书中，他提到了"普遍主义的图景和多元主义的图景分离开来的裂隙"的状况。在笔者看来，这一分离凸显的正是构成现代性研究的根本问题。

因此，如何从哲学上回答上述现代性研究中所凸显的一元/

多元问题的挑战,需要我们重新对"一与多""普遍与特殊"的概念及其关系进行深刻的哲学思考。这不仅表明哲学需要"解释",而且还表明哲学需要提供解释的概念根据。

应当说,从古代到近代,在一与多的关系上,主流是一元论。然而,作为现代性世俗化过程对思想、文化与哲学的冲击的结果,是"一元论"的不断解体。特别是来自后现代哲学的冲击,更使得思想的天平大幅度地摆向了多元论。宣扬差异性,反对同一性与总体性的多元论成为时代的主流。

或许我们借用维特根斯坦的"家族相似"学说来解释一元与多元现代性的问题是最便捷的了,因为它不仅排除了传统的"共相"概念,甚至还排除了"共同性"。不同的游戏之间只有"相似之处和它们的联系,以及一系列关系"。借助这样的解释我们似乎可以绕开一元与多元问题的困扰,避开现代性是否有普遍性、共同的本质之类的问题,而只需描述它们具有哪些相似性与不相似性。但是,一些实质性的问题需要我们去探寻相似性的本质性与非本质性,探寻它们所蕴含的本质与规律问题,以把握问题的根本。

(3) 语言哲学是否能够成为认识的范式?以语言为蓝本进行反思所提炼出的哲学范式在运用于对事物的解释时是否能够具有普适性?

20 世纪以来,哲学进行了"语言哲学"的转向,特别是日常语言哲学的转向。这一转向表面上似乎与世俗化的潮流没有关系,但它事实上是上面提及的从神学的、形而上学的形态向经验的形态延伸的结果。从分析哲学开始,到后期的维特根斯坦哲学,乃至当代的德里达、利奥塔的后现代哲学,它们无一例外都是建立在以语言为反思模式的基础上的。

这里,与前面的问题相关的是,语言哲学是否能够成为认识的范式?以语言为蓝本进行反思所提炼出的哲学模式在运用对事物的解释时是否具有普适性?产生这一问题的根由在于,一种理论与其所运用的对象之间原本必须具有同质性,否则南辕北辙,其解释不会是有效的。就语言、游戏的性质而言,它们是约定性的,而自然之物是非约定性的,其本质是确定的,规律是恒定的。如果把语言的"一切都是差异"的性质推及自然之物上,显然得出的解释结论也就缺乏有效性。

就社会、文化的事物而言,其性质又是怎样的呢?以社会的性质为例。对社会结合性质的一种解释是"契约论"。确实,越是民主的社会就越是依靠一套契约性的道德、法律等规则系统来建立与维持其秩序,因此这种社会的结合在某种意义上也是"约定性"的。但这种"社会契约"的约定性与语言、游戏的约定性不同的是,对于社会而言,它的契约订立什么,如何订立,除了有社会"公共意志"的问题之外,还有"正义"或"不正义"、"合理"或"不合理"等意义与价值问题。这样,社会"契约"显示出一种"制约性",亦即不同于语言与游戏式约定的某种"非任意性"。

由上面的分析可以得出,基于语言、游戏的蓝本之上提炼出的语言哲学,由于解释对象性质上的差别,它的解释力有范围上的限制。鉴于这样的分析,20世纪的"语言哲学转向"所产生的结果,虽然扩展了哲学的研究领域,丰富了人们对语言的理解,澄清了语言的一些用法，但就哲学所应担当的有关认识与表达、道德与行为等解释使命而论，则显得偏于一隅。哲学今后的发展如果要为变化中的知识、社会与文化提供新的解释根据，那就应当走出语言哲学的圈子，重寻它的立足之点。

第八节　再论现代性对哲学的挑战

本节在上一节的基础上，对相关问题进行进一步思考。在前节中，笔者探究了现代性的世俗化结果对哲学带来的挑战，它包括如下三个问题：其一，哲学是否也经历着一个类似的世俗化过程而进入"后形而上学时代"；其二，多元现代性问题对哲学在一元/多元论上的挑战；其三，语言哲学是否能够成为认识的范式。随着对上述论题的进一步思考，笔者觉得有必要续写此节，以使有关探讨能够深入与延伸。

一、20世纪哲学的两个误区

从反思的意义上说，20世纪西方哲学有两个大的事件值得特别加以指出，其一是宣称"哲学的终结"，并对哲学作了语言"治疗"的定位；其二是实现"语言学的转向"，使得哲学以语言为模型，并且将它推及为事物的解释模式。在笔者看来，它们实际上构成哲学思考的两个误区。

先来看第一个误区。宣称"哲学的终结"的声音，几乎贯穿20世纪，成为当时流行的一种思潮。这方面的代表人物有维特根斯坦、海德格尔、罗蒂,他们分别代表着分析哲学、存在主义与实用主义哲学。维特根斯坦认为,西方传统哲学受一些对语言使用的曲解所影响,从而陷入语言混乱之中,并由此对我们的理智产生了蛊惑,其结果是使哲学像是一只苍蝇,钻进了捕蝇瓶却不得而出。至于哲学的出路,他比喻为一副架在鼻梁上的眼镜,问题不在于改造这副眼镜,而是要把它"拿掉",这意味着传统哲学应当被抛弃。罗蒂则鲜明地亮出"后哲学文化"的旗号,宣称要消除"大写的"哲学,使"小写的"哲学保留为一种与文学、艺术同一序列的文化。他的理由是,就像启蒙时期认识到神学不能作为文化之王一样,今天我们也应当认识到哲学不能取代神学作为文化之王。不论是柏拉图主义还是实证主义,它们都属于某种"大写的"哲学、错误的哲学,应当被抛弃的哲学。情况之所以如此,是因为真理不过是我们通过自由讨论形成的意见,真理的标准也不过是由我们的信念和愿望所形成的。因此,我们不需要探讨与实在相符合的真理,而应当放弃现象与实在、知识与意见之间的对立。一句话,哲学并不提供所谓的"大写的真理",它所能做的不过是对"我们人类迄今发明的各种谈话方式的利弊的比较研究。简言之,它很像有时被称为'文化批评'的东西"。[①]

上述诸种"哲学终结论",从根本上说,都是受到科学主义冲击的结果。由于这种冲击,哲学患了一种"形而上学恐惧症",只要经验,不要先验。与此结果相关,是对哲学的重新定位。这方

---

① [美]罗蒂:《后哲学文化》,黄勇译,上海:上海译文出版社,1992年,第17页。

面一个最为偏颇的结果,是将哲学的作用界定为对语言混乱的"治疗",其典型代表是维特根斯坦。此外,不论是海德格尔、维特根斯坦,还是罗蒂,他们的一个共同之处在于,哲学被看作只能对事物进行"描述",而不能进行解释。它只是描述事物向我们所显现的东西,而不能去解释在显现物背后还有什么隐藏的东西,如本质。

笔者之所以说这样的哲学定位是偏颇的,这是因为,哲学本来在文化与社会中有其应有的重要作用,这其中的一个根本作用,就是为事物的解释提供根据,或者通俗地说,就是提供某些"道理"(理由)。中国哲学的一个"理"字,道破哲学的真谛。哲学事实上就是"理"学,是论究事物根本道理的学问。世界上的绝大多数事情,是通过明白它们的道理才能进行、才能作出的。以大家所熟悉的"实践是检验真理的唯一标准"命题为例,它正是讲明了检验真理的唯一标准是实践这一道理,才为思想解放提供了锐利的理论武器,从而为中国的改革开放扫除了最直接的思想障碍。讲道理就是一种"解释"。道理不清,人心不服。此外,从学理上说,在各门学科(如法学、政治学、教育学等)中之所以有"哲学"的存在,如法哲学、政治哲学、教育哲学等,这表明各门学科需要有它们的哲学道理,也就是根据。例如,"法"的根本道理何在,亦即根据何在,是在"神法""自然法"之中,还是只依据传统(习惯)的判断?再如,人类社会结合的根据是什么?是自由人的契约性结合,还是"君君、臣臣"这样的等级制有其合法性?假如缺乏这样的道理或根据,相关的学科在学理上就

第四章 现代性对中国哲学的挑战

缺乏前提，缺乏逻辑的出发点，从而也就不能有效地进行理论推导。这些学科之所以需要以哲学为基础，是因为哲学讲的是根本性的道理。

第二个误区具体又可再区分为两个方面。第一，是以"语言"的性质为蓝本，牵强地从中抽取哲学的模型。第二，将语言哲学的模型推演为事物的解释模式。限于篇幅，这里仅以德里达的哲学为例。德里达语言哲学的基本前提，是建立在有关"口语"与"书写"的性质的区别之上的。他把西方以往的语言观归结为推崇口语在意义表达上的直接性，也就是所谓的意义的"在场"（presence），而贬低书写在这方面的间接性。此外，他以"书写"为依据，把语言的性质解释为完全是一种差异，而且是一种在时间中"延迟"而来的差异。举个简单的例子：go、to、do……，其中只要一个字母不同，语词的意思就完全变了样。因此语言被全然归结为差异的产物。不过这种说法忘记了，语言恰恰是凭其确定性才能够得到应用，才使人们能够得以进行交流。如果 go、to、do 等由差别而得到规定的语词不能给人们提供这种确定性，那就只能造成语言的混乱。因此，把语言的本质完全归结为差异性，还不如把确定性确认为语言的本质，后者显然更为恰当。

此外，基于对口语与书写在性质上的差别，德里达以此为模式，把西方传统哲学归结为一种"在场的形而上学"并进行解构，在这方面他进行了一系列随意性很强的推演。首先，把这一哲学认定为是一种"言语中心主义"，即上面所说的推崇语音在表达意义上的直接性、在场性。其次，进一步推演出西方哲学的"逻各斯中心主义"。即以"逻各斯"(言说、理性等)为意义、真理的栖身地,强调意义的稳定性,强调事物对立结构中存在的等级关系,将其中作为本质的一方看作是本原的东西。例如在语言中,语音是本质,是本原,是中心,它决定着"书写"这一非本质的、边缘的方面。最后,是推演出"在场形而上学"的概念,把西方传统哲学归结为一种追求本原、先在性的形而上学,认为它所追求的最终本原,就是那个不变的"在场"。比如,"我思"就是一种在场。他的结论是,以往的形而上学所追求的根本原则或中心,都清楚地表示着这一"在场"概念。

笔者认为,德里达借助上述推演,把西方传统哲学归结为"在场的形而上学",是一种以偏概全的做法。这样的结论带有很大的随意性,它把西方哲学简单化了并作了不恰当的概括。其之所以是不恰当的,是因为它违背了哲学史的事实。只要对西方哲学有一般了解的人都不难知道,它们的主要代表性著作所关涉的并不是什么"语音"或"书写"何者为中心的问题,并且它们的学说也并非建立在什么"语音"或"书写"何者为第一位的基础之上。诸如柏拉图、笛卡儿、康德等,他们的哲学各有自己的重要问题,例如休谟的"人性"问题,康德的"人是什么"的问题。特别是在黑格尔那里,他强调的恰恰是事物之间的差别、矛盾和转化,而绝不是什么概念的"等级制",更不是某个"在场"的概念决定另一个不在场的概念。对于西方的主要哲学家而言,即使他们的著作中偶尔涉及"言语"或"书写"的问题,那也不过是顺带提及而已,绝对不是他们的核心问题。

二、普世主义问题

普世主义问题在纯粹哲学理论上的表现,简单说来就是"一"与"多"的问题,即一元论与多元论的论争,其核心问题是普世的价值是否存在、"普世主义"是否成立。我们这里所说的普世主义,是指对一些有关道德与社会的普遍价值之存在的认可,而不是宗教意义上的相信人人的灵魂皆可得到救赎的普世主义。

当代舆论的主要趋向是多元主义,尤其是文化多元主义。特别是伴随着后现代主义哲学的兴起,利奥塔呼喊出"为差异正名""拯救差异的名声"的口号,将哈贝马斯的通过交往理性来求得"共识"的做法,看作是不可企及的"地平线",更是把多元论推向极致。哈贝马斯曾经对这种现状有所刻画,他写道,由于个体主义观念深入人心,因此道德普世主义被视为个体主义的敌人;在当今的公众意识中,"理性同一性",也就是某种普世观念、一元论,成了一种压制多元声音的代名词,因而成为公众反感的对象;一切事物如今都被卷入了"偶然性经验"的漩涡当中,一切都可以变成他样,不论是知性范畴、道德原则、主体性观念以及理性本身的基础等等,都是如此。这样造成的后果是,"语境主义成了一种时代精神现象"①,在"多元文化"的名义下,精神科学甚至放弃了获得共识的要求。

与哈贝马斯的上述论断相比,罗尔斯对当今社会现状的描述

---

① [德]哈贝马斯:《后形而上学思想》,曹卫东等译,南京:译林出版社,2001年,第162页。

显得乐观些,他认为,普世主义通过"公共理性"而成为可能,在民主社会中存在着的现实是各种不同的宗教学说、哲学学说和道德学说的相互并存,这构成了一种"理性多元论"的状况,人们应当认可这样的事实,并寻求在这多种合乎理性的完备性的学说中取得共识。为此,他提出了"公共理性"以及与此相关的"重叠共识"等概念,以便解决他所认为的政治自由主义的主要问题,即:"一个由自由而平等的公民——他们因各种合乎理性的宗教学说、哲学学说和道德学说而产生了深刻的分化——所组成的稳定而公正的社会之长治久安如何可能?"[①]这一问题的解决途径,在罗尔斯看来,在于以"公共理性"为基础,通过寻求一种可以存在的、超越于各种宗教、哲学、道德学说的、独立的公共正义观念,这一观念普遍适合在它所规导的社会里长期存在的各种理性学说,并能够得到这些理性学说的支持,也就是说,在此公共正义观念的基础上建立起社会统一的共识理念。

罗尔斯所构想的上述解决方式,其实质是在认可社会观念多元化的基础上同时又主张能够形成一种"重叠共识"(overlapping consensus),也就是说,从异中求同,从多中求一。不过这种"同"与"一",并非绝对的同一,而是"重叠"性的,亦即在差异性的背景下寻求某种根本问题上的交叉共同点。在这多元与共识两者之间的关系问题上,罗尔斯的识见是精辟的。他区分开"理性多元论"与一般意义上的"多元论"概念,认为理性多元论

---

① [美]罗尔斯:《政治自由主义》,万俊人译,南京:译林出版社,2000年,导论第13页。

并不是什么"人类生活的不幸条件",而是在"自由条件下自由人类理性之自由发挥的结果"。① 这就意味着,只要人类社会是一个自由与民主的社会,那么"理性的"多元化就是一个必然的结果,而且是一个正常的结果。这不仅对于某一国家的社会是如此,对于整个国际社会也是如此。不过同样必然的是,借助于公共理性的培植与成熟,人类不仅能够在一国社会内形成重叠共识,而且最终也能够在国际社会形成有关正义理念的社会共识,从而建立起一个公平正义的世界。世界之所以能够如此,在我看来,可以由"理有固然"得到证明。万物之理有其必然性,这是普世主义的哲学根据。

普世主义是否可行,是否应当得到认可,从另一方面说,有其价值论的基础。如果有普遍的价值存在,自然就有普世主义的存在。假如是这样的话,问题就不难辩明。在当今世界上,诸如"民主""自由"与"正义"这样的价值,实际上已经是得到普遍承认的价值,至少没有什么人敢公然否认它们。如果有的话,也只是打着它们的旗号以售其奸,就像那句名言——"自由、自由,多少罪恶假汝以行"——所刻画的那样,表面上标榜民主与自由,而背地里却干的是反民主与自由的勾当。

当今人们所谈论的"普世价值",大体上属于启蒙思想所提出的那些价值观念,如自由、民主、正义等。因此讲普世主义就离不开对启蒙观念的认同。启蒙的观念曾经遭到法兰克福学派的批

---

① [美]罗尔斯:《政治自由主义》,万俊人译,南京:译林出版社,2000年,第153页。

判,甚至可以说是猛烈的批判。这一批判所秉持的武器,主要是韦伯的"工具理性"概念,也就是说,将启蒙所呼唤的理性看作是已经堕落为单纯追求功利目标的"工具理性",启蒙的理想已无可能实现。在福柯批判的笔下,即使标榜为"自由"社会的西方,呈现出的也不过是一种从学校、医院到监狱,到处渗透着"规训"的社会。启蒙意义上的"人"已经死了,不复存在。

哈贝马斯属于启蒙信念的捍卫者,他基于现代性是一项尚未完成的"计划"的识见,对启蒙的信念抱有普世主义的态度。虽然他对现代社会的判断是它是一个"多元主义的社会",但仍认为这一社会在"自由的秩序和道德的基础具有普世主义的性质";并且他对这一"普世主义"作出解释,指出它在最严格的意义上"等同于呼唤相互承认的道德性中包含的平等主义的个体主义,这是在每个人都具有同等的尊严和相互为对方考虑的意义上说的"。[①]此外,他还提到了普世主义的其他价值,如"每一个人都要求得到同样的尊重",不论他们是哪个宗教的教徒;以及"人的共同存在的普世主义法则"。[②] 在这里我们看到,哈贝马斯主要是从有关人的存在的一些共同基本价值方面来看待普世主义的。可以说在这方面,"人权"的观念是越来越普世化了,我们国家近些年来的变化就是一个明证。

诸如"人权""正义"之类价值的日愈普世化,与经济的发展、

[①] [德]哈贝马斯:《恐怖时代的哲学——与哈贝马斯和德里达的对话》,北京:华夏出版社,2005年,第46页。引文中的"普世主义",原译为"普遍主义"。
[②] 同上书,第55页。

经济的全球化和信息技术的发展密切相关,这产生了如下的结果:民生的压力、经济增长与民众自由和财产保护的互动关系,使得政府相应地调整、改变政治与社会的观念与规则。全球化打开了一些原本封闭的国家的大门,并且随着互联网的普及,信息的封锁成为越来越困难的事情。以网络为代表的"公共领域"的形成,使得共识性的民意的形成成为可能。

经济全球化源于经济利益方面的驱动,也就是所谓的"双赢""互利"的好处,它正在迅速地使全球经济实现一体化。贸易与投资的需要使得各国无法闭关锁国,使得它们需要"与国际接轨"。经济终将决定政治。如果没有对"私有财产"的保护,如果不明确产权,谁还敢购房置业,乃至进行工商业投资、扩大再生产呢?在宪法中明确写入对私有财产的保护,颁布"物权法",都属于这方面的一些例证。财产需要合法地保护,这就相应地要求有一个能够为此服务的政府,一个民主、法治的政府。上层建筑如果不与经济基础相适应,它必然无法生存。经济合作的全球格局必然推动全球政治的合作。

三、个体哲学与公共哲学

西方哲学有关人的基本理念,以往始终以人为"主体"。这样的观念,不论从本体论上,还是从认识论上都得到广泛的论证。在笛卡儿那里,它表现为一个著名的命题:"我思故我在";在康德那里,"我"分别表现为"我思"的"统觉主体"与道德自律的"自由意志"主体。这种个体的"自我",在政治哲学上则体现为一种"个体主义"，它构成"自由主义"政治哲学的思想基础。以往的哲学之所以仅仅关注个体性的"主体"和个体性的"理性"，应当说主要是由两个因素所决定的。首先，不论是认识或道德，它们在最终性质上属于个体的行为，而近代哲学主要从事的是认识论与道德论的研究，因此在这一阶段上，哲学表现为一种"私人哲学"的面貌。其次，"私域"与"公域"这两个概念的区分还未浮现。随着"公共领域"之类的概念的出现，以自由意志、自我决定为核心的个体理性概念，显得已不能恰当地涵盖主体之间通过交往取得共识之类的行为，不能提供一个与"公共性"相对应的理性概念。因此，"交往理性""公共理性"之类的概念就应运而生。

随着"公共领域"概念与"私人领域"概念的分离，"公共性""公共领域"日益上升为哲学的重要范畴。公共哲学的产生与发展，本身就是对前面谈及的所谓哲学只是语言治疗的观点的有力驳斥。此外，就"交往理性""公共理性"之类的概念而言，它们在性质上属于康德哲学意义上的"范导性"概念，用于引导、规范事物，使之趋向某种预期的理念。因此，哲学吁求交往理性和公共理性，并介入公共事务的讨论，这表明哲学不仅没有"终结"，而且它所思考与运用的领域更宽广了。

在有关公共哲学的问题上，罗蒂曾经发表过这样的观点。他认为存在着两套话语系统，一套是有关"公共话语"的，另一套是有关"私人话语"的。他把政治学话语和法律话语看作是公共话语的代表，而把哲学同诗歌、小说、绘画、宗教等，都看作是私人话语的代表。就两套话语这一问题的提出本身，我认为是有意义

第四章　现代性对中国哲学的挑战

的,它有助于我们辨明、区分不同的话语系统的性质与作用,就像我们需要理解与区分公共领域与私人领域的道理一样。不过,罗蒂将哲学划入"私人话语"系统,在我看来却是不恰当的。应当说,哲学本身面对的既有私人话语,同时也有公共话语。例如,"个体理性"话题就属于私人话语,而"公共理性"则属于公共话语。这意味着哲学本身也有私人哲学与公共哲学之分。

如果回顾一下中国传统哲学,我们就会看到,"公""私"之辨本来就是它所关注的一个基本问题域。不过,中国传统哲学所说的"私",基本上是有关"私心""私欲""私利",即人的利己的愿望、欲望和个人利益,而没能涉及人的"权利"及其保护问题;所说的"公",也只是与"天下""天理""公义""公利"即国家朝廷[①]、道德公则、价值意义系统有关。[②] 只是到了孙中山那里,才开始把"公"与人民的"权利"联系起来。他指出:"提倡人民的权利,便是公天下的道理。"[③]不过,这也并没有关涉现代"公共领域"的含义。因而,在中国传统哲学中,与中国传统社会缺乏一个"市民社会"存在的现实相对应,中国的传统哲学也缺乏一种介于公家与个人之间的"公共领域"的概念。

就现今国内的哲学研究而言,公共哲学依旧是其中比较薄弱

---

① 如《论语·宪问》:"公叔文子之臣大夫僎与文子同升诸公。"杨伯峻注:"公,指国家朝廷。"再如,《朱熹集传》:"公事,朝廷之事也。"
② 韩非:"修身洁白,而行公行正,居官无私,人臣之公义。"(《韩非子·饰邪》)同时韩非子还把"公"解释为公平意义上的"平分":"公,平分也。"(《韩非子·五蠹》)在二程那里,则直接将"公"等同于"礼"或"仁":"又问:'如何是仁?'曰:'只是一个公字'。"(《遗书》卷22上)
③ 孙中山:《对驻广州湘军的演说》,《孙中山选集》下卷,北京:人民出版社,1962年,第547页。

的领域。不过值得指出的是,已有一些学者开始进行这方面的探讨。他们有的探讨了公共哲学的一些重要概念,有的论述了中国传统公共哲学理念与西方公共哲学的不同特点,有的具体研究了政治、行政管理、伦理等领域中的公共哲学问题。有的则根据公域哲学(公共哲学)与私域哲学(私域精神哲学)从一体化哲学的分化中,认定公共哲学是中国哲学发展的新趋势。无疑,由于公共哲学介入公共事务或公共话题的讨论,可以探讨与明确国家、社会与个人的关系,区分公共领域与私人领域,寻找出对个体需求的公共关怀以及公共法律和道德对个体生活干预的界限。因此,它对于培植公共理性,建立公共生活世界具有重要的意义,是一个值得大力推动的研究领域。可以断言,它将成为今后我们哲学研究的一个生长点。

四、人性与现代性问题

一个广为流传的论断是,现代性是一个祛魅化亦即世俗化的过程,它会导致工具理性的结果。尼采、海德格尔对欧洲"虚无主义"问题的关注,认为其实质是"最高价值的自我贬黜",说到底也是世俗化的反映与结果。面对世俗化的结果,现代社会必须如何应对?假如我们不甘于工具理性的盛行,那么靠什么来提振人的精神,重塑人的信念?显然,哲学在这方面应当有所作为。弘扬人性中的光辉方面、批判人性中非善的一面,在笔者看来,是哲学应当有所作为的一个部分。

人性是一个古老的话题,不论是哲学还是宗教,都有着关于人性的学说。笔者在本章第六节阐述了自己的看法,即大体上赞同康德的说法,把人性视为一种人的本有趋向,一种基于理性的选择与接纳的趋向,把某种行为的主观准则作为自己行动的根据。按照这样的解释,所谓人性就不致被无意地误解或有意地曲解为与生俱来的,而是应当被理解为与理性有内在关联的东西;这也就是说,人在本质上是理性的,能够自我选择的,而且这种选择的趋向是自利的。此外,笔者还提出,人性的概念实际上是一个可以经验的概念,而并非是某种仅仅属于"预设"性的、先验的概念。假如说在康德那里,人性概念主要还是思辨性的话,那么人类历史发展至今已发展出足够的经验事实,让我们能够对人性事实进行归纳和总结。因此,完全可以断言,人性是一个经验存在的事实,为历史与现实经验所证明了的事实。

现代性的"世俗化"的典型表现,可以借用尼采的"上帝死了"的说法来刻画。假如宗教的神圣性不再,这一结果是否会带来人性的进一步沉沦?本已是自利的人性,在丧失了神圣性的诉求之后,是否会如康德所担忧的那样,也丧失对道德的敬畏?康德之所以在将"上帝"从认识论中驱逐之后,还要在道德论、宗教神学中又以"设定"的方式引回来,其目的也是道德方面的考虑,让宗教成为一种道德的宗教,从而有助于提高道德的神圣性与感召力。

世界金融危机所引发的问题包括值得反思的人性问题,有人作出这样的论断:"人性的贪婪是2008年美国金融危机的根源"。这一论断来自最近一期美国《时代》周刊的封面文章,题为《贪婪的代价》,作者是美国《财富》杂志的执行总编。此言一出,一时之间成为流行语。它之所以流行,想来也是人心有此同感。

从某种意义上说,世界上现有的两种对立的主义:资本主义与社会主义是建立在两种不同的人性预设上的,由此也可见人性问题的重要性。对于资本主义而言,其人性预设是,人是自利的,但个人对私利的追求能够带来"公益"的结果;对马克思的共产主义理论而言,其潜在的预设是,人性是善的。这体现在分配原则上——从社会主义阶段的"按劳分配"到共产主义阶段的"按需分配"。这两类不同的人性预设有个共同点,它们标志着以往对人性的关注主要集中在它的善恶问题上,并以此构成一些道德哲学、经济哲学的根据。例如,某些具有哲学意味的管理理论即以人性的善恶为理论演绎的前提。假设人性是恶的,那么管理就需要用"大棒";但如假设人性是善的,则管理就需要用"胡萝卜"。然而,2008年的金融危机以令人震惊的方式展示了人性的另外一种属性——贪婪。金融危机的心理根源被归结为人性的贪婪。由于过分的贪婪,才累积了巨大的风险,从而导致危机及其爆发;而后跟随的是恐惧,导致了危机的迅速蔓延。

贪婪除了以上述危险的方式过高地撬动了金融杠杆,累积了金融的风险,最终造成了对社会的经济危害之外,在平时,贪婪还以另一种更为恶劣的方式出现在我们面前,这就是"腐败"。腐败大部分产生于对"财、色"的掠取之上,而贪财就是贪婪的直接结果。把腐败说成是人性之恶的结果固然正确,但更准确地说,它是人性贪婪的结果。贪婪本身未必是恶,但它往往会带来恶的结果。因而,哲学人性论应当为人们敲响的警钟,除了传统的对于人性之恶的认识与警惕之外,还应当使人们牢记贪婪的教训。

在反思现代性对哲学的挑战时,最后我们还应当强调的是"机遇"的问题;也就是说,中华民族的特殊的现代性境遇,为我们提供了特有的、宝贵的哲学反思样本。我们有特别值得加以反思的历史经验。春秋战国时期特殊的历史境遇曾经催生了中国古代伟大的孔子、老子这样的哲学家。但可惜的是,我们面对这样难得的历史反思的机会,却尚未能好好加以把握,致使哲学文化远远落后于经济建设的发展。这是中国现代性对哲学的特殊挑战。如何应对这样的挑战,改变目前的落后状况,无疑构成一个迫切的历史课题。

比较哲学翻译与研究丛书

第一辑：

《哲学的价值：一种多元文化的对话》[美]万百安 著　吴万伟 译
《家庭美德：儒家与西方关于儿童成长的观念》[美]柯爱莲 著　刘旭 译
《无为：早期中国的概念隐喻与精神理想》[美]森舸澜 著　史国强 译
《道德地理：道德的多元可能性》[美]欧文·弗拉纳根 著　刘海立 译
《自然道德：对多元相对论的辩护》[美]黄百锐 著　吴万伟 译
《为什么要有道德：二程道德哲学的当代启示》黄勇 著　崔雅琴 译
《孟子与早期中国思想》[美]信广来 著　吴宁 译
《善一分殊：儒家论形而上学、道德、礼、制度与性别》[美]南乐山 著　杨小婷 译
《判教与比较：比较哲学探论》吴根友 著
《中西哲学对话：不同而相通》张世英 著
《从慷慨外推到文明对话》沈清松 著

第二辑：

《哲学叙事：中国与西方》陈嘉明 著
《裁化的艺术：场有哲学与比较哲学》[美]唐力权 著　宋继杰 编
《文明与世界秩序：地缘政治与文化差异》[美]弗雷德·达尔迈尔 等编　王博 译
《中西政治文明互鉴：一个伦理的视域》姚新中 著
《哲学：从比较的视域看》杨国荣 著
《惟竟于一：利玛窦的跨文化哲学思想》刘旭 著
《东西方的相遇：对世界理解的一个探讨》[美]F.S.C.诺斯罗普 著　刘旭 译